Estelle Isaacson

Durch die Augen der Maria Magdalena

Buch 1

Frühe Jahre und Seelenerwachen

Ins Deutsche übersetzte Ausgabe von Heidi Langen, 2013

Printed in EU
Umschlagbild: Magdalena zu Füßen des Christus-Jesus, James J. Tissot (1836-1902)
Umschlaggestaltung: © Ulinne Design, Neuenkirchen
Satz: Fritz Frey
ISBN: 978-3-905955-98-9

Inhaltsverzeichnis

Teil Zwei

Magdalena wird zum Jünger

Teil Drei

Die Auferweckung des Lazarus

Teil Vier

Anhänge

Illustrationen

Magdalena weint zu Füßen Jesu (Umschlagbild)

Teil Eins

Magdalenas frühe Jahre und Bekehrung

Teil Zwei

Magdalena wird ein Jünger

Teil Drei

Die Auferweckung des Lazarus

Teil Vier

Anhänge

Danksagung

Herzlicher Dank gilt dem Herausgeber, James Wetmore, für seine Sorgfalt gegenüber jeder Einzelheit, seine Großzügigkeit und seinen Sachverstand. Bill und Arla Trusiewicz danke ich für das Aufschreiben von dutzenden Visionen und für all die Hilfe, die sie mir zu Beginn dieser bemerkenswerten Reise gaben und die vielfältigen Unterstützungen. Dank sei meinen Editoren, besonders Richard Bloedon für die vielen Stunden, die er für die Herausgabe dieses Buches verwandte, für den Glauben an dieses Buch und die Feinfühligkeit für die Integrität dessen, was durch mich kam. Und natürlich danke ich Robert Powell und Claudia McLaren Lainson für ihre einführenden Worte.

Ich wäre nachlässig, wenn ich nicht allen meinen lieben Freunden nah und fern dankte, die Christus und Sophia lieben und die jeder ein Wunder in meinem Leben sind durch die vielfältige Weise, in der sie den Prozess des Entstehens dieses Buches getragen haben: Durch Schreiben, Korrekturlesen, Beratung, Heilen, Ratschläge – und auf viele andere Weise! Ich bin jedem von euch unendlich dankbar!

Meine äußerste Dankbarkeit gilt vor allem meinem edlen Vater, der gleich hinter dem Schleier wohnt und für mich ein leuchtender Stern ist, meiner wunderbaren Mutter, die immer ein beruhigender, stabiler Einfluss in meinem Leben war, meinem Mann und den Kindern: Ich bin so dankbar für eure standhafte Liebe und Unterstützung und Euer Verständnis während dieses Prozesses der Veröffentlichung.

Schließlich sei ewige Dankbarkeit unserem Himmlischen Vater und der Göttlichen Mutter, die uns leiten und ständig in ihrem liebenden Blick behalten. Nur durch sie ist es mir möglich, dieses Werk zu tun.

Estelle Isaacson

Der Göttlichen Sophia

und ihrer

kommenden Weltkultur gewidmet

Der Rose der Welt

Geleitwort

In diesem ersten Buch einer Trilogie über das Leben der Maria Magdalena bringt Estelle Isaacson ihre Visionen des Lebens des „Apostels der Apostel“ wie durch die Augen von Maria Magdalena selbst gesehen. Sie beginnt mit Magdalenas Geburt und folgt ihr durch die Jahre, die schließlich bis zur Auferweckung ihres Bruders Lazarus führen. Estelle bringt diese Visionen als ihre eigenen Erfahrungen[1] und stellt keine weiteren Anforderungen an sie. Sie selbst wählte die hier dargestellten Visionen aus und brachte sie in eine chronologische Ordnung, entsprechend den geschilderten Ereignissen.

Der Leser wird manchmal große Lücken zwischen den Ereignissen finden, so dass Fragen auftauchen, die noch nicht beantwortet werden. Hier sollte gesagt werden, dass noch viele Visionen das Leben Christi betreffend und jene darum herum berichtet wurden und weiter berichtet werden – so dass, wenn sie veröffentlicht sind, manche Lücke wenigstens teilweise geschlossen werden kann. Für den gegenwärtigen Zweck wurden hier (und in den beiden folgenden Bänden) nur jene Visionen zusammengestellt, die Maria Magdalena charakterisieren.

Nach dem Prolog „In den Sternenhimmeln“ umfasst „Teil Eins“ Magdalenas Kindheit, ihre Reisen und ihre Erziehung in Ägypten, ihren Kampf mit Versuchungen und ihre Bekehrung. „Teil Zwei“ nimmt den Leser mit durch einige Erfahrungen von Maria Magdalena, wie sie ihr früheres Leben ablegt und Jesus als Jünger folgt. „Teil Drei“ besucht die Lazarus Mysterien und umfasst Enthüllungen, die dessen Einweihung, Tod und Auferstehung betreffen. Das Buch endet gerade nach der Auferweckung des Lazarus. „Teil Vier“ umfasst fünf Anhänge, die noch ergänzende Visionen bringen. Unter ihnen ist eine, die die Heiligen Frauen betrifft, eine Botschaft von ihnen, sowie zwei

---

[1] Im März 2008 erlebte Estelle eine tiefe Erfahrung der Wunden Christi und danach empfing sie (meistens Freitags) sich fortsetzende Visionen vom Leben Christi.

Visionen von Magdalenas geheimnisvoller Schwester, der „Schweigsamen Maria“, die nur durch die früheren Visionen der katholischen Stigmatisierten Anna Katharina Emmerich[2] bekannt ist. Estelle hat gesagt, dass die Schweigsame Maria jetzt und auch früher schon ein besonderer Führer in diesem Werk des Schauens des Mysteriums von Golgatha sei.

Das Buch ist geschmückt mit vielen Illustrationen von James J. Tissot (1836-1902), dessen Arbeit weitgehend von den Visionen der Anna Katharina Emmerich inspiriert ist und in besonderer Weise mit Estelle zusammenklingt, indem die Darstellungen des Künstlers so nahe an das herankommen, was sie in ihren Visionen erfährt.

Estelle hofft, dass diese Trilogie über das Leben von Maria Magdalena viele inspirieren wird, Christus zu suchen und zu finden. Magdalenas Geschichte ist die Geschichte der Menschheit: jeder von uns hat seine eigene Göttlichkeit abgelegt und ist wollend in diese Welt herabgestiegen, um Weisheit zu erringen, indem er durch das läuternde Feuer von Opposition und Dualität hindurchgeht. Durch das heilende Opfer Christi mögen wir unser wahres Ich finden, wobei uns Maria Magdalena bei dieser Suche führen kann. Estelle hat gesagt, dass es kein Zufall sei, dass dieser erste Band der Trilogie sowohl „unter den Sternen.“ beginne und auch schließe.

Alle, die dieses Buch wertvoll und inspirierend finden, werden sich freuen zu hören, dass sich die beiden folgenden Bände der Trilogie der Vollendung nähern und dass weitere Bände über andere Themen folgen werden, die auch aus dem permanenten Quell von Estelles Visionen stammen. Buch II von Magdalenas Trilogie trägt den Titel Von der Einweihung zur Passion und Band III heißt Von der Himmelfahrt zu Reisen in Galiläa. Jeder Band umfasst dreiunddreißig Visionen und Anhänge.

JAMES RICHARD WETMORE

[2] Siehe Fußnote beim Vorwort.

Vorwort

In der Vergangenheit wurden Seher und Propheten anerkannt und wegen Ihrer Beiträge zur Gesellschaft geschätzt. Im Alten Testament z.B. wurde Joseph, einer der zwölf Patriarchen des alten Israel, von seinem Vater Jakob als Seher anerkannt, obwohl er noch ein Jugendlicher war. Jakob gab Joseph den wundersamen „Mantel der vielen Farben", der seine hoch entwickelte Fähigkeit des „geistigen Schauens" symbolisierte, eine Fähigkeit, die mit der Gabe der Prophetie verbunden war. Solches „geistiges Schauen" kennt man auch als *Hellsichtigkeit.* Als Joseph später in Ägypten war, sah er die Zukunft voraus und handelte aufgrund seiner Visionen weise für die Ägypter, indem er Vorsorge traf für das, was die Zukunft bringen würde. Zu jener Zeit wurde die Fähigkeit des geistigen Schauens hoch geehrt – in Josephs Fall sogar durch den Pharao von Ägypten, der Josephs Sehergabe anerkannte, ihr vertraute und ihn daher zum Wesir über seine ganzen Ländereien machte.

In jüngerer Zeit wurden Seher meist nicht mehr wegen ihres Beitrags zur Kultur und Gesellschaft geehrt, es sei denn in Poesie und Literatur – mit wenigen Ausnahmen wie jener von Johanna von Orleans (1412-1431), deren prophetische Gabe sie zu Beginn des fünfzehnten Jahrhunderts zu den Höhen des politischen Einflusses führte und des deutschen Romantikers Novalis (1772-1801), eines begabten Visionärs, der tiefe Wahrheiten vermittelte, die für jeden Menschen wichtig sind, Wahrheiten mit einer Bedeutung, die weit über das Literarische hinausragten. Über diesen berichtet Rudolf Steiner (1861-1925), ein anderer Seher unserer Zeit:

> Ein solcher Seher, wie durch die Gnade der geistig-göttlichen Mächte, man möchte fast sagen wie durch ein Wunder zum Seher berufen, ein solcher Seher war der deutsche Jüngling-Dichter *Novalis.* Durch ein ihn tief erschütterndes Ereignis, das ihn wie mit einem Zauberschlage gelehrt hat

die Beziehung zwischen Leben und Tod, wurde ihm das geistige Auge aufgetan, und ihm war neben dem großen Rückblick in die Vergangenheit der Erden- und Weltenzeiten auch vor dieses geistige Auge gerückt die Christus-Wesenheit. Er durfte von sich sagen gegenüber dieser Christus-Wesenheit, dass er zu denjenigen gehöre, die mit ihrem geistigen Auge selbst gesehen haben, was sich enthüllt, wenn sich der „Stein hebt" und *sichtbar* wird diejenige Wesenheit, die für unser Erdendasein den Beweis geliefert hat, dass das Leben im Geistigen immerdar den Tod besiegt ... Mit seiner wie durch Gnade ihm verliehenen Einweihung ging ihm zu gleicher Zeit alles das auf, was er sich in früheren Inkarnationen errungen hatte; es war eigentlich nur eine große Gabe der Zusammenfassung von Einsichten, die er in einem früheren Leben gehabt hatte. Und weil er den Rückblick hatte in jene Zeiten und mit geistigem Auge schauen konnte, durfte er sagen, dass ihm unvergleichlich im Leben ist das große Ereignis, da er in sich selbst entdeckt hatte, was der Christus ist. – Es ist solch ein Erlebnis wie eine Wiederholung des Ereignisses von Damaskus, wo Paulus, der bis dahin die Anhänger des Christus Jesus verfolgt und nicht ihrer Verkündigung gehorcht hatte, durch höheres Schauen den unmittelbaren Beweis erhielt, das Er da ist und lebt, dass etwas geschehen ist durch das Ereignis von Golgatha, das einzig und allein dasteht in der ganzen Menschheitsentwicklung ... „Einzig" nennt Novalis daher die Offenbarung, die er erhalten hat, und er nennt diejenigen Menschen allein im Grunde wirkliche Menschen, die mit ihrer ganzen Seele an diesem Ereignis teilnehmen wollen ... Und er sagt ..., dass der Christus, den er geistig geschaut hat, dasselbe ist, was alle Wesen als eine Kraft durchdringt. Und das Auge kommt dahin, diese Kraft zu erkennen, wenn diese Kraft in ihm wirkt. Das Auge, das den Christus schaut, ist von der

Christus-Kraft gebildet. *Christus-Kraft im Auge den Christus außer dem Auge schaut!*[3]

Dieses lange Zitat über Novalis ist auch gültig für die Visionen der zeitgenössischen Seherin Estelle Isaacson (geb. 1968), deren visionäre Kraft auch verfeinert wurde durch ihre Erfahrung der wiederholten Versenkung in das Leben Christi, das mit dem Ereignis des Mysteriums von Golgatha seinen Höhepunkt fand. Sie ist ein lebendiges Zeugnis der Wirklichkeit von Rudolf Steiners Worten, dass „diejenigen, deren Geistesaugen offen sind, selbst dieses Ereignis sehen können." In ihrem Fall kann man in Bezug auf ihre Visionen wirklich sagen, dass die „Christus-Kraft im Auge den Christus außer dem Auge schaut." Dies ist der Schlüssel, in die Visionen der Estelle Isaacson einzutreten.

Estelles Visionen sind mannigfaltig und im Umfang weitreichend. Der vorliegende Band ist der erste von dreien, in denen ihre Visionen vom Leben der Maria Magdalena veröffentlicht werden. In diesen Bänden wird das außergewöhnliche Leben der Maria Magdalena - das gewöhnlich wegen ihrer Erfahrung des auferstandenen Christus im Garten von Gethsemane am Ostersonntagmorgen bekannt ist, als der „Apostel der Apostel" - „von innen" beschrieben. Denn es ist charakteristisch für Estelles Visionen, dass sie die Christusereignisse *durch die Augen der* Maria Magdalena schaut. Mit anderen Worten, es gibt eine besondere Resonanz zwischen der geistigen Vision der Estelle Isaacson und dem inneren Leben der Maria Magdalena.

Die Visionen der Estelle liefern uns nicht nur einen Reichtum der andernfalls weitgehend unbekannten Einzelheiten über Maria Magdalena, sondern sie übermitteln auch – wie ebenfalls die inspirierten Werke von Novalis - tiefe Moral und geistige Wahrheiten, die aus dem lebendigen Christus-Impuls stammen.

---

[3] Rudolf Steiner, Novalis, der Seher und Christuskünder, GA 108, Vortrag vom 22. Dezember 1908.

Estelle Isaacsons Visionen könnten verglichen werden mit denen der Anna Katharina Emmerich, der Augustiner Nonne (1774-1824), die die *Stigmata* (die sichtbaren Wunden Christi) im Alter von 38 Jahren empfing, und die die ihr verbleibenden Lebensjahre damit verbrachte, ihre Visionen des Lebens Christi mitzuteilen.[4] Anna Katharina Emmerichs Visionen, zumindest was die Chronologie des Lebens Christi anbetrifft, wurden beweiskräftig als authentisch nachgewiesen.[5] Aber abgesehen hiervon, ist die Gültigkeit der Visionen Anna Katharinas durch ihre moralische Wirkung belegt, wenn sie offenherzig gelesen werden. Dasselbe kann von den Visionen der Estelle Isaacson gesagt werden, die wir als „geistige Schwester" von Anna Katharina Emmerich betrachten können, nur etwa zweihundert Jahre später. Diese Verbindung kann den Leser in einen Zusammenhang bringen, in dem Estelles Visionen in unserem materialistischen Zeitalter besser erfasst werden können, wo wahre Seher nicht geschätzt, sondern gewöhnlich ignoriert werden.

Wie auch im Falle von Anna Katharina Emmerichs Visionen werden einige Leser finden, dass diese Berichte von Estelle am besten laut gelesen werden – besser noch in einer Gruppe im Geiste der Worte Christi, „Wo zwei oder drei versammelt sind in meinem Namen, da bin ich mitten unter ihnen" (Matth. 18, 20). In solchen Situationen haben die Visionen eine besondere Kraft, innerlich das hervorzurufen, was sie beschreiben.

Estelle Isaacsons Visionen sind ein bemerkenswerter Beitrag zum geistigen Leben der Menschheit. Sie öffnen nicht nur von innen das Leben der Maria Magdalena sowohl in Bezug auf Christus und ihren Bruder Lazarus, sondern sie bieten eine geistige und moralische Einsicht von weitreichender Natur. Dieser Band ist eine Schatzgrube

4 Anna Katharina Emmerich, Das arme Leben unseres Herrn Jesu Christi, Pattloch Verlag. 1989.

5 Robert Powell, The Mystery, Biography and Destiny of Maria Magdalena, "About Anne Catherine Emmerich's Visions," (Great Barrington, MA: SteinerBooks, 2008).

zeitgenössischer geistiger Weisheit und bahnt den Weg für die kommenden Bände, die immer tiefer in das allumfassende Christus Mysterium führen.

ROBERT POWELL, PH.D.

Einführung

Das Zeugnis miterleben

Nichts ist belanglos auf diesen Seiten. Mit „Durch die Augen der Maria Magdalena" erstellt unsere Autorin ein geistiges Signal, das in unserer Zeit so schmerzlich vermisst wird – denn wir haben unseren Weg verloren. Wir haben tatsächlich vergessen, wer wir sind. Wohin wir auch immer blicken, wir sehen, dass die Menschheit etwas verloren hat, das früher der Erde und der Zivilisation Würde verlieh. So leise hat sich die Ehrbarkeit aus unserer Kultur weggeschlichen, dass wir ihr Gehen kaum bemerkten! In Wahrheit sind wir geistige Wesen, die eine menschliche Erfahrung suchen, und das größte Vorbild für diese Erfüllung kann in Gottes Sohn gefunden werden, der auf die Erde kam, um die strahlende Glorie der Fülle menschlichen Potentials zu offenbaren und damit die Welt zu heilen.

Da ich mehrfach der Autorin dieses Buches begegnet bin, kann ich die weite Hochherzigkeit ihrer Seele bezeugen. Wenn ich ihre Visionen lese, fühle ich mich in Güte, Liebenswürdigkeit und Reinheit gehüllt. In unserer Welt wirkt eine Kraft, die gerade diesen Qualitäten gegenüber Missachtung zeigt, und Estelles Visionen bieten ein Gegengewicht, denn sie sind ein geistiger Ruf, ihr Licht bittet uns, dass wir uns von den gefährlichen Abgründen des Materialismus abwenden, um auf einem Weg des Dienens zu wandeln, der den Tumult der Entzweiung und sogar Krieg nicht vernebeln kann.

Mehr als zweitausend Jahre sind seit der Zeitenwende vergangen, als Christus, der Logos, Mensch wurde und unter uns wandelte. Unsere Autorin ist eine Zeugin dieses Ereignisses in unserer jetzigen entscheidenden Zeit, indem sie Dinge erzählt, von denen nie zuvor gesprochen wurde. Sie öffnet uns geistige Geschichtsarchive, in denen das größte Ereignis der Erdevolution berichtet wird – das Leben und der Tod, die Auferstehung und Himmelfahrt des Einen, der als der Heiler der

Menschheit bekannt ist. Sie lädt uns zu Gesprächen ein, zu Freuden, großen und kleinen Kümmernissen, Angst und Tragödien. Sie öffnet mitreißend neue Perspektiven der Ereignisse, die das Schicksal Jesu begleiteten und das Leben auf der Erde bis in alle Zukunft hinein beeinflussen. Diese geistig-historischen Wahrheiten schliefen bis zu einer Zeit, in der sie auf einer Ebene der Wachheit neu empfangen werden konnten, die durch die Wiederkunft Christi hervorgerufen wurde.

Denn wir leben jetzt in der Zeit der Wiederkunft Christi. Diese Wiederkunft ist keine physische Inkarnation, wie es bei seinem ersten Kommen war, sondern ist das, was bei seiner Himmelfahrt bekundet wurde: er wird wiederkommen „in den Wolken." Was bedeutet das? Es bedeutet, dass er sich in der Lebenssphäre, dem Ätherischen, das die Erde umgibt, offenbaren wird. Tatsächlich ist er schon jetzt in dieser Gestalt anwesend. Bei seiner Wiederkunft wird Christus nicht mit physischen Augen zu sehen sein. Auch wird er nicht mit physischen Ohren zu hören sein. Estelle erzählt uns, dass er zu jedem von uns kommen wird in genau der Weise, wie es unserer eigenen, persönlichen Natur entspricht. Zunächst müssen wir uns aber an ihn wenden, wir müssen ihn suchen und auf ihn hören.

*

Aber da gibt es noch etwas mehr, etwas dessen Zeit gekommen ist: die Mysterien des Göttlich Weiblichen. Diese Mysterien haben schwer gelitten unter dem stählernen Amboss des Pragmatismus, und infolge dessen war die Weisheit, die Verkörperung des Göttlich Weiblichen (deren einer unter vielen Namen *Sophia* ist) zum Schweigen verurteilt. Die Suche nach der Weisheit hat eine Signatur von Philosophie und Theologie bekommen, seitdem Isis ihren geliebten Osiris in den Zeiten des alten Ägypten verlor. Die Magdalenen-Mysterien, die Estelle enthüllt, dienen dazu, den Schleier zu lüften.

Magdalena bietet uns einen goldenen Schlüssel zu dem vielfältigen Wirken des Göttlich Weiblichen in unserer Zeit, zu Inspirationen, die inneres Streben anfachen und nach geistiger Wachsamkeit rufen. Dieses Buch lädt uns ein, frei teilzunehmen an einer neuen Sophianischen Gemeinschaft, wo sich alle „Blätter" der Rose der Welt zusammen in Harmonie mit der Weltevolution öffnen. Dieser Schlüssel ist wesentlich für unseren Weg durch die Krise, die uns gegenwärtig alle betrifft.

Die Visionen, die in diesem Buch berichtet werden, zeugen von den persönlichen Erfahrungen der Maria Magdalena – Schwester von Lazarus und *geistige* Schwester von Jesus. Neue Offenbarungen rufen uns, wenn diese Szenen lebendig werden. Mit den Augen der Magdalena lässt unsere Autorin eine Glocke des Sonnenaufgangs der Inspiration ertönen, die eine Oktave über dem liegt, was die Menschheit bisher in der Lage war zu empfangen.

Jesus brachte Magdalena zweimal zu einer Bekehrung ihrer Seele. Zweimal trieb er ihre Dämonen aus. Nach der zweiten Bekehrung schloss sie sich den Heiligen Frauen an, später wurde sie eine der nächsten Vertrauten von Jesus. Sie war eine enge Zeugin der schweren Prüfungen, die er während der letzten Jahre seines Lebens durchzustehen hatte. Durch die Bekehrung ihrer Seele war Magdalena erfüllt von einer Weisheit, die sie auf einzigartige Weise für das Verständnis der Mission und der Lehren Jesu Christi vorbereitete. Die Tiefe dieser Weisheit wird durch diese Visionen enthüllt. Da unsere Autorin die unermessliche geistige Liebe zwischen Jesus und Magdalena beschreibt, beginnen wir anfänglich zu verstehen, warum sie „der Apostel der Apostel" genannt wird.

Wir leben in einer Zeit der absteigenden Offenbarung der Sophia und der aufsteigenden Offenbarung der Göttlichen Mutter. Wie die Sprüche Salomos so inspirierend enthüllen, *ist* Sophia Weisheit. Dort steht auch, dass der Herr sie erschuf zu Beginn seines Werkes. Sie wird geehrt und erkannt als die Beherrscherin aller Zeitenkreise – immer die Menschheit erfreuend. Ihr Schleier ist es, den unsere Autorin lüftet, denn die Mysterien der Sophia strömten in Magdalena. Diese Mysterien waren versiegelt, bis ihr bestimmter Augenblick gekommen war und sie jetzt durch die ganze Schöpfung strömen. Das Lamm (Christus) und die Braut (Sophia) durchdringen gemeinsam den Inhalt dieser Visionen. Ihre Gegenwart wird so greifbar, dass wir sie mit unserem ganzen Wesen erfahren können.

*

Estelle liest aus dem Buch des Lebens, dem Ewigen Evangelium. In diesem Buch wurde jeder Augenblick im Zeitenlauf festgehalten, für die Ewigkeit aufgezeichnet, in der Erwartung jener Individualitäten, die bestimmt sind, die Seiten zu wenden. Im gewöhnlichen Lebenslauf wird dies Buch so gelesen, als ob man die Schwelle des Todes überschreite und in den Ozean der Zeitlosigkeit eintrete. Dort lesen Engel und enthüllen die Geheimnisse. Wir sind aber alle aufgefordert in diesem Buch während unserer Erdenzeit zu lesen und in der Zukunft wird das für eine wachsende Anzahl menschlicher Seelen zutreffen. Aber zunächst sollen wir dankbar sein, dass einige als unsere Führer vor uns hergehen, uns Geschichten bringen, die uns inspirieren, dass wir in Wirklichkeit mehr sind, als wir auf Erden zu sein scheinen.

Die Visionen in diesem ersten Band laden uns zu einer Gemeinschaft von Geistern ein, die sich danach sehnen, uns zu helfen. Sie regen uns an, Mut zu fassen, uns der Kraft der Wahrheit zu öffnen; denn wenn wir vor diesen Mysterien stehen und uns deren Gewissheit bewusst werden, knien wir in Demut nieder. Wir weinen und die Mutter nimmt uns auf. Vor diesen Mysterien zu stehen, durchbohrt unser Herz, ebenso wie das Herz der Maria Magdalena vor so langer Zeit durchbohrt wurde. Solch ein Herz wird zum Organ der Wahrnehmung, „Tränen der Gnade“ zu weinen. Auch das sind Tränen unserer Zeit.

*

Unsere Autorin war noch keine 33 Jahre alt, als Christus, strahlend von Liebe und gekleidet in reines Licht, sie zuerst rief. Während sie durch die Augen einer anderen sah, fiel sie hin wie erschlagen – denn in dem Glanz und der Reinheit der Augen, durch die sie schaute, stand die Dunkelheit in ihrer Seele in starkem Kontrast. Sie übergab ihre Dunkelheit Christus, um durchscheinend zu werden und er empfing freundlich diese Dunkelheit. Sie drängt uns zu verstehen, dass er dies nicht nur für sie alleine tut, sondern auch für dich und mich.

Sie hat unter der Isolierung und Einsamkeit der „dunklen Nacht ihrer Seele" gelitten, die solchen Bewusstseinswandel begleiten. Dies ist ein Teil des Weges der Vorbereitung. Ihre Prüfungen brachten weiteres Versuchen, als sie damit kämpfte, sich mit ihren erwachenden Fähigkeiten vertraut zu machen. Klugheit erforderte, dass sie diese Dinge nah in ihrem Herzen hielt, um ihre Fähigkeiten schmerzlich reifen zu lassen. Ihre Reise setzte sich in wechselnden Abläufen geistiger Erfahrung, gefolgt von sichtbaren Rückschlägen fort, die sie wieder in die dunkle Nacht der Seele führten und damit in immer tiefere Stufen innerer Vorbereitung. Dieses Muster setzte sich fort bis schließlich geistige Armut ihr Herz leerte. Sie überließ sich dem Schweigen und der Leere. In dieser inneren Armut des Geistes kam sie auch dazu, in ihrer eigenen Person und in zunehmendem Maße die Schmerzen der Wunden Christi zu fühlen.

Estelle war ein ungewöhnlich sensibles Kind. Sie wuchs in einer tief religiösen Familie auf, behütet vor Einflüssen, die dem Herzen Leid zufügen. Dies war ein Segen, der sie nachhaltig trug und ihre Fähigkeit erzeugte, mit geistiger Sicht in die Welt zu schauen, die die ganze Natur umgibt und durchdringt. Diese Gabe kindlicher Unschuld strahlt von ihr aus. Durch ihr meditatives Leben ist sie auch zu verschiedenen Religionen gekommen, bei denen sie in jeder von ihnen sowohl Schönheit wie Wahrheit fand. Dies machte sie zu einem Weber des Friedens an dem Webstuhl der Vielfalt.

Inzwischen ist Estelle eine erwachsene Frau, die immer noch lernt, mit ihren Fähigkeiten zu leben. Sie beklagt sich nicht, das was sie sieht, ist vollkommen. Sie erfährt ihre Visionen in Schichten, manchmal sieht sie dieselbe Szene mehrfach. Jedesmal sieht sie ein neues Element oder hört etwas, das beim vorherigen mal nicht herausgekommen ist. Sie vertraut darauf, dass das, was in jeder Vision gegeben wurde, die beste Darstellung für ihr Verständnis und für das Verständnis jener ist, die sich berufen fühlen, ihre Visionen zu lesen.

Viele haben die heilende Kraft erlebt, die durch diese Visionen strömt. Estelle erinnert uns, dass Christus selbst in ihnen anwesend ist und dass es sein Wunsch ist, den Leser durch sie zu rühren. Sie bittet uns, die unvermeidlichen Unvollkommenheiten in ihrer Dokumentation dieser Erfahrungen zu entschuldigen. Sie weiß, dass Christus in ihnen wohnt und hofft, dass wir die große Liebe unseres Heilandes fühlen.

Wir sind aufgerufen uns zu erinnern, was tief in unseren eigenen Herzen wohnt. Diese Bilder aus dem Tableau von Magdalenas Leben beinhalten die magische Kraft, uns von der festnagelnden Illusion des Materialismus zu befreien – denn wir Kinder der Erde sehnen uns wahrlich danach zu hören, was uns von den tötenden Verführungen, die uns umgeben, befreien kann. Dann werden wir uns nicht länger alleine oder hoffnungslos in einer Welt fühlen, deren verworrene Komplexität so entmutigend erscheint. Wir werden wissen, dass Christus zu uns spricht, mit uns ist und uns den Tröster sendet. Estelle lädt uns ein, Zeuge an ihrer Seite zu sein, in Gemeinschaft mit dem Logos und mit Sophia, sie sagt uns, dass wir nicht zu warten brauchen, bis wir vollkommen sind, denn Christus kommt jetzt zu uns!

CLAUDIA McLAREN LAINSON

Prolog

Ich reiste schnell durch den Raum, von meinem Herzen geführt. Ein gewaltiges Gefühl von Liebe zog mich zu anderem Ort und anderer Zeit. Bald sah ich wunderbar gefärbte Strahlen auf mich zuströmen in Pfeilen von rosa und grün. Dann passierte ich viele Lichtschleier, bis ich zu einem Sternensystem kam, von dem ich wusste, dass es in Wirklichkeit *das Wesen von Maria Magdalena* war. Unbeschreibliche Harmonien klangen um mich und in mir. In Ehrfurcht ging ich zurück zum Anfang der Zeit und nahm teil an der Schöpfung von jenem Wesen, das später als Maria Magdalena bekannt wurde. Ich konnte die „Stimme" der Seele Maria Magdalenas hören, die ihre Harmonien sang.

Die Kosmische Schöpfung des Wesens der Maria Magdalena

Als ich in die strömenden Harmonien gezogen wurde und zu ihrer Quelle reiste, sah ich, dass diese Harmonien und die farbigen Strahlen von dem Christus Wesen ausgingen. Christus „sang das Wesen der Maria Magdalena in die Gestalt." Man kann es nicht anders beschreiben als so! Sie *war* seine Stimme – die Schleier der Harmonien und Farb-Töne kamen von ihm, *waren* ihr Wesen.

Christus strahlte aus der Zentralen Sonne, dem Reich des Vaters. Ich fühlte durch und durch mein ganzes Wesen die *Perfektion* des höchsten Vater Prinzips, das enthalten und zur Erde gebracht wurde durch Jesus Christus. Und als des Vaters Liebe meine Seele durchdrang, jubelte ich!

Ich sah von der Zentralen Sonne durch den Sohn einen Keim von Licht ausgehen; und durch die Harmonien des Sohnes wurde Maria Magdalena ins Sein gebracht. Aus den Harmonien ihrer Geburt wurden Sterne geboren. Ich hörte die Harmonien überall um mich und war umgeben von den Sternen ihres Wesens. Ich fühlte den Göttlichen Atem sich über ihr bewegen. Ich fühlte die äußerste Heiligkeit einer neuen Schöpfung. mit der unleugbaren Erkenntnis von Christus als dem Schöpfer. Ich war voller Demut, einem solch heiligen Ereignis beiwohnen zu dürfen: *die Schöpfung des Wesens zu erleben, das eventuell Maria Magdalena wurde!*

Dann war ich außerhalb dieses Sternsystems, schaute es wie aus der Ferne. Aus diesem Sternsystem ging der Geist von Maria Magdalena hervor, die dann vor mir erschien. Ich verstand, dass sie bei dem Anfang der Schöpfung anwesend war, dass sie ein Teil von Sophia ist; und dass sie wählte, sich selbst zu opfern und herabzusteigen – um durch den Sündenfall zu gehen und sich dadurch von Allem Was Ist zu trennen. So war das Werk der Maria Magdalena vorausbestimmt: Durch ihre Inkarnationen würde sie herabsteigen bis in die Tiefen. Sie würde die Aufgabe auf sich nehmen, in das einzutreten, was für den Vater *unerkennbar* war: Dunkelheit, Sünde, Krankheit und Tod. Sie sagte, *ich will herabsteigen und ich will das Unbekannte wissen und will es bis in die Tiefen meines Wesens kennen.*

Und die Mutter sagte als Antwort zu ihr:

Ich werde den Sohn senden, dass er dein Heiland sei, und der Retter der Welt – so dass, wenn du die Tiefen des Unbekannten erreicht hast, Christus nach dir absteigen wird, dich in deinen Tiefen finden und dich erheben wird; und du sollst dies tun für die Menschheit als ihr Stellvertreter.

Du sollst die Menschheit führen, wenn sie ihre Göttlichkeit ablegt und absteigt ins Unbekannte. Durch den Abstieg in den dunklen Abgrund der Trennung von Allem Was Ist, sollst du mit den Menschen gehen und alles erleiden, was sie im Abgrund ihrer eigenen Seelen erleiden – im Abgrund der Weltseele. Und du sollst weiter leiden mit der Menschheit, bis das Unbekannte erkannt wird.

Dann sollst du sie zu Christus führen, der alle Seelen kennt, der das Unbekannte kennt. Er ist es, der die Seele aus ihrem eigenen Abgrund leitet, um sie zu dem Alles Was Ist zurückzugeben, im Reich des Vaters. Christus wird alle Seelen empfangen, die zu ihm kommen und er wird sie alle kennen. So wird er sie dann alle als ein Geschenk dem Vater übergeben – denn sie werden Sieger über die Sünde, Krankheit und Tod sein. .

Du wirst zur Erde absteigen; und je weiter du absteigst, umso mehr wirst du deine Göttlichkeit vergessen und deine Kraft zu verlieren scheinen - bis du die Tiefen erreicht hast. Ich werde in den Tiefen sein. Habe keine Angst, denn du wirst siegreich sein.

Ihre Geburt in Bethanien

Nur Augenblicke vor der Geburt von Maria Magdalena im Haus ihrer Familie in Bethanien sah ich ihre Seele absteigen durch die Sphären zur Erde. Sie kam schließlich mit der Brücke des Regenbogenlichtes, das in den Schoß einer Mutter führt gerade bevor sich eine Seele inkarniert.

Die Brücke von Regenbogenlicht *ist* Christus! Begleitet von seinen Engeln führt er die Seelen hinein, wenn sie sich inkarnieren. Ich sah, dass wir durch das Licht Christi auf die Erde kommen, dass aus unserer Liebe zu ihm und seiner Liebe zu uns wir zustimmen, uns zu inkarnieren, um der Erdenevolution zu dienen. Ich sah Maria Magdalenas Seele durch das Christuslicht schreiten, sich verdichtend, zusammenziehend in eine physische Gestalt als sie in ihrer Mutter Schoß eintrat. Dann erlebte ich die Geburt – aus der Perspektive ihrer Mutter und derjenigen von Maria gleichzeitig.

So feurig und stark war das Wesen von Maria Magdalena, dass der Schoß ihrer Mutter wie die Sonne brannte. Die Geburt war hart. Marias Mutter fand sich an der Schwelle des Todes, denn es schien, dass ihr eigenes Wesen sich auszudehnen hatte, um das Wesen dieses Kindes zu empfangen.

Ich erfuhr ebenfalls die Kontraktion von Marias Seele, als sie zur Erde abstieg. Diesen Übergang von einem Zustand geistiger Ausdehnung zu einem Zustand dichter Physis erlebte ich in mir als eine tiefe Seelenpein, vielleicht, weil sie von einem so hohen Zustand abgestiegen ist. Die mütterliche Anstrengung der Zusammenziehungen schien unmittelbar den Schmerz dieser extremen Zusammenziehung von Marias Seele zu begleiten, die den Schmerz in der Welt von inkarniertem Leben spiegelt. Als Marias Seele durch den Schoß ging, sah ich ihren Abstieg durch die Krone der Sterne, den „Schleier“, der die geistige Welt von dem physischen Reich trennt.

Die erste, die sie auf dieser Seite des Schleiers begrüßte, war Naomi, die fromme ältere Schwester ihrer Mutter. Als Naomi das süße Gesicht der Kleinen sah, bemerkte sie, dass ihr Haar auffällig gold-rot war. Das Neugeborene stieß unmittelbar einen Schrei aus, der von ihrem Seelenkummer über die gefallene Welt zu sprechen schien. Es war, als weine sie für die Erde, als ob sie ausriefe: *Welch eine Welt! Ich bin jetzt hier in der gefallenen Welt! Oh, welch eine Welt!*

Um den Übergang für Maria leichter zu machen, wurde Naomi an der Schwelle der Geburt von Marias Engel umarmt, so dass das kleine Kind in Naomis Armen ebenfalls von ihrem Engel umarmt wurde. Dies öffnete Naomis Herz für die geistige Welt; und als sie das gewickelte Kind an ihre Wange hielt, erlebte sie eine Vision.

Naomis Vision

Naomi sah einen Stern, der sich selbst vom Himmel stürzte, zur Erde fiel und ein kleines Baby wurde. Sie sah, wie das Kind zu einer wunderschönen Frau heranwuchs, wie sie nie einer gesehen hatte. Aber ihre Freude verwandelte sich in Kummer, als sie dieses Kind sah, ihre rothaarige Nichte, überwältigt von Kräften der Finsternis. Auf geschickte Art und Weise, Schritt für Schritt, wuchs das Mädchen eitel und stolz heran – und wurde in die Welt verstrickt.

Naomi beobachtete ihren Kampf, ihren Weg durch die Finsternis zu finden, zeitweilig in großer Angst und geplagt von Krankheiten, die üble Mächte verursachten. Sie drückte das Neugeborene an ihre Brust und schrie: *Oh, Allmächtiger Gott! Lass dies nicht zu! Wenn es aber Dein*

Wille ist, dass sie versucht werde in diesen Feuern, dann halte Deine Hand über sie und rette sie am Ende!

Sie weinte vor Kummer und wiegte das Kind, während die andere Hebamme arbeitete, um den Blutfluss aus dem Schoße der Mutter zu stillen. Marias Mutter war ohnmächtig geworden und verlor schnell viel Blut. Voller Ängste über den Zustand ihrer Schwester und über das, was sie in der Vision gesehen hatte, betete Naomi um Stärke sowohl für sich als auch für ihre Schwester.

Dann trat sie wieder in die Vision ein und sah die Sonne herabsteigen zu Maria, gerade in ihrem finstersten Augenblick, und erleuchtete sie. Sie sah Maria befreit, siegreich über die Finsternis aufsteigen und ihr Leben Gott gebend. Als sie dies sah, pries Naomi Gott jubelnd:

Gesegnet sei der Name des höchsten Gottes,
der seine Hand gegen alles Übel ausstreckt
und unsere Seelen heilt!
Segne uns Allmächtiger Gott, jeden und alle,
die leiden wie Vagabunden in der Wildnis –
Wir sind so weit von Dir abgefallen.
Erlöse uns und umgib uns mit Deinen Engeln
und stelle uns wieder her zu unserer früheren Wohnstätte.

Als Naomi betete und die kleine Maria in ihren Armen wiegte, bildete ein wunderbares rosiges Licht eine Hülle um das süße Kind. Das rosige Licht war die Gabe der Göttlichen Mutterliebe, die für immer in ihrer Seele fortbestehen würde. Diese Gabe der Mutterliebe stieg mit Maria herab. Es war das Flimmern von Licht, das eines Tages Maria leiten würde, Erlösung zu suchen. Es würde sie zu Christus leiten.

Nach Naomis Gebet kam Marias Mutter, Jezebel, wieder zu sich. Die Blutung verlangsamte sich und ihre Stärke kehrte allmählich zurück. Naomi legte das Kind in Jezebels Arme und als Maria anfing zu trinken, strich Naomi über die Haare von Jezebel, küsste mehrfach ihr Gesicht, und pries sie, solch ein besonderes Kind zur Welt gebracht zu haben.

Mehrere Tage später ging Naomi zum Tempel in Jerusalem, um Opfer für ihre neugeborene Nichte zu bringen. Sie opferte Gebete für Maria und erbat Segen für sie, im Bewusstsein der Herausforderungen, die ihr begegnen würden. Diese Gebete wurden Engel mit Flügeln aus Licht, die in der weiteren Atmosphäre des Tempels verweilten als Gaben und Segen für sie, sie begleiteten und ihr Leben lang beobachteten.

Mir wurde dann eine Botschaft gegeben, für alle, die diese Vision erhalten:

> *Betet füreinander, denn eure Gebete sind Engel und können Seelen retten. Eure Gebete können Seelen zu Christus bringen. Die Gebete der Maria Magdalena sind Engel, die euch jetzt umgeben, denn nach der Auferstehung verbrachte sie dreißig Jahre oder mehr ständig um Erlösung der Menschheit bittend. Ihr habt Anspruch auf die Gebete, die sie für euch sprach – denn sie sah euch und betete für euch! So ihr fragt, so werdet ihr empfangen. Sie wird euch leiten zum Pferch des Hirten; sie wird eure Seele als ein Geschenk für den Vater darbringen.*
>
> *O Göttlicher Mensch! Denke nicht länger, dass du gar nichts seist! Denn du bist ein Juwel in der Krone des Vaters! Das Juwel, das du bist, liegt in den Tiefen deiner Seele. Wenn du in deine Tiefen absteigst, dann wirst du das Juwel finden, das du bist. Fürchte nicht deine eigenen Tiefen, aber frage nach dem Tröster, dass er sei mit dir. Der einzige Weg, dein Ich zu kennen, geht durch deine Tiefen.*
>
> *Sei in Frieden. Es bleibt genügend Zeit, deine Arbeit zu tun. Und der Segen von Maria Magdalena ist für immer auf deinem Haupt!*
>
> *Amen.*

Ländliches Anwesen in den Hügeln von Galiläa bei Magdala

Teil Eins

Magdalenas erste Jahre und Bekehrung

See Genezareth bei Magdala

I

Heimliche Treffen zwischen einem jungen Mädchen und einem Ägypter

Ich fand mich in einer verlassenen Straße stehend. Vielleicht war es ein Feiertag. Es war fast Mittag und ich wunderte mich, warum alles so still sei. Ich sah ein junges Mädchen, elf oder zwölf Jahre alt in einem gestreiften Kleid. Ein naturfarbener Mantel war um ihren Kopf und die Schultern geschlungen; ihre Tunika war beige mit purpur-blauen vertikalen Streifen. Sie war aufgeregt und hatte Schwierigkeiten, ihre Hochstimmung zu behalten.

Sie ging einen Pfad vor einem Gebäude entlang, dann einige Stufen zu ihrer Linken herunter. Zu ihrer Rechten war eine kleine Fläche unter der Straßenebene, umgeben von einer niedrigen Steinmauer. An jenem Ort bereitete eine Frau namens Tara große flache oval-geformte Brote. Sie lächelte dem Mädchen zu und setzte ihre Arbeit fort, als der warme Duft des backenden Brotes in der Luft hing. Das Mädchen nickte mit dem Kopf zu Tara und setzte seinen Weg fort. Sie kam zu einer großen Allee, wo der Pfad schmaler wurde. Auf der Seite des zu ihrer Rechten befindlichen Gebäudes war eine Tür.

Als sie die Tür öffnete, durchströmte Sonnenlicht den kleinen Raum, der ansonsten nur durch ein schmales Fenster schwach erleuchtet war. Drinnen saß ein hübscher, oliv-häutiger Mann mit hypnotisierenden gold-gelben Augen. Es war deutlich, dass das junge Mädchen ihn liebte. Um seinen Hals hing ein Amulett – dessen Mitte bildete ein schillernder grünfarbener Stein mit einem gelben Abguss, in Gold eingefasst. „Hörner“ umgaben beide Seiten des runden Steins. Sie wollte ihn berühren, wagte aber nicht danach zu fragen. Der Mann hatte ihn während einer Ägyptenreise angeschafft.

In dem Raum gab es eine schmale Nische, in der er in die Wand ein hölzernes Gitter aus Kästen eingebaut hatte, deren jeder eine Schriftrolle enthielt. Er nahm eine der Rollen zusammen mit einer kleinen Phiole duftenden Öls, etwa sieben cm groß, heraus. Das Glasfläschchen war rund und zum Grund hin breiter, oben mit einem Korkstopfen versehen. Als er das Papier entrollte und sie dem Mädchen zeigte, bemerkte es, dass sie mit Hieroglyphen und farbigen Zeichnungen bedeckt war. Das faszinierte sie.

Ich verstand, dass dieser Mann, dessen Name etwa wie „Heoman“ klang, dem Mädchen magische Geschichten von Ägypten erzählte hatte, und von den Kräften, die die Ägypter besäßen. Ich wunderte mich, wie sie ihn wohl kennengelernt habe, als ich plötzlich die Antwort erhielt.

Ich sah eine Episode aus ihrer Vergangenheit, als sie etwas ganz Magisches gemacht hatte. Heoman war da und sah es. Es ereignete sich bei einer Familienversammlung, als sie etwa sieben Jahre alt war. Eine Feier war im Gange. Die Familie des Mädchens und Gäste wurden draußen im Gelände festlich bewirtet. Girlanden aus Zweigen und Blumen schmückten die Tische und Gitter. Ein Lamm wurde am Spieß gebraten, der Rauch stieg in Fähnchen auf.

Das Mädchen wanderte in den nahen Hain und setzte sich unter einen großen Ölbaum, sich selbst eine lange, phantasievolle Geschichte erzählend über ein Mädchen, das magische Fähigkeiten besaß. Indem sie sich verhielt, als sei sie dieses Mädchen, richtete sie ihren Kopf aufwärts und blickte in den Himmel, wobei sie ernsthaft ausrief: „O, sanfter Wind, bring meinen kleinen Vogel zu mir.“ Sie öffnete ihre Arme weit – und gerade in dem Augenblick setzte sich ein kleiner Vogel auf ihr Handgelenk.

Heoman stand in der Nähe und hatte das alles mit Vergnügen beobachtet und gehorcht. Als er aber den Vogel sich auf ihr Handgelenk setzen sah, wurde ihm klar, dass sie eine Gabe habe. Später am Tag sprach er mit ihr privat, um ihre Gedanken über die Welt zu erfahren und fand, dass sie für ihr Alter über eine ungewöhnliche Weisheit verfügte. So wurden sie Freunde. Dann sah ich, dass dieses kleine Mädchen Maria war, die später als die Maria Magdalena bekannt wurde.[6]

Ich kehrte jetzt zu dem kleinen Raum zurück, in dem ich sie sah, wie sie sich im Stillen über ägyptischen Schriftrollen trafen. Heoman unterrichtete Magdalena, was die Symbole bedeuteten. Es war nicht vorgesehen, dass sie ihn besuchte, vor allem nicht alleine. Aber sie war bezaubert von ihm und fasziniert von den Ägyptern und ihren Ritualen Todesritualen, besonders von ihren Praktiken des Begräbnisses und Einbalsamierens. Sie war auch interessiert an deren Ansichten vom Leben nach dem Tod. Heoman war kein Jude. Er erzählte ihr, dass er die Ideen des Judentums beengend fände – vor allem ihr Glaube bezüglich des Lebens nach dem Tod. Dies verursachte bei Magdalena einen inneren Kampf: Es eröffnete sich ihr ein Weg, doch gleichzeitig fühlte sie sich in ihrem gegenwärtigen Leben eingezwängt.

Von Zeit zu Zeit gab ihr Heoman kleine Glasbehälter mit Öl und lieh ihr einige der kleineren Schriftrollen zum Studium. Magdalena empfand „Heimweh" nach Ägypten. Immer, wenn Heoman dahin reiste, bat sie ihn voller Tränen, sie mitzunehmen. Manchmal brachte er Fabrikate mit zurück – edles Linnen in hellen Farben, so wie auch zarte Seide. Ich sah sie eins der Fabrikate liebkosen. Es wurde mit der Rinde exotischer Früchte in einen wunderbaren kastanienbraunen Ton gefärbt, bestickt mit einem kleinen Palmblattmotiv und abgeschlossen

---

[6] Wir benutzen den Namen „Magdalena" für diejenige, die später als Maria Magdalena bekannt wurde. Sie wurde von ihren Gleichaltrigen oder ihrer Familie nicht „Magdalena" genannt. Ihr Schloss stand an der Küste des Sees Genezareth, in der Nähe der Stadt, die später „Magdala" hieß.

mit Borden von geraden Linien mit Blättern dazwischen – alles mit einem Silberfaden gearbeitet. Magdalena hielt es für das schönste Ding, das sie je gesehen hatte.

Mit solcher ihr zur Verfügung stehender Schönheit kam Magdalena dazu, die altbackenen dunkel-gefärbten Linnenfabrikate aus Judäa zu verachten. Je älter sie wurde, umso ausländischer wurde ihre Kleidung. Um aber diese lichten Farben zu tragen, musste sie sich Orte aussuchen, wo Menschen der rechten Art anwesend waren. Und so fand sie nach und nach ihren Weg in Zirkel, wo solche Mode erwartet und gewünscht wurde, zum Beispiel in Gruppen reicher Ägypter.

Zu dieser Zeit sah ich sie noch bei Treffen mit Heoman und die meiste Zeit getrennt von ihrer Familie leben. Sie wurde mehr und mehr des Lebens in Judäa überdrüssig, das sie – für Frauen – als ein solches wie für „Schafe" ansah, die gezwungen waren das zu tun, was von ihnen erbeten wurde. Obwohl sie aus einer wohlhabenden Familie stammte und feinere Dinge hatte als die meisten in der Gegend, in der sie wohnte, war doch das Leben für sie zu langweilig – sie konnte nicht länger die eintönigen Farben ertragen, die mäßige Architektur oder die farblose Philosophie ihrer Kultur. Magdalena wollte das Beste von allem und von Schönheit umgeben sein.

Seit früher Kindheit hatte Magdalena in einem Schloss gelebt, das ihr vererbt worden war. Sie wurde von einer Erzieherin begleitet, die ihre Mutter kurz vor ihrem Tod bestellt hatte, um über sie zu wachen, bis sie alt genug sei. Die junge Magdalena war eigensinnig und frühreif. Sie war angriffslustig und aufgebracht gegenüber ihrer Gouvernante.

Magdalenas Mutter war nicht in der Lage, viel Einfluss auf ihr Kind zu nehmen und sie starb, als Magdalena noch jung war. Ihre alte Dienerin, die Gouvernante, war fromm und sehr streng bezüglich jedes begangenen Fehlers. Aber sie konnte die junge Magdalena kaum ertragen.

Lazarus' Versuch, eine Ehe für Magdalena zu arrangieren

Ich sah Magdalena, wie sie sich in einem Steinhaus hinter einem Bogen verbarg. Sie war dreizehn oder vierzehn Jahre alt. Von Zeit zu Zeit blinzelte sie hinter dem Bogen hervor und blickte auf eine Versammlung von Männern im Esssaal. Diese Männer speisten zusammen an Tischen, die in einem großen U aufgestellt waren. Möbel, welche einer Chaiselongue glichen, und auf denen die wichtigeren Männer lagen, während sie speisten, waren an beiden Enden aufgestellt.

Magdalena durchsuchte den Saal nach jemand Besonderem, fand ihn aber nicht. Sie durchquerte den Raum mit schnellen, leichten Bewegungen, stellte sich in einen Schatten und spähte mit ihren Augen erneut durch den Saal. Dann erblickte sie ihn: Einen schmalgesichtigen Jugendlichen mit dicken, krausen, dunklen Haaren, der in der Weise saß, dass sie in der Lage war, seine Aufmerksamkeit mit einer Handbewegung zu erreichen. Er lächelte ihr zu, seine Augen strahlten. Schweigend schlüpfte sie aus dem Saal in den dunklen Garten. Ihren Hinweis verstehend, stand der junge Mann vom Tisch auf, richtete sein braun und rot gestreiftes Gewand, entschuldigte sich und wagte sich in den Garten, um Magdalena zu finden. Als er durch die Blumen und Büsche schritt, heimlich nach allen Seiten blickend, kam plötzlich Magdalena aus einer schattigen Ecke und sie kicherten schelmisch miteinander.

Zunächst schien es, dass sie in diesen Jungen verliebt sei, aber bald entdeckte ich etwas anderes. In Wirklichkeit war Magdalena kurz davor, einen gewissen Mann, den sie nicht heiraten wollte, zu betrügen und hatte so den jungen Mann als Ausweg gewählt – wenn sie nämlich als untreu befunden würde, so würde der andere Freier nichts mehr mit ihr zu tun haben wollen. Ihre einzige Absicht mit diesem Jugendlichen war, dass er ihr behilflich sei, die bevorstehende Verlobung zu verhindern. In ihrem zarten Alter war sie ganz eigensinnig und rebellisch, sie wollte ihren eigenen Weg gehen, selbst wenn es einem anderen Schmerzen bereiten würde.

Lazarus, Magdalenas älterer Bruder, war sehr bemüht um ihr Wohlbefinden und hatte mit einem älteren Verwandten (ich glaube, es war der Bruder des Vaters) versucht, einen Ehemann für sie zu finden. Er wollte, dass sie jung heirate, aus Sorge, dass ihre ungebärdige Natur andernfalls verhindern würde, dass sie überhaupt heirate. Je früher sie verlobt wäre, umso besser! Lazarus hatte sich für einen bestimmten Mann entschieden, der aufgeschlossen und ganz angenehm war und sowohl witzig als auch fromm – und der Onkel stimmte zu, dass er einen guten Ehemann für Magdalena abgeben würde. Aber Magdalena schätzte ihn nicht. Er war reich genug und intelligent, aber seine Persönlichkeit passte ihr nicht. Und so hatte sie Pläne gemacht, dieser Absprache aus dem Weg zu gehen, indem sie geheime Stelldicheins mit dem von ihr erwählten Jungen plante.

Als die Beziehung zu dem jungen Mann entdeckt wurde, übergoss Magdalenas alte Dienstmagd sie mit einer Schimpftirade. Sie maßregelte sie, weil sie denke, dass sie irgendeine Fähigkeit habe, selbst einen Ehemann auszusuchen. „Was du tust, ist gefährlich – herumschleichen mit diesem Jungen! Das einzig Vernünftige ist, Deiner Familie zu erlauben, eine gute Partie für dich zu arrangieren!“ Magdalena wurde durch die Worte ihrer Gouvernante zurückgepfiffen, regte sich aber gar nicht erst auf. Das alles stärkte nur ihren Entschluss, die selbstgefassten Pläne fortzusetzen.

Inzwischen, als Lazarus seine Verabredung für die Verlobung vorantrieb, kam die Zeit heran, zu der Magdalena ihre verbindliche Zustimmung geben sollte. Dies sollte bei einem Abendessen der Familie geschehen. Die Familie war natürlich bemüht, die Angelegenheit unter Dach und Fach zu bringen. Ein vertrautes Essen wurde vorbereitet. Alle saßen bei Tisch, warteten auf Magdalena, die schließlich aus ihren Gemächern erschien.

Lazarus, der in der Eingangshalle wartete, war der erste, der sie sah. Er wusste sofort, dass sie etwas im Schilde führe, denn sie war nicht in ihrem gewöhnlichen Aufputz. Stattdessen trug sie Reisekleider – ein dunkel-blaues Kleid und Schleier, kaum irgendwelchen Schmuck. Sie rauschte am verdutzen Lazarus vorbei, verschwand durch den Haupteingang, wo eine kleine Karawane aufgezogen war und auf sie wartete. Lazarus folgte ihr, seinen Augen nicht trauend! *Was im Himmel tat sie?* Der Freier kam heraus, stellte sich neben ihn und beobachtete, wie Magdalena in den Wagen stieg. „Was soll das bedeuten, Lazarus?", fragte er mit angespannter Stimme.

Magdalena drehte sich um und lächelte schelmisch. „Ich gehe und gebe heute *nicht* mein Einverständnis zu dieser Verlobung." Sie sprach nüchtern und wagemutig, im Bewusstsein, dass Lazarus ihr widerspreche.

Mit diesen Worten machte sie sich davon wie ein freigelassener Vogel, ohne einen Gedanken darauf zu richten, dass sie ihren Bruder und den Freier gedemütigt hatte. Es kümmerte sie nicht; sie wollte nicht irgendjemanden heiraten, den sie nicht kannte oder liebte, nur um anderen zu gefallen! Für einen Augenblick dachte sie an den jungen Mann – dem einzigen, mit dem sie gescherzt hatte – aber nur, um die Achseln zu zucken und ihm ein inneres Lebewohl zu schicken. Sie konnte ihn jetzt nicht gebrauchen. Spannende Abenteuer lagen nun vor ihr und schon war sie dabei auszuhecken, wie sie ihre Zeit mit Freunden an der Küste des Mittelmeeres verbringen könnte.

Die beiden Männer standen am Eingang des Grundstücks. Sie waren bestürzt und unfähig zu sprechen. Dann richtete Lazarus seinen Blick zum Himmel und sagte etwas wie „Nun, ich habe es versucht!"

Magdalena blieb für eine Weile mit zwei Freundinnen, die schon in Ägypten gewesen waren, und die sie mit ihren Geschichten unterhielten, in einem versteckten Dorf. Es schien, wohin Magdalena auch immer ging, als ob Ägypten sie stets einlud. Sie entschloss sich, nach ihrer Rückkehr zu Heoman zu gehen und ihn zu bitten, sie mit nach Ägypten zu nehmen.

Ägypten ruft

Ich wurde in eine spätere Zeit geführt. Magdalena war etwa sechzehn Jahre alt. Ihre Beziehung zu Martha, ihrer Schwester, wurde mehr und mehr angespannt. Die Schwestern waren so verschieden und Martha empfand es als ihre Pflicht, dafür zu sorgen, dass Magdalena rein bliebe und den kulturellen Gepflogenheiten der Zeit folgte. Sie hielt sich selbst fern von Magdalenas Tun, wie es eine Mutter tun würde, außer dass es in ihrer Sorge nicht viel Gefühl nährender Liebe gab; vielmehr ärgerte sich Martha unentwegt über Magdalena und grollte ihr wegen all dem Ärger, den sie verursachte.

Magdalenas Familie machte sich immer mehr Sorgen über ihre Verbindung zu Heoman und seine ägyptischen Verlockungen. Bei einem kleinen Familientreffen in diesem Jahr sah ich Magdalena mit Heoman sprechen (sie hatte ihn wohl eingeladen), und wieder schien sie von ihm sehr angetan zu sein – seine leicht bernsteinfarbenen Augen waren so bezaubernd. Als sie mit ihm sprach, packte sie ihre Gouvernante unwillig am Arm, zog sie weg und machte ihr eine Szene. Es wurde ziemlich unangenehm – Magdalena war vor Familie und Freunden gedemütigt.

Später schloss sie sich in ihrem Zimmer ein. Die Gouvernante stand draußen, laut schreiend und ihr vorwerfend, dass sie locker und wild werden würde und dass ihr schlechter Ruf so unziemlich sei, dass sie nie einen richtigen Ehemann finden würde. Aber Magdalena kümmerte sich nicht darum. Stattdessen hörte sie durch das Schimpfen der Dienerin Ägypten rufen. Sie rastete in ihrem Zimmer aus, riss ihr Bettzeug auseinander und stellte die Möblierung auf den Kopf. Sie hasste ihr Leben – sie gehörte nicht zu dieser Familie!

Ich fand mich dann in einer Karawane und sah, dass Magdalena ein bisschen älter war – offenbar war ich wieder in der Zeit weiter geeilt. Kamele und Esel gaben ihre gewohnten Geräusche von sich. Als die Karawane für die Nacht anhielt, vollzog Heoman ein Abendritual, das mit dem Mond und mit den Sternen zu tun hatte.

Zu dieser Zeit war Magdalena unsicher, was sie über Gott denken solle. Sie war nicht geneigt, ägyptische Götter anzubeten, aber sie fühlte, dass diese ihrer Auffassung vom Göttlichen mehr entsprachen als die jüdische Auffassung von Gott. Sie reiste nach Ägypten, um ihr verlorenes Ich zu finden – es war etwas, was sie tun musste. Sie wusste, dass es eine Angelegenheit zwischen ihr und den Sternen war.

In Ägypten hielt sie sich im Haus einer Frau auf, die, obwohl in fortgeschrittenem Alter, sehr schön war. Das Haus der Frau mit seinen klaren Linien und eleganten Einzelheiten, sprach Magdalena an. Es war ein langes, schmales Gebäude, offen für die frische Luft und an einem Nebenfluss des Nils gelegen. Weiße Linnenvorhänge unterteilten die Räume im Haus. Die ältere Frau hatte lange, glatte, silbrige Haare und trug ein einfaches, reines Kleid. Sie war eine Bekannte von Heoman.

Magdalena wurde zu einer Mysterienschule gebracht, wo es nur wenige Studenten gab, alle weiblich. Der Lehrer war ebenfalls eine Frau. Sie trafen sich in einem unterirdischen Zimmer, einem steinernen Raum mit Hieroglyphen an den Wänden und einem Altar im Hintergrund. Über dem Altar ließ ein Loch in der Decke schwaches Licht herein.

Zunächst fühlte sich Magdalena wie eine Außenseiterin. Sie war in sich selbst unsicher und wunderte sich, ob sie das Richtige tun würde und ob ihre Wahl andere verletzen würde, vor allem ihre Familie. Es war, als ob sie an einem Abgrund stünde, es drohte ihr aus dem Leben, das sie bisher kannte, in ein unbekanntes Gebiet abzustürzen. Zudem fühlte sie sich als einzige Nicht-Ägypterin in der Schule vom Geschehen überwältigt.

Sie wünschte sich wirklich ein Zeichen von Gott, dass sie auf dem rechten Wege sei, aber es fehlte ihr an Vertrauen – nicht nur in sich selbst, sondern auch in Gott. Die Lehrerin war abgeklärt und kalt. Es war den Studenten nicht erlaubt, Beziehungen zu ihr oder untereinander zu haben und so fühlte sich Magdalena vollkommen allein. Die Lehrerin hatte den Studenten eingeschärft, dass, wenn sie diesen ersten Schritt gemacht hätten, sie nie zurück könnten – denn ihnen würden tiefe Mysterien anvertraut, die nie ausgeplaudert werden dürften. Magdalena machte diesen Schritt, aber nicht aus einem Gefühl der Sicherheit, sondern aus einem Gefühl des Zwanges: Sie war den ganzen Weg gekommen in einer trotzigen Haltung und es war Stolz – mehr als Reinheit der Absicht – die sie von dem Verlassen des Weges abhielt.

Und so begann in Magdalenas Leben eine neue Phase. Von Anfang an wurde sie von Dämonen angegriffen, die bei ihr die Angst, das Alte hinter sich zu lassen, nährten. Sie wusste, dass sie zu einem Ort höheren Wissens gekommen war, aber diese Dämonen hatten es darauf abgesehen, sie am Fortschreiten zu hindern. Besonders zwei Dämonen griffen sie mit großem Nachdruck an.

Die Lehrerin wusste davon, vermied es aber, Magdalena direkt darauf anzusprechen. Stattdessen erzählte sie den Neophyten eine lange Geschichte mit der Absicht, sie in das Verständnis des Bösen einzuführen. Die Lehre wurde so erteilt, dass die Studenten lernen sollten, was zu tun sei, wenn sie der „dunklen Seite“ begegnen würden.

Magdalena fühlte sich aber unsicher, ob die Lehre wirklich von „dem Licht“ herstamme, denn sie war in dem Glauben aufgewachsen, dass Böses auf jeden Fall zu vermeiden sei. *Wir berühren nichts, was unrein ist; wir vermischen uns nicht mit denen, die nicht Gott geweiht sind,* hieß die Lehre, die sie immer gehört hatte.

Und doch versuchte diese Frau, Magdalena zum Verständnis zu bringen, dass Böses einen Platz hatte, dass es einem Zweck diene. Mit dieser Idee fühlte sie sich zunächst nicht wohl, aber sie beschloss, trotzdem auf ihrem Weg des Lernens fortzuschreiten. Sie wusste, dass sie aus irgendeinem Grunde da war, selbst wenn sie jetzt noch nicht ganz verstehen konnte, welches jener Grund war.

Sie versuchte, die neuen Lehren, so gut sie konnte, anzunehmen, ließ stehen, was sich jetzt noch nicht recht anfühlte, während sie an ihren ursprünglichen Eindrücken aus der Begegnung mit Heoman festhielt – indem sie sich erinnerte, wie sie sich so sehr nach Ägypten gezogen gefühlt hatte. Angesichts dessen, dass ihr Herz in Harmonie mit dem schlug, was sie über das ägyptisches Leben und dessen Hintergründe wusste, fühlte sie, dass sie dem Fluss dieser Ereignisse trauen und sehen sollte, wohin sie diese führen würden.

Als die Vision endete, sah ich Christus in der geistigen Welt. Ich fühlte das Gewicht meines Weges und meiner eigenen Unsicherheit. Ich hatte so viele unbeantwortete Fragen. Er übergab mir eine Schriftrolle aus Licht und sagte, *Die Wahrheit wird dich frei machen.* Er sagte mir auch, dass mehr Verständnis und Weisheit im fälligen Verlauf kommen würden.

Ägyptischer Tempelgarten

II

Magdalena und der Hierophant der Mysterien des Todes

Ich stand oben an einer Reihe von Steinstufen. Sie rochen trocken und muffig. Zu meiner Linken erhob sich eine Mauer von massiven Steinquadern, die einer auf den anderen gesetzt waren und perfekt ohne Mörtel zusammenpassten. Karger, staubiger Wein wuchs an einem Teil der Mauer. Ich blickte die Stufen abwärts und sah, dass sie zu einem unterirdischen Raum führten. Ich blickte hinter mich und sah eine Wüstenlandschaft. Ich wusste, ich war in Ägypten.

Ich sah Magdalena. Sie war in ägyptischem Stil gekleidet, ihr Haar wundervoll mit kleinen goldenen Verzierungen arrangiert. Über ihr Alter war ich unsicher, aber sie schien jung zu sein – sicher weniger als zwanzig Jahre alt. Das helle Sonnenlicht hinter sich lassend, stieg sie die Treppenstufen herab in einen von Fackeln erhellten Durchgang. In dem flackernden Licht waren Hieroglyphen an den Wänden zu sehen. Ich merkte, dass es nicht der erste Besuch von Magdalena an diesem Ort war. Der Durchgang endete in einem viereckigen Raum mit einem rechteckigen Altar in der Mitte. An der linken Wand waren Darstellungen von Isis mit einem Kind in den Armen sowie auch andere Szenen aus den Geschichten der Isis. Hinter dem Altar war eine Szene vom Tod des Osiris, umgeben von Hieroglyphen, die ich nicht so deutlich ausmachen konnte.

Dieser Raum war für den Vollzug der Mysterien des Todes bestimmt, der „Tempelschlaf" Einweihung, einem Ritual, in dem der Einzuweihende für drei Tage in eine Art Todesschlaf versetzt wurde, in der Hoffnung, dass er sich dabei mit Osiris vereinigen würde, der dann den Einzuweihenden mit wichtigen esoterischen Wahrheiten ausrüsten werde. Der Einzuweihende würde auf diese Weise ein „Kind von Osiris" werden, neu geboren, wenn sie oder er wieder den Leib betreten würden, der nun den Eindruck von all dem tragen würde, was Osiris gelehrt hatte. Von solchem Eingeweihten sprach man dann als von einem „Sohn von Osiris" oder einer „Tochter von Osiris."

So wurden die Großen Mysterien einigen erwählten Menschen gelehrt, die vorbereitet waren, die Ausbildung zu fundierten Eingeweihten zu erhalten. Nach ihrer Einweihung würden sie in der Lage sein, ihre Erfahrungen von der Zeit des Tempelschlafes zu erinnern. Es gab in der Tat verschiedene Klassen von Eingeweihten, solche mit einem niederen Grad empfingen Instruktionen von denen mit höheren Graden.

Magdalena liebte die Bilder an den Wänden. Sie war fasziniert von vertrauten Geschichten der mystischen Liebe zwischen Isis und Osiris, Geschichten, die in ihrem Herzen lebten. Sie wusste, dass Isis und Osiris ewig in den Sternen waren und dass ihre Liebe unvergänglich war.

Sogleich kam ein Mann aus einem Zimmer zur Linken des Raumes. Magdalena empfand Angst darüber, dass sie mit diesem Hierophanten alleine war. Seine Rolle bestand darin, die Mysterien des Todes zu hüten, das Einweihungswerk des Tempelschlafs zu unterstützen. Er war aufgewachsen für diese Aufgabe und ihr geweiht, sogar ausgesondert, und hatte nie ein gewöhnliches Leben unter normalen Menschen gekannt. Sein ganzes Leben war er ein Eingeweihter des Tempels und jetzt war er ein hoher Eingeweihter der Mysterien des Todes. Er hat viele Ebenen der Mysterien durchlaufen und große Weisheit erworben, weit über jener der meisten anderen, die in dieser Zeit und an diesem

Ort lebten. Wegen seines geistigen Hintergrundes war es nicht einfach, sich mit ihm zu identifizieren nach gewöhnlichen sozialen Gegebenheiten. Dieses machte Magdalena unsicher, denn sie fühlte sich ganz eins mit ihren sozialen Gaben – Gaben, die aber gegenüber solch einem Menschen keine Bedeutung hatten.

Der Hierophant war in eine kurze Tunika gekleidet und trug eine Brustplatte und einen Kopfschmuck, der einer hundeähnlichen Kreatur glich, was, wie ich verstand, ein Symbol des Hüters von Osiris war. Als er den Raum betrat, genügte schon sein Anblick, um Magdalena in einen erhöhten Bewusstseinszustand zu versetzen.

Sie war gekommen, um als seine Dienerin oder Assistentin bei gewissen Einweihungen vorbereitet zu werden. Nachdem er sie begrüßt hatte, zeigte er ihr, wo sie sich während eines besonderen Rituals hinstellen solle. Das war am Fuße des Altars, der groß genug war, dass eine Person auf ihm liegen konnte. Sie hatte vorher solchen Ritualen in Verbindung mit ihrer Vorbereitung auf diese Rolle verschiedentlich beigewohnt.

Während sie nahe am Altar stand, blickte ich auf und besah mir die Szenen genauer, die in Hieroglyphen dargestellt waren: Die Reihen der Bilder zeigten, was die Seele erlebt, wenn sie während des Tempelschlafes die Schwelle in die geistigen Welten überschreitet. Es waren für Magdalena lebhafte Bilder. Sie fühlte sich sehr zu diesen Bildern hingezogen und verbrachte viel Zeit, darüber zu meditieren.

Als ich näher hinblickte, entdeckte ich drei primär horizontale Reihen von Bildern. Jede Reihe war wieder in weitere drei Reihen geteilt, was insgesamt neun Reihen ergab. Die Zeichnungen waren ganz kompliziert. Sie illustrierten die neun Pfade, die die Seele während ihres Aufenthaltes in der geistigen Welt nehmen kann. Ich erhielt die Einsicht, dass die Einzuweihenden unterrichtet und sorgfältig vorbereitet wurden, bevor sie in den Tod des Schlafes gingen und dass sie *immer* auf dem Mittelweg bleiben müssten, d.h. auf den mittleren Wegen, von denen drei hier gezeigt wurden. Die drei Wege oben und die drei Wege unten wurden schwer bewacht. Der Pfad oben wurde von Engeln versperrt, und der unten von bösen Wesen. Diese Wesen hielten die meisten Seelen davon ab, in die Mysterien dieser beiden Ebenen einzutreten, während die mittleren drei Wege allen Einzuweihenden offen standen. Nur hochbewährte Eingeweihte durften das Oben und Unten erfahren, und dies auch erst, nachdem sie zunächst viel Weisheit vom Wandeln des Mittelweges erhalten hatten.

Da der gegenwärtige Hierophant beträchtliche Erfahrung auf dem Mittelweg gewonnen hatte, war er in der Lage, sich auch in die anderen beiden Reiche zu wagen. An den Wänden war der Mittelweg in allen Einzelheiten dargestellt, während die Wege des Oben und des Unten nur skizziert waren, unfertige Erzeugnisse. Dieser Mann fügte Weisheiten hinzu, wie er sie erlangt hatte und brachte weitere Einzelheiten zu den älteren Hieroglyphen. Nur wenige hatten sich in die „Katakomben" des Unten vorgewagt. Und die erhabenen Höhen des Oben waren noch weniger bekannt.

Als Magdalena in diese Mysterien eingeführt wurde, hatte sie ein lebhaftes Interesse sowohl am Oben wie am Unten bekundet. Dies machte dem Eingeweihten große Sorge, denn dieses ihr Interesse würde nicht befriedigt werden können. Dennoch lockten die beiden Wege Magdalena und während ihres Trainings kämpfte sie oft gegen ihre Fixierung auf sie.

Zur Zeit dieser Vision war Magdalena noch jung und wohlhabend, eitel und schön, sie lebte ein luxuriöses Leben. Dies war gut, bevor sie nach etwa zehn Jahren oder später in Ausschweifungen verfiel, nach denen sie schließlich zu Jesus gehen würde, um bei ihm geistige Hilfe zu erbitten. Aber in diesem jugendlichen Zustand hatte sie eine unersättliche Neugier, die nur mit dem einzigen Wunsch verbunden war, in die erhabensten Höhen zu steigen, welches Streben sie auch wählte. Dieses Verfolgen der charakterlichen Vortrefflichkeit stammte aber nicht aus einer gesunden spirituellen Reife, sondern aus einer Art Eitelkeit, die sie angetrieben hatte, einen immer höheren sozialen Status zu erlangen.

Während ihrer Zeit als Hierophantenlehrling kämpfte sie mit diesen Wünschen in sich. Sie war belehrt worden, dass solcherart Wünsche wie sie sie pflegte, eine große Gefahr für die Seele seien, die den Tempelschlaf durchmache und dass sie gemäßigt oder unterdrückt werden müssten. Die ganze Aufmerksamkeit war darauf zu richten, auf dem mittleren Weg zu bleiben. Es gab sogar spezielle Übungen für den Neophyten, um die Seele von solchen Wünschen zu befreien und zu reinigen. Ja, Instruktionen für diese Reinigung waren in Bildern auf der rechten Mauer dargestellt.

Wenn sie den Tempelschlaf richtig vollendet hatten, würden die Eingeweihten voller Weisheit zurückkehren. Diese Weisheit wurde sorgfältig vermerkt und trug so zum Wachsen des Erkenntnisleibes bei, der sich durch die Ansammlung von Weisheit bildete. Priester von unterschiedlichen Berufungen konnten aus ihm Erkenntnis schöpfen, je nachdem, was sie bei ihrer Arbeit mit den Menschen benötigten. Dieses Wissen war natürlich nicht für alle zugänglich. Nur diejenigen, die gewisse Begabungen erkennen ließen und deren Geburtszeiten besonderen astrologischen Anforderungen entsprachen, wurden zu dem Pfad der Einweihung zugelassen. Sie wurden hierfür seit früher Kindheit vorbereitet. Dies war wirklich eine ernste Angelegenheit wegen der auf diesem Wege drohenden Gefahren, einschließlich des Todes. Wanderte eine Seele nach Überschreitung der Schwelle im Tempelschlaf von dem mittleren Pfad in den oberen oder den unteren, konnte es passieren, dass das leibliche Gefäß verderben würde infolge der Schwierigkeit, den Weg zurück zu finden.

Der Mann, der jetzt Magdalena unterrichtete, wurde ein „Sohn Gottes“ genannt, ein Name, der ihm wegen seiner hohen Einweihung gegeben worden war. Nur denjenigen, die dahin gelangt waren, wohin er gegangen und woher er *zurückgekehrt* war, wurde dieser Titel gewährt, denn sie wurden angesehen, als seien sie unmittelbar von den

Göttern „geboren." So wurden sie geehrt, dass sie sich einem buchstäblichen Tod unterzogen hatten, von dem Gott verfügt hatte, dass sie zum Körper zurückkommen sollten, um mit dem Leben fortzufahren. Dies wurde als eine neue Geburt angesehen, denn diese Eingeweihten waren durch ihre Erfahrung in der geistigen Welt für immer verändert. Es gab nur sehr wenige solche „Söhne Gottes."

Ein Teil ihres Trainings bestand darin, dass Magdalena sich auf den Altar legen würde und ihr Lehrer würde dann ihren Übergang in einen tranceähnlichen Zustand ermöglichen. Er würde sie Schritt für Schritt unterrichten, wobei er alles beobachtete, was ihre Seele auf dem Weg in die geistige Welt unternehmen würde. Jedesmal sollten in ihr gewisse Hindernisse auftauchen – und diese würden von ihr eine Art Arbeit erfordern. Diese Hindernisse wären vorrangig negative Emotionen, wie Angst oder Furcht, verbunden mit Ereignissen aus ihrer Vergangenheit.

Gewisse Rituale der Vorbereitung mussten zelebriert werden, bevor irgendjemand in den Tempelschlaf geführt wurde. Einer, der durch die ersten Ebenen des Tempelschlafs gegangen war, konnte dann anderen dienen, sich für die Einweihung vorzubereiten. Magdalena hatte die einführenden Vorbereitungen der Einweihungen erlebt, so dass sie als fertig empfunden wurde, sich vorzubereiten, anderen zu helfen. Sie war unterrichtet, den Körper vorzubereiten, eine Aufgabe, die ausgedehnte Hilfe erforderte. Der Tempel des Körpers musste gesäubert, gereinigt, gestärkt und geheiligt werden – so dass die Seele, die aus höheren Reichen zurückkehrte, ihren Leib als geeigneten Tempel finden würde, um darin zu wohnen. Kräuter und Öle wurden verwandt und reiche Nahrung vermieden. Es gab auch eine Zeit des Fastens.

An diesen Einweihungsorten gab es bestimmte gesonderte Räume zur Reinigung des Körpers. Sie waren über Energiemeridianen in der Erde gebaut, die den Leib in einer besonderen Art reinigen würden. Die Ägypter wussten von einem vertikalen Energiefluss, der durch die Mitte des Leibes aufsteigt. Sie wussten auch, dass bei den meisten

Menschen dieser Energiestrom durch viele Faktoren verhindert wird. Für den Leib eines Einzuweihenden; der sich dem Tempelschlaf unterzog, war es sehr wichtig, dass der vertikale Energiefluss ungehindert war. So gab es Stellen in den Vorbereitungsräumen, wo der Kandidat hingestellt und angeleitet

wurde, sich mit der Erde in der Weise zu verbinden, dass der vertikale Energiestrom verstärkt wurde. Solche Orte bezeichnete man als „Säulen des Tempels", denn, wenn man auf ihnen stand, konnte die vertikale Energie durch einen strömen, und wenn der Körper aufrecht gehalten wurde, wurden alle Meridiane in Angleichung an die Erde gebracht. Oft waren auch Pyramiden über solchen Orten gebaut, die über dem Energiestrom zentriert waren.

Wie schon früher berichtet, war Magdalena zuerst durch Heoman, einen Freund ihrer Familie, mit den ägyptischen Mysterien in Verbindung gekommen. Er war es auch, der sie wegen ihrer Gaben für diese Arbeit empfohlen hatte. Auch ihre Lehrer in Ägypten erkannten ihre Gaben. Zudem verstand ich, dass auch Magdalenas Vater einige Kontakte zu ägyptischen Eingeweihten hatte. Er selbst war von ägyptischer Abstammung und hatte diese Weisheit aufgenommen – obwohl er sie meist verborgen hielt. Was er aber so empfangen hatte, beeinflusste Magdalena trotzdem auf einer bestimmten Ebene, als sie noch ein junges Mädchen war. Nach dem Tod des Vaters hatte sie einige ägyptische Schriften von ihm geerbt und diese in ihrem Schloss aufbewahrt; viele Jahre später, nachdem sie die Mysterienschulen in Ägypten besucht hatte, war sie in der Lage, sie zu studieren. Erst dann realisierte sie, dass ihr Vater etwas von diesen Mysterien verstanden hatte.

Magdalenas Lehrer, der der „Sohn Gottes" genannt wurde, ermahnte sie oft wegen ihrer Eitelkeit und ihres Stolzes. Er warnte sie, dass diese trügerische Ansicht ihrer Natur ihren Niedergang anzeigen und auf der anderen Seite des Schleiers wie ein großer Dämon aufsteigen würde - wenn sie sie nicht überwinden könne, aber sie wurde von diesen Warnungen nicht beeinflusst. Sie dachte, sie habe ein Recht darauf stolz zu sein, denn sie war schön, reich, von vielen bewundert und auch ganz gescheit. Sie sah nicht, dass die Bewunderung ihrer eigenen Qualitäten auf diesem Wege eine so große Bedrohung sein könnte. Und doch lösten die Warnungen ihres Lehrers bei ihr Ängste aus, denn sie fragte sich, ob er nicht nach allem doch recht habe. Vielleicht würde sie, wenn sie zu tief in den Tempelschlaf ginge, tatsächlich von dem schrecklichen Dämon begrüßt, von dem er sprach. Dies war ein beängstigender Gedanke, und sie wollte seine Warnung nicht auf die Probe stellen.

Um dem Dämon ihrer eigenen Eitelkeit zu entgehen, wenn sie selbst den Tempelschlaf praktizierte, hatte sie vorgegeben, größeres Interesse daran zu haben, bei der Einweihung anderer zu helfen. Sie legte sich eine Fassade des Mitleids und der Demut zu, wann immer sie um den Lehrer war, drückte ihre Eitelkeit in die Tiefen ihrer Seele und gab vor, sie habe sie überwunden, obwohl sie wusste, dass sie gerade unter der Oberfläche lauerte.

Wie wir sehen werden, würde diese Eitelkeit gelegentlich ihr Haupt erheben und sie zu zerstören drohen – nicht gerade im Geistgebiet, sondern auch in ihrem Leben als reizende, lebhafte Magdalena.

III

Magdalena schlief in ihrem Bett einen gesunden Schlaf. Sie wurde plötzlich von einem jungen Mann aufgeweckt, der sie drängend rüttelte. Obwohl ich ihn nur von hinten sah, dachte ich, es müsste ihr Bruder Lazarus sein. Sie sprang aus ihrem Bett, zog schnell eine Tunika über ihr Nachtgewand und band eine Schärpe um ihre Taille. Nachdem sie sich in einen Mantel gehüllt hatte, sprach sie ein atemloses, achtloses Morgengebet. Offensichtlich war sie in größter Eile und aufgeregt, was der Tag ihr bringen würde.

Rund um Magdalenas Schloss lag das Land im ersten Frühling. Der Tag brach eben an, sein rosiges Licht berührte den Tau auf dem Boden und verlieh allem ein erwartungsvolles Funkeln. Magdalena flog fast durch das Schloss, erteilte unzusammenhängende Aufträge an Bedienstete links und rechts, während sie in der Speisekammer nach etwas Essbarem suchte. Ihr junges Gesicht vibrierte vom Versprechen eines Abenteuers.

Außerhalb des Haupteinganges standen einige Kamele und ein Wagen oder eine Art große Karre. Hinter den Kamelen und der Karre warteten vier junge, dunkelhäutige Diener auf weitere Anordnungen. Jeder trug eine Tunika gleicher Farbe, mit einem gestreiften Schal über der linken Schulter und war gegürtet. Einige hielten Pakete, die mit einer Kordel fest verschnürt waren. Ich verstand, dass die Diener aus Ägypten hergereist waren. Eins der Kamele war für Magdalena und das andere für den Mann, der sie aufgeweckt hatte – dessen Gesicht ich noch sehen musste. Jeder in der Karawane erwartete Magdalena. Und sobald sie erschien, begann die Reise nach Ägypten.

Magdalena und Lazarus in Ägypten

Dann wurde ich in eine spätere Zeit geführt. Die Karawane war an der Mündung des Nildeltas angelangt, dem Tor zu einem sich ausbreitenden Ballungsraum aus vier großen Städten Ägyptens: Kairo, Gizeh, Heliopolis und Memphis. Die Pyramiden dieser Städte waren ein besonderer Anblick, denn zu dieser Zeit waren einige noch nicht stark verwittert. Eine der Pyramiden sah fast neu aus, während die beiden größten vielleicht einige hundert Jahre alt waren. Die Städte waren beeindruckend! Ich blickte eine ganze Zeitlang auf sie herab, um alles gut aufzunehmen.

Wieder folgte ich Magdalenas Karawane und sah, dass sie und Lazarus (denn er war es wirklich) vor einem Gasthaus südwestlich der größten Pyramiden standen, ich denke, es war Memphis. Es war ein schmales langes Gebäude mit vielen Räumen mit einem großen Hof oder Laufstall für die Tiere dahinter.

Dann ereignete sich etwas Seltsames. Ich fühlte einen kräftigen Sog, der mich zu der größten Pyramide der Stadt zog. Ich konnte nicht anhalten, während ich hoch über der Mitte der Pyramide schwebte, selbst wenn ich hätte absteigen wollen.

Die Energie dieses Platzes war so seltsam – es schien, als ob die Pyramide in die geistige Welt stoßen würde, um eine Öffnung bereitzustellen. Um die Pyramide herum schien der Schleier zwischen dem irdischen Reich und der geistigen Welt außerordentlich dünn zu sein.

Von meinem Standpunkt aus konnte ich die geistige Aktivität um die Pyramide wahrnehmen. Ich wollte gerne in sie hineingehen, um ihre geistigen Aspekte zu erkunden, aber ich wurde dazu nicht angeleitet. Ich bekam nur einen generellen Überblick, wie diese Pyramide eine Öffnung schafft, durch die das Volk dieser Gegend die geistige Welt erfahren könne. Ich sah, dass die Menschen des Nildeltas visionäre Menschen waren; sie träumten in leuchtenden Bildern und waren mehr in Kontakt mit der geistigen Welt als andere Menschen, die ich aus dieser Zeit erlebte.

Ich sah, dass es generell zwei Klassen Menschen gab, die in und um diese Städte lebten: Jene der Arbeiterkaste, die in ihrem Lebensstil einfach und irdisch waren, dazu ziemlich abergläubisch in ihrem Glauben; und die anderen, jene des Adels, die hoch gebildet und eher harmonisch mit der geistigen Welt zusammen lebten (oder sie hatten zumindest ein tiefes Interesse an geistigen Angelegenheiten, wollten mit den Göttern wirken und so fort). Diese beiden Klassen waren meistens voneinander getrennt, was für sie ganz natürlich war und keineswegs das Ergebnis gegenseitiger Antipathie. Sie heirateten nicht oft untereinander, sondern blieben innerhalb ihrer jeweiligen Kaste.

Die arbeitende Kaste schien durch die Energie der Pyramiden nicht unmittelbar berührt zu sein. Ihre Religion war einfach, obwohl sie wahrscheinlich von der oberen Kaste ausgegangen war. Sie richteten ihren Blick vornehmlich auf die Erde, kümmerten sich um die zeitlichen Aspekte des Lebens – was gut war, denn es schien die dichte Energie der Gegend auszubalancieren. Meistens bewohnten sie die Außenbezirke. Ich konnte sehen, dass die Energie umso stärker wurde, je näher man den Pyramiden kam. Alle Menschen im Nildelta schienen mehr von der alten Art des Hellsehens zu haben und sie waren im Vergleich weniger tief „inkarniert" als das Volk von Judäa.

Magdalena fühlte sich in Ägypten wie im Himmel. Sie besuchte die Märkte, kaufte Textilien, exotische Gewürze und allerlei Flitterkram. Obwohl sie so angetan schien von den feineren Dingen des Lebens und ganz materialistisch und vergnügungssüchtig war, beherbergte sie doch ein tiefes und echtes Interesse an den ägyptischen Mysterien. Durch diese doppelte Natur wurde sie hin und her gezogen zwischen dem Irdischen und dem Geistigen.

Des Nachts wurde sie aber oft von einem Dämon angegriffen, der wie ein böser ägyptischer Gott aussah. Er beängstigte sie so sehr, dass sie sich fühlte, als kämpfe sie die ganze Nacht um ihr Leben. Wenn aber der Morgen anbrach, vergaß sie die Leiden der Nacht bald und kehrte zu den Verlockungen des Tages zurück, verschaffte sich Schätze und verfolgte die Mysterien. Sie konnte auf irgendeine Art die Erlebnisse der Nacht und jene des Tages auseinanderhalten halten. Ihre allgemeine Haltung war die der Selbstzufriedenheit: Ihr Selbstsinn erlaubte ihr nicht, über die Gründe nachzudenken, warum sie von Dämonen angegriffen würde – sie konnte sich nicht vorstellen, was diese für einen Grund haben könnten. Stattdessen verdrängte sie ihre Ängste und brachte ihre Tage weiter zu, als ob alles in bester Ordnung wäre.

Magdalena im Palast der Frauen

Dann sah ich einige junge Ägypterinnen hoher Herkunft, mit denen Magdalena bekannt war. Fein gekleidet und stolz waren diese Frauen abgesondert in einem kleinen Palast mit wunderbaren Dachgärten. Magdalena fühlte sich zu ihnen gehörig und erfreute sich ihrer Gesellschaft. Ich bin mir nicht sicher, wie sie zu dieser Bekanntschaft der Frauen kam, aber sie liebten sie sehr – sie fanden vor allem ihre roten Haare exotisch und bewunderten ihre starke Gegenwart. Diese Frauen wurden als „Werke lebendiger Kunst" betrachtet, und wurden verwöhnt und ausgerüstet mit allem, was sie sich wünschten. Verehrt als Objekte der Schönheit traten sie bei bestimmten Feiern oder anderen Ereignissen auf. Wie die Geishas in Japan mussten sie immer für ihre Schönheit sorgen, verstanden aber wenig mehr als bewundert und verehrt zu werden.

Magdalena war ebenso fasziniert von ihnen, wie sie es von ihr waren. Sie schienen das gleiche Alter zu haben wie Magdalena – zwanzig etwa. Magdalenas Vernarrtheit in sie wuchs zu einer wahren Ablenkung und lenkte sie von der Aufgabe ab, die sie in den Tempeleinweihungen übernommen hatte.

Ihr Wunsch nach allem geistig Geheimnisvollen begann einem Hang nach weltlicher Macht Platz zu machen. Zu Beginn ihrer Übungen zur

Einweihung hatte sie wirklich nach Weisheit gestrebt, aber gleichzeitig hatte sie mit dem Wunsch nach hohem sozialen Standard und Reichtum gerungen. Diese beiden Richtungen kämpften um Vorherrschaft in ihrer Seele, bis schließlich der Materialismus das Feld gewann. Und so wurde der Ausflug nach Ägypten, der zu einem vertieften Studium der Mysterien beabsichtigt war, stattdessen zum Spielplatz, auf dem sie sich mit anderen jungen Frauen tummelte, die ebenfalls durch die Frivolitäten äußerer Schönheit hingerissen waren.

Unterdessen war Lazarus beschäftigt damit, sich mit Stadtbeamten, Experten für Landwirtschaft und anderen wichtigen Behörden zu treffen. Er folgte den Fußstapfen seines Vaters – bei diesem besonderen Ausflug nicht so sehr vom militärischen Standpunkt aus, sondern mehr in einer bürgerlichen Funktion. Ich verstand, dass sein Vater diese große Stadt auch besucht hatte.

Auch Lazarus hatte Interesse an den Mysterien, aber ich sah nicht, ob er diesmal auch derlei Studien verfolgte. Er verbrachte fast keine Zeit mit seiner Schwester Magdalena. Es schien ihm, als ob sie weggesogen, gelangweilt und betäubt sei. Es war fast, als ob sie einer seltsamen Erfindung gedient habe, die sie dazu verleitete, ihre Zeit zu verschwenden.

Manchmal, wenn die beiden alleine waren, sprach Lazarus zu ihr über ihre Übungen in den Mysterien. Er wusste, dass es eine ernsthafte Sache war, zu einer Mysterienschule zugelassen zu werden und dachte, dass Magdalenas einleitende Schulung ihr wichtig sein würde. Sie schien es nicht ernst zu nehmen, aber er wusste wohl, wo ihr Herz in der Welt stand. Er hatte versucht, seinen Kummer, seinen Ärger über ihre Oberflächlichkeit und Eitelkeit zu verbergen, und er brachte diese Gespräche auf, um sie zu ermutigen, zu ihren Studien zurückzukehren. Aber seine Anstrengungen waren vergebens.

Zunächst versuchte Magdalena, die jungen Damen für die Mysterien zu interessieren, aber sie starrten sie nur mit weiten dunklen Augen voller Amüsement an. Warum sollten sie irgendetwas anderes wollen?

Sie hatten alles, was sie sich wünschten und waren vollkommen zufrieden. Sie kümmerten sich um überhaupt nichts in der Welt außerhalb dessen, was sie kannten. Trotzdem hielt sich Magdalena immer länger bei ihnen im Palast auf und bekam sogar einen Platz unter ihnen angeboten. Als die Zeit verging, verlor sie allmählich den Kontakt zur Realität.

An der Rückseite des Palastes, in dem die ägyptischen Frauen wohnten, führte eine Treppe in einen privaten niederen Garten. Eines Tages amüsierten Magdalena und die anderen sich mit reicher Nahrung und Getränken, während einige Musikanten spielten. Ein Diener von Lazarus erschien plötzlich am Gartentor. Seine Augen öffneten sich weit bei der Ansicht des Gartens voller Frauen, die sich in der Sonne amüsierten. Er sprach einen Augenblick mit Magdalena und überreichte ihr eine Botschaft von Lazarus: *Komme unmittelbar zum Gasthaus!* Magdalena lachte und warf den Diener gleich hinaus und sagte ihm, er möge Lazarus informieren, dass, wenn er wolle, dass sie zu dem Gasthaus komme, er selbst kommen und versuchen solle, sie zu holen!

Eine böse Absicht machte sich in ihrem Herzen breit: Eine Hoffnung, dass auch er ihr neues Leben attraktiv finden und ihr folgen werde. Sie wollte, dass Lazarus sie in all ihrer Glorie mit den schönsten Frauen von ganz Ägypten Hof halten sähe. Es war widerlich, sie in solch einem Zustand zu sehen.

Lazarus war so erzürnt über die Behandlung seines Dieners, dass er tatsächlich ohne Aufschub kam. Er stürmte in den Garten und verlangte, dass sie sofort mit ihm umkehre. Er bemerkte kaum die verschämten Blicke, die von den anderen Frauen in seine Richtung geworfen wurden. Er hatte nur Augen für seine Schwester, die in ihrer ägyptischen Kleidung so hochgestochen aussah – prunkvoll mit Gold behangen, die Augen mit schwerer Kohle geschwärzt. Sie handelte überhaupt nicht ihr entsprechend.

Er ergriff sie bei dem Arm und befahl ihr, mit ihm zu kommen. Sie widerstand mit lautem Gelächter. Mit purer physischer Gewalt entfernte er sie schließlich aus dem Garten, innerlich kochend als sie gingen. Etwas sprach in seinem Innern, dass er sich beruhigen sollte, denn sie würde nicht antworten, wenn er sie in dieser Weise anbinden würde. Je mehr sie sich von dem Palast der Frauen entfernten, umso mehr schien Magdalena zu sich zu kommen. Verlegenheit trat ein. Sie hatte Lazarus stets bewundert und schämte sich, dass er sie in einem derartigen Zustand gesehen hatte.

Nachdem er sich während des Ganges innerlich gefasst hatte, begann Lazarus mit Magdalena über ihre anfängliche Intention, nach Ägypten zu kommen, zu sprechen. *Was wollte sie erreichen?* Er versuchte, ihre Seele zu suchen, sie zu ihrer ursprünglichen Absicht aufzuwecken. Sie konnte ihm nicht antworten. Sie brach in Tränen aus und verbarg ihr Gesicht mit ihrem Arm, während ihr die Kohle in kleinen Bächen über das Gesicht herablief.

Zum Glück war das Gasthaus nur einen Block entfernt, so brach sie ab und eilte dorthin. In ihrem Zimmer fiel sie in Verzweiflung. Sie tauchte mehrere Tage nicht auf. Sie wurde immer wieder von Dämonen angegriffen. Aber die Angriffe kamen jetzt während des Tages ebenso wie in der Nacht. Für eine lange Zeit war sie in der Lage, sich mit Frivolitäten zu zerstreuen und es gelang ihr auf diese Weise, den Angriffen während des Tages zu widerstehen. Aber jetzt schien es, dass sie Anfälle bekam. Schließlich erlag sie einer Krankheit, in der ihr Leib von Fieber geschüttelt und ihr Geist von Halluzinationen geplagt wurde. Diener schwenkten Palmwedel über ihrem schwitzenden Leib und pflegten sie so gut sie konnten.

Eine harte Auseinandersetzung mit dem Lehrer

Lazarus wusste nicht, was er mit Magdalena anfangen sollte, und so suchte er ihren Lehrer auf, den Hierophanten, den ich schon früher gesehen hatte. Er bat den Lehrer um Rat wegen Magdalena, denn er fürchtete, dass sie ihren Wunsch zu leben verlöre und von ihrer Krankheit nicht genesen würde. Lazarus wusste nichts von den dämonischen Angriffen oder von dem, was in ihrer Seele wütete.

Als Magdalena von Lazarus' Treffen mit ihrem Lehrer erfuhr, geriet sie in einen Wutanfall. Sie hatte nicht gewollt, dass der Hierophant etwas von ihrem Kampf mit den finsteren Mächten erfahre. Als der Lehrer dies hörte, verlangte er, dass Magdalena zu ihm gebracht würde.

Zu schwach um zu gehen oder gar zu stehen – und auch zu schwach, um sich zu wehren, wurde Magdalena auf einer Bahre in einem Wagen zu ihm gebracht. In der Nähe der Pyramide, wo er wohnte, war eine abgeschlossene Veranda, von Laubwerk umgeben. Magdalena wurde dorthin gebracht und auf eine gewobene Matte zu ihres Lehrers Füßen gelegt – ihr langes Haar ungekämmt, ihr Gesicht abgemagert, ihr Leib dünn.

Der Lehrer tat nichts, ihren Zorn zu besänftigen. Er beschimpfte sie, dass sie ihre dunkle Natur verborgen habe unter Vorgabe, rein zu sein, während sie es nicht war. Er sagte ihr, er würde sie ausschließen und drohte ihr, sie vom weiteren Gang in den Mysterien fernzuhalten. In ihrem geschwächten Zustand war sie ganz unterwürfig, bittend und sich verteidigend, bis er schließlich nachgab – und sagte, er würde sie durch drei Prüfungen schicken, und falls sie diese bestehen würde, würde er sie noch einmal zulassen. Sie stimmte seinen Bedingungen zu. Hierauf entließ er sie mit dem Hinweis, dass die Bewährungsproben anfangen würden, sobald ihre Gesundheit wieder hergestellt sei.

Magdalena wurde zum Gasthaus zurückgetragen, um sich auszuruhen, aber ihre Krankheit und die Depression hielten noch eine ganze Weile an. Sie hatte ihrem Lehrer verschwiegen, dass sie unter Angriffen böser Wesen leide, weil dies eine Quelle großer Scham für sie war. Sie hatte gehofft, diese Wesen würden sie einfach so verlassen. Und obwohl die Angriffe während des Tages, als sie wieder zu Kräften kam, weniger wurden, setzten sie sich fort.

Einsam in ihren Räumen, beschäftigte Magdalena sich damit, Kleider zu nähen und mit einer Dienerin, die ihr half, zu sticken. Sie arbeitete an einem besonderen Kleid zum Gebrauch bei den Ritualen, aber fragte sich, ob sie je die Gelegenheit dazu haben würde, es zu tragen. Jedoch blieb etwas in ihr voller Hoffnung und sie konnte das Kleid fertigstellen.

Sie fragte sich, wie sie je den Versuchungen dieser Welt widerstehen sollte. War es nur Vermessenheit, die sie hoffen ließ, dass sie zu dem Einweihungswerk zurückkehren könne? *Würde sie in der Lage sein, die Prüfungen des Charakters zu bestehen?* Sie wurde von Zweifeln geplagt, die sie bis ins Herz erschütterten.

Die drei Prüfungen

Diese Vision wurde als Antwort auf eine Bitte empfangen, dass die Art der drei Prüfungen, die Magdalena von dem Hierophanten gestellt wurden, näher beschrieben würde.

Als ich in der Vision in Ägypten eintraf, sah ich einen Baum mit oval-geformten Früchten und dicken Blättern. Der Baum wuchs an einem weiten Kanal, der von einem Nebenfluss des Nils in eine Stadt führte, die ich als den Ort erkannte, in dem Magdalena als Schülerin der Mysterien weilte. Ich war aufgeregt, wieder hier zu sein, als ich auf die wunderbare Architektur schaute.

Ich war in Magdalenas Räumen unmittelbar nachdem sie zu ihrem Lehrer gebracht worden war, der ausbedungen hatte, dass sie drei Charakterprüfungen zu bestehen habe, bevor sie die Übungen in der Mysterienschule wieder aufnehmen dürfe. Magdalena erholte sich gerade von einer lebensbedrohlichen Krankheit. Ihr Haar war ungekämmt, und sie fing eben erst wieder an, etwas zu essen. Obwohl sie wenig Appetit hatte, wusste sie, dass sie ihre Kräfte wiedererlangen musste, um die bevorstehenden Prüfungen zu bestehen. Voller Ängste pickte sie an dem vor ihr stehenden Essen. Die Konfrontation mit dem Lehrer hatte ihr so viel Erniedrigung gebracht, dass sie seither jeden sozialen Kontakt vermieden hatte. Nach und nach hatte sie aber kleine Spaziergänge in die Gärten unternommen.

Als ihre Kräfte wiederkamen, sandte Magdalena eine Dienerin zum Lehrer, um ihm mitzuteilen, dass sie nun gesund genug sei, die Prüfungen zu beginnen. Mehrere Tage später erhielt sie eine Nachricht, ihre persönlichen Habseligkeiten – Kleider, Schmuck, Parfüme und alles andere, mit dem sie sich selbst verehrte – zu einem besonderen Gebäude, das gebaut war, um Brandopfer zu ermöglichen, zu bringen.

Es gab einen Namen für diesen Ort, aber ich kann ihn nicht erinnern. Es war kein Tempel, sondern nur in naher Nachbarschaft zu einem Tempel. Innen gab es einen quadratischen Raum mit rußbedeckten Steinwänden. In der Mitte war ein tiefes eisernes Sammelgefäß auf Stützen angebracht. Ich verstand, dass dies ein Platz war, der für die untere Klasse bestimmt war, um Opfer zu verbrennen und dass die oberen Klassen viel feinere Plätze hatten, um ihre Dinge zu opfern. Die Tür wurde von zwei Männern bewacht, die in religiöse Gewänder gekleidet waren. Es waren keine Priester, sondern Männer von einer viel niederen Position. Ihnen waren Anweisungen erteilt worden, was von Magdalena bei ihrer Ankunft erwartet würde.

Magdalena betrat ängstlich den Raum. Sie überblickte das Gebäude mit Verachtung. Es wurde ihr gesagt, dass sie ihre Kleidung, Schmuck, Balsame und alles andere, was sie gebracht hatte – sogar die Tunika, die sie trug, verbrennen müsse. Sie fühlte sich elend vor Scham, hegte aber kurz den Gedanken, dass sie schließlich nach den Prüfungen wieder gehen und kaufen könnte, was sie benötigte, um zu ersetzen, was sie auf diese Weise verlieren würde. Doch trotz ihrer Liebe für schöne Dinge, verwarf sie den Gedanken, da sie jetzt damit beschäftigt war, welches wohl der nächste Schritt sein würde. Ein Ding war gewiss: Magdalena würde kein weiterer Kontakt zu ihrem Lehrer erlaubt sein, bis sie die drei Prüfungen bestanden hätte – d.h. *wenn* sie die Prüfungen überhaupt bestehen würde.

Magdalena weinte leise, als sie ihre Kleider und Gewänder ins Feuer warf, Kamin und Grün verwandelten es zu schwarzer Holzkohle. Aufwändige Stickerei, die Arbeit von vielen Jahren erlag den Flammen. Ihr wurde dann ein Sackleinen der Armen zum Tragen gegeben. Ihr wurde bedeutet: „Du musst dies tragen, bis dir etwas anderes gesagt wird.“ Sie schrak zusammen, als das grobe Tuch ihre Haut kratzte.

Im Laufe ihrer anfänglichen Studien hatte Magdalena von dem Mittelweg gehört – d.h. von der Gegend, in der man außerhalb des Leibes sicher reisen könne. Sie war auch unterrichtet worden darüber, dass es solch einen „Mittelweg“ auf dem physischen Plan gebe, nämlich das Leben in Mäßigung, Ausgeglichenheit und Harmonie – sich enthalten von unmäßigen Vergnügen. Einzuweihenden wurde die entscheidende Bedeutung dieser Lebensweise beigebracht, eine Lebensweise, von der Magdalena sich so oft entfernt hatte.

Die drei Prüfungen, die Magdalena auferlegt worden waren, hatten mit zu eliminierenden Wünschen zu tun – nicht nur mit Wünschen für sinnliche Vergnügen und Selbsterhöhungen, sondern auch mit dem Wunsch, sich selbst zu erniedrigen. Der Lehrer wusste, dass Magdalenas Seele jetzt noch nicht in dem Zustand war, dass sie in die geistigen Welten reisen konnte und dass sie sich möglicherweise sogar selbst verlieren würde – entweder in dem Oben oder in dem Unten. Weil sie jetzt noch nicht die nötige Reinheit für eine solche geistige Reise aufwies, wurden ihr vom Lehrer diese Prüfungen zugewiesen.

Die erste Prüfung hatte mit dem zu tun, was Christen später nennen würden „den Eid der Armut leisten“, was bedeutete, sich selbst von materiellen Besitztümern und weltlicher Identität befreien. Ohne persönliches Eigentum, aber mit dem Sacktuch, das sie trug, war Magdalena dazu geschickt, unter den Ärmsten der Armen zu leben.

Sie war bei einer großen Familie untergebracht in einer vollgestopften Hütte, die in einer schachtelähnlichen Bauweise in einer Reihe anderer Hütten stand und zu den Ufern des Kanals führte. Sie war ihrer Identität entrissen: Sie konnte keine persönliche Informationen mit den Menschen in dem „Industriedistrikt" teilen, wo sie leben und arbeiten musste. Sie hatte wirklich überhaupt keinen Namen.

Natürlich war sie mit ihren langen, feurigen Haaren und der fahlen Haut eine Anomalie in den Slums am morastigen Ende des Kanals. Auch den Dialekt konnte sie überhaupt nicht verstehen.

Ich sah, wie sie an einem Ort arbeitete, wo für die vermögende Kaste Fleisch zubereitet wurde; ihre Finger wurden rau vom Stopfen und Zunähen der Därme. Sie war gedemütigt, an einem solchen Platz arbeiten zu müssen, aber ihr Stolz war nicht so anmaßend, so dass sie es fertigbrachte, trotz dieser Umstände ihre Würde zu bewahren. So blieb sie dort ruhig und wartete ihre Zeit ab; sie ertrug alles in einer abgeklärten Weise, so wie sie mechanisch die Bewegungen ausführte, die von ihr in ihrer augenblicklichen Lage bezüglich der verlangten Pflichten erwartet wurden.

Magdalena war während dieser Zeit vielen unziemlichen Dingen ausgesetzt, denn diese Menschen schätzten oder bewerteten das Leben nicht in der Art, wie ihre eigenen Leute es taten. Sie waren animalischer, wir könnten sagen, sie folgten instinktivem Antrieb in der gröbsten Art. Zudem hatten sie keinerlei direkte Kontrolle über ihr Leben oder irgendeine Orientierung, wie ihre täglichen Angelegenheiten durch höhere Mächte geordnet seien. Häufig wurde jemand von ihnen eingesammelt und für eine ganz triviale Übertretung eingesperrt – solche Häftlinge wurden selten wieder gesehen.

Ihre Art und Weise der Verehrung der Götter und der Opferung waren für Magdalena auch abstoßend. Ihre Gefühle ihnen gegenüber waren mehr Mitgefühl als Mitleid. Nicht für einen Augenblick erlaubte sie sich, sich selbst als eine von ihnen zu betrachten.

Ich bemerkte, dass Magdalena eine gewisse Anziehung zu einem der jungen Männer fühlte, die am Ende des Kanals beschäftigt waren. Seine Aufgabe war es, die Kanäle von Unrat frei zu halten, der sich dort ansammelte und die kleineren Boote zu unterstützen, die Wasser in die Nachbarschaft brachten. Manchmal wartete Magdalena am Ende der Allee auf ihn und sie sprachen in gebrochenen Sätzen miteinander. Aber sie konnte nicht wirklich offen mit ihm sein, denn sie hatte eine strikte Vorschrift, nicht mehr zu sein für diese Menschen als eine namenlose Arme. Für jeden Bissen war sie vollkommen abhängig von ihnen, ebenso für jede kleine Annehmlichkeit oder Freundlichkeit, die ihr gegenüber gezeigt werden könnte, ungeachtet wie gering diese waren.

Schließlich wurde Magdalena als bereit angesehen, von diesem Platz zur zweiten Phase der Prüfung zu kommen.

Sie wurde als eine Sklavin in den Palast eines gewissen Herrschers geschickt. In dieser Situation wurde ihre Demütigung noch verstärkt. Sie wurde jetzt von mehr Pracht umgeben, als sie je zuvor gesehen hatte. Und doch musste alles für immer außerhalb ihrer Reichweite bleiben. Sie aß, was die Sklaven aßen und schlief in einer kleinen Zelle, wo die Sklaven gehalten wurden. Wieder konnte sie keinem etwas über sich selbst enthüllen.

Eines Tages, als sie in einer der Hallen des Palastes zu Diensten stand, war Magdalena überrascht, eine ihrer alten Freundinnen aus dem „Palast der Frauen“ zu erblicken, welche die versammelte Gesellschaft durch ihre Anwesenheit ehrte. Das Mädchen war wie eine Gottheit in ein wunderbares Kostüm gekleidet und stand wie eine Statue in der Mitte des Raumes, umgeben von Blumen. Magdalena senkte ihre Augen schnell und verdrückte sich schleunigst in der Hoffnung, nicht erkannt worden zu sein.

Der Herrscher war ein großer Mann, der sich auf einem überladenen Thron fläzte, während er durch verschiedene Darsteller unterhalten wurde. Er kostete Früchte aus kleinen Schüsseln, die ihm von Zeit zu Zeit von Dienern gebracht wurden. Er bemerkte Magdalena, die in einer Ecke stand und wollte wissen, woher diese ungewöhnliche Sklavin gekommen sei. Da ihre Identität in seinem Haus geheim gehalten werden musste, hielt Magdalena ihre Augen niedergeschlagen und verhielt sich, als ob sie nicht in der Lage sei zu antworten, ungeachtet der vielen Fragen, die er stellte. Sie war aber so schön, dass er sich nicht zurückhalten konnte, einen Weg zu finden, mit ihr zu sprechen und so forderte er, dass sie in eine höhere Position versetzt würde, von der „Sklavin" zur „Dienerin." Aber Magdalena machte deutlich, dass sie nicht mehr sein könne als eine Sklavin.

Die Versuchungen und Proben ihrer Demut setzten sich fort. Ihre Wünsche nach Macht und Schönheit wurden auf die Probe gestellt. Sie ist nie von der Art gewesen, dass sie stehlen würde und ein richtiges Verbrechen begehen könnte, um ihre Wünsche zu befriedigen, aber sie freute sich daran, ihren Charme einzusetzen, um das zu bekommen, was sie wollte. Der Herrscher vergrößerte seine Angebote, aber rein durch die Willenskraft blieb Magdalena der Stufe treu, zu der sie nun bestimmt war. Sie gab darauf acht, sich nicht darüber zu erheben.

Schließlich bot ihr der Herrscher einen Platz unter seinen Mätressen an. Magdalena wusste, dass, wenn sie ja zu seinen Angeboten sagen würde, jeder Wunsch, den sie haben könnte, erfüllt werden würde. Sie erlaubte sich sogar, sich vorzustellen, sowohl die Mysterienschule wie auch den harschen Lehrer zu verlassen. *Ich könnte sozial ruiniert sein, wenn ich länger als Sklavin fortfahre. Ich werde sicher erkannt werden und dann wird meine Demütigung vollkommen sein. Vielleicht sind die Mysterien nichts für mich; nein, ich gehöre zur oberen Klasse!*

Aber als sie in jener Nacht erschöpft auf dem Stroh in ihrer Zelle lag, sehnte sie sich danach, zur Schule zurückzukehren. Es war der einzige Ort, an dem sie fühlte, dass das Leben eine tiefere Bedeutung habe und sie wollte die Geheimnisse wissen, die den anderen Eingeweihten einen großen Frieden gebracht hatten. Sie fühlte sicher, dass der Herrscher über die Macht verfüge, dass er den Lehrer veranlassen könnte, sie wieder in die Schule aufzunehmen, aber sie wusste, dass, wenn er so verfahren würde, so hätte sie das Vertrauen des Lehrers endgültig verloren. Dann erwog sie die Wahrscheinlichkeit, dass der Lehrer eventuell so hoch geschätzt sei, dass selbst der Herrscher nicht willens wäre, einen solchen Anschlag zu riskieren.

Es muss betont werden, dass nicht alles, was Magdalena durchmachte, von dem Lehrer manipuliert war. Der Lehrer konnte auf magische Weise Proben für Magdalena einrichten. Mit anderen Worten, er verlangte vom Herrscher nicht, Magdalena zu versuchen, sondern brachte durch den Einsatz von Magie die Proben ins Laufen, indem er die Intention ausarbeitete, dass, was auch immer ihre Seele brauche, während der Prüfung heraufkommen sollte, um ihr in einer natürlichen Weise zu begegnen.

Nach ihrer Zeit als Sklavin in einem Palast, wurde Magdalena zu ihrer letzten Zeit der Prüfung geführt. Sie musste jetzt zeigen, dass sie vollkommen gehorsam sein konnte, dass sie kein Jota von dem abweichen würde, was ihr aufgetragen war und dass ihr Gehorsam unmittelbar erfolgte.

Es wurden ihr eine Reihe von Aufgaben zur Ausführung gestellt, die meisten von ihnen betrafen das Verneinen sinnlicher Genüsse – Aufgaben wie das Fasten oder das einsame Durchhalten in der Wüste. Einige dieser Aufgaben waren mühsam und erforderten große Konzentration und Aufmerksamkeit. Sie konnte ihren Gedanken keinen freien Lauf lassen, nicht einen Augenblick von der Aufgabe absehen. Eine dieser Aufgaben war das Hersagen eines Textes über längere Zeitabschnitte, während sie alleine an einem Pult stand, wobei ein verborgener Späher sie ständig beobachtete. In all diesen Dingen verhielt sie sich ausharrend, wie sie es auch bei den ersten beiden Proben getan hatte. Tatsächlich war sie durch die ganze Zeit während der

Absolvierung der Prüfungen sehr gedemütigt. Sie fühlte eine Art Erleichterung, zumal sich ihre Eitelkeit und Besessenheit von materiellen Gütern verringert hatten.

Am Ende der Zeit der Prüfungen wurde sie aufgefordert, vor ihren Lehrer zu treten und sich zu verteidigen. Dies war ein längerer Prozess ähnlich der Selbstverteidigung an einem Gerichtshof. Wieder stand sie an einem Pult, aber diesmal, um eine Rede zu ihrer eigenen Verteidigung zu halten. Von Zeit zu Zeit würde der Lehrer unterbrechen und Fragen stellen. Einige seiner Fragen waren dazu bestimmt, sie aus dem Konzept zu bringen. Wäre der Charakter schwach geblieben, so war es seine Absicht, dies aus dem Verborgenen ans Licht zu bringen. Es war besser für sie zu antworten „ich weiß es nicht", als eine Antwort zu geben, von der sie dachte, sie würde ihm gefallen.

Am Schluss ihrer Charakterprüfung pries der Lehrer ihre Darstellung mit einer erhabenen Rede. Dann bot er ihr eine viel höhere Position in der Schule an, als sie jemals zu erlangen gehofft hatte. Aber sie war scharfsinnig genug, zu realisieren, dass er sie verleiten wollte. So kniete sie in ihrem Sackleinen auf dem Boden und murmelte mit gesenktem Kopf: „Ich kann dein Angebot nicht annehmen. Ich bin nur wert, als Novize einzutreten, hoch verehrter Lehrer."

Dieses war es schließlich, was sie davor bewahrte, ganz ausgeschlossen zu werden. Hätte sie sein Angebot angenommen, so hätte ihr Lehrer gewusst, dass sich ihr Herz noch nicht wahrhaft verändert hatte. Er hätte sie für immer ausgeschlossen. Aber ihre Antwort war für ihn ein Zeichen, dass sie nun reif war, zur Mysterienschule zurückzukehren, und so gewährte er ihr unmittelbaren Zutritt.

Magdalena war erleichtert, obwohl sie verstand, dass dies bedeutete, dass sie als eins der jungen Mädchen, die als Dienerinnen arbeiteten, wieder ganz von vorne anzufangen hatte, Wasserbehälter aufzufüllen, zu reinigen, als stille Zeugin zu handeln usw. Sie war diesmal bestimmt, ihren Wert zu beweisen und jede innere verbliebene Finsternis im Griff zu halten, verborgen für den Blick anderer. Sie fühlte mit

Sicherheit, dass dies der einzige Weg für sie sei. Obwohl sie in gewisser Weise immer noch schwankte und unsicher war, setzte sie ihre Studien der Mysterien fort, wobei sie sogar schnellere Fortschritte machte, als dies vor der Zeit der Prüfungen der Fall war.

Tempel Lampe

IV

Ich fand mich innerhalb eines wunderbaren gewölbten Gebäudes. Die Architektur erinnerte mich an griechisch inspirierte Bauwerke, die ich in der Vision in Alexandria in Ägypten aus derselben Zeit gesehen hatte; aber ich wusste, dass ich jetzt nicht in Ägypten weilte. Durch eine weite Öffnung in der Kuppel konnte ich blauen Himmel sehen. Ich war in einem einzelnen Raum, ziemlich groß – vielleicht so groß wie ein kleines Theater, oval geformt. Die Decke war mit Mosaikteilchen in wunderbaren Mustern in braun, lapis und gold. Die Wände waren bemalt mit vielen Szenen, meistens in den gleichen Farben wie die Fliesen. Säulen trennten die gemalten Szenen voneinander und der Boden war bedeckt mit feinen flachen Steinen. Ich würde sagen, dass der Stil der Malerei griechisch war.

In einer Szene sah ich barbrüstige Männer, die Früchte in einer Hand hielten, unter einem Baum stehen – gerade jenseits der Haltung einer faunähnlichen Kreatur, halb Mensch, halb Tier. Der Faun streckte den Hals vor, mit offenem Mund reckte er nach der Frucht eines der Männer, während der Mann im Scherz zu lachen schien.

Außer den Säulen, den schönen Gemälden und den Mosaikdesigns war der Raum leer, abgesehen von einem Wasserbecken in der Mitte. Das Becken war von einem niedrigen Steinmäuerchen umgeben, vielleicht eineinhalb Fuß hoch. Man konnte an der Ecke des Beckens sitzen und den Himmel sich im Wasser spiegeln sehen.

Magdalena in Griechenland

Magdalena saß am Rande des Beckens, trug ein griechisches Gewand, weiß mit Goldborden, über den Schultern mit kunstvollen goldenen Nadeln befestigt. Sie schien etwa zweiundzwanzig Jahre alt zu sein. Ihr hübsches Gesicht war umrahmt von kleinen engen Locken. Sie war nachdenklich, blickte auf zu dem Eingang des Tempels und fragte sich, ob sie gehen solle. Nichts hatte sich im Tempel bisher ereignet, und sie wusste nicht, wie lange sie darauf warten sollte.

Nachdem das vorgeschriebene Gebet gesprochen und das Wasser vorschriftsmäßig mit ihrer Hand gerührt war, wartete sie schweigend, während sie sich wie für unsichtbare Beobachter ausgestellt fühlte. Als sie in das tiefe Wasser blickte, darauf wartend, dass es sich beruhigen möge, herrschte nur Stille ... und noch mehr Stille. Es kam keine Botschaft zu ihr.

Schließlich stand sie da und schüttelte den Staub von ihrem feinen Linnenkleid. Sie wusste nicht, was sie erwarten würde, aber sie hatte *etwas* erwartet. Sie wusste nicht einmal, was sie hoffte, dass es sich ereignen sollte. Was sie wusste, war, dass sie sich gedrängt gefühlt hatte, zu diesem Ort zu kommen und entsprechend gehandelt hatte.

Als sie dann außerhalb des Tempels war, begrüßten sie zwei ihrer Diener. Sie hatten Fächer, um ihr während des Weges, der vom Hügel hinunter führte, Schatten zu spenden.

Der Tempel stand abseits der Stadt, im Schutz eines Waldes und man brauchte einige Anstrengung, um den Hügel zu erklimmen, auf dem er stand. Magdalena blickte auf die Stadt jenseits des Hügels und sog die in spätes Sommergold getauchte Landschaft mit ihren grünen Bäumen und Gräsern ein. In der Ferne blinkte die himmelblaue See in der Nachmittagssonne. Der Wind schien um sie zu flüstern und spielte sanft in ihren Haaren. Sie fühlte den Frieden, der überall um diesen Platz schwebte, ein Friede, den andere Besucher, die in der Lage waren, mit der Gottheit zu kommunizieren, zurückgelassen hatten. Sie wunderte sich, warum sie selbst darin bis jetzt nicht erfolgreich gewesen war. Was hielt sie davor zurück?

Ihre Gedanken kehrten zu dem Gespräch zurück, das sie mit der alten Priesterin hatte, die in der Hütte am Fuße des Hügels lebte. Sie war den ziemlich übersättigten Angaben der Priesterin gefolgt: *Der Tempel ist das Heiligtum von Demeter und Persephone. Lege beim Eingang deine Sandalen ab. Gehe dreimal um das Becken. Denke an Deine Herzensfrage, wenn du dich mit der Liebe zwischen Mutter und Tochter verbindest und blicke in das Becken – das Wasser ist der Platz, wo sich Mutter und Tochter begegnen. Bewege das Wasser, um die Mutter zur Tochter zu bringen. Wenn das Wasser sich beruhigt, erhalte ihre Antwort.* Sie war diesen Anweisungen gefolgt, außer, dass sie nicht in der Lage war, eine Frage zu stellen. Vielleicht hatte sie deshalb nichts empfangen.

Während sie ihre Leere spürte, blickte sie auf die Stadt in der Hoffnung, dass die Abendaktivitäten etwas bieten würden, das ihrem Wunsch nach Gemeinsamkeit genügen könnte – und nicht nur Gemeinsamkeit mit dem Göttlichen, denn das Göttliche schien nicht mit ihr kommunizieren zu wollen! Sie wandte ihren Rücken dem Tempel zu und setzte den Weg den Hügel hinunter fort. Ein finstrer Blick berührte ihr Gesicht, als ihre Diener ihr Bestes taten, sie vor der Sonne zu schützen.

Später am Abend wohnte Magdalena einer Partie bei, die im Freien stattfand in der Nähe eines Gasthauses am Hafen, wo ihr Schiff vor Anker lag. Laternen flimmerten von Spalieren und Musikanten spielten, während Gäste tanzten, Bacchus zutranken und lachten.

Magdalena saß an einem Tisch abseits, umgeben von Männern, überwiegend Griechen. Sie erzählten Geschichten von interessanten Menschen, die sie auf ihren Reisen getroffen hatten – und Magdalena hatte eine Menge solcher Geschichten zu erzählen, denn sie hatte fast ebenso viele Reisen unternommen wie sie.

Als die Nacht voranschritt, wurde die Unterhaltung philosophischer, es ging um die Politik gewisser Stadtstaaten – und Magdalena wurde daran erinnert, dass die Griechen ganz unterschiedlich von dem Rest der Welt dachten. Obwohl sie ihre Denkungsart bewunderte, versuchte sie nicht, sie in ihrem eigenen Grund, in ihrer Philosophie aufzusuchen, auch kümmerte sie sich nicht viel um das Leidenschaftslose und Nicht-Emotionale, mit dem sie alles analysierten. Stattdessen benutzte sie ihren eigenen Witz und Humor, um zu versuchen, sich selbst als äußerst gescheit zu präsentieren. Sie wollte die Aufmerksamkeit der Männer gewinnen in der Hoffnung, dass sie ihre Unterstützung bei zukünftigen Geschäftsunternehmungen nutzen könne.

Es wirkte – sie wurden vollkommen ergriffen von ihrem Charme. Während der Unterhaltung wanderten aber ihre Gedanken oft zum Tempel der Göttin zurück, die sie sehnsüchtig dorthin leitete – aber sie schob das dann schnell wieder zur Seite. *Nichts ereignete sich, warum sollte ich dann dorthin zurückkehren?*

Ein Vision im Tempel

Magdalena wachte am nächsten Morgen ziemlich gelangweilt auf. Die Unterhaltungen der letzten Nacht und die Gesellschaft waren keineswegs hinreißend gewesen. Aber immerhin hatte sie neue Freunde in diesem Land. Das bedeutete für sie mehr Gelegenheiten, ihre sozialen Kreise auszudehnen. Vielleicht würde sie einen Mann mit hohem Status treffen.

Aber dann fand sie sich selbst wieder über den Tempel auf dem Hügel nachdenkend. Gleichgültig, wie sie auch versuchte, sich zu sagen, dass es nichts Besonderes um diesen Platz gäbe, ihr Gefühl für Intrige wuchs, bis sie sich schließlich entschloss, noch einmal die ältere Tempelpriesterin aufzusuchen. Nach allem gab es für sie kein großes Interesse an diesem Platz.

Ihre Diener gingen voran, einen Rastplatz im Wald beim Tempel zu bereiten. Wieder waren die Gebäude leer – es schien, als ob der

Tempel in diesen Tagen selten Besucher empfinge. Die Griechen auf dieser Insel verloren offensichtlich das Interesse an den Tempelmysterien.

Magdalena hörte aber noch den Widerhall von Isis in sich klingen von ihrem Aufenthalt in Ägypten. Sie hatte vielmehr ein ganzes Repertoire von Erinnerungen an die Göttin, das sie auf den Reisen nach Ägypten aufgesammelt hatte, und auch von ihrem eigenen judäischen Erbe und der entsprechenden Erziehung herrührte.

„Aus welchem Grund kommst du wieder hierher?", fragte sie die Priesterin, die sich an Magdalenas plötzlichem farbenfrohen Erscheinen in ihrer einsamen Welt erfreute.

„Ich möchte etwas über die Gemälde im Tempel erfahren ..." Magdalena wusste nicht richtig, was sie auf die Frage der Frau antworten sollte, denn in Wirklichkeit wollte ein Teil in ihr im Tempel *anbeten.*

„Der Tempel ruft dich", war die Antwort, aber Magdalena tat es achselzuckend ab und sagte, sie besuche nur die Gegend und wäre an Architektur interessiert. Als Antwort auf Magdalenas Entgegnung brachte die Priesterin einige Tatsachen über die Geschichte des Tempels, einschließlich einer kurzen Zusammenfassung der Geschichte von Demeter und Persephone – als das Licht ihrer Hoffnung, dass dieser Besucher sich als etwas Besonderes erweisen würde, aus ihren Augen flimmerte.

Magdalena verließ die Hütte der Frau und wanderte den Hügel hinauf. Wieder trat sie in den Tempel. Sie wollte wirklich eine Verbindung finden zu der heutigen Göttin, wusste aber nicht genau, was sie suchte. Sie folgte wieder den Anweisungen, kniete schließlich am Rand des Beckens, um in die Tiefen zu blicken und wirbelte sein Wasser.

An diesem Punkt erhielt ich Nachricht von der Bedeutung dieses heiligen Beckens: Die Oberfläche des Wassers war der Platz, an dem Demeter Persephone berühren konnte und es geschah, dass eben jetzt der Zeitpunkt gekommen war, an dem die Berührung stattfand, jedes

Jahr – am ersten Tag im Frühling. Demeter war die Mutter von Persephone und sie hatte Persephone an Hades, den Gott der Unterwelt, verloren. Während Persephone in der Unterwelt wohnte, war es auf der Erde Winter – denn Demeter, die Erdengöttin, trauerte um Persephone und dies verursachte, dass die Erde auch in eine Zeit der Trauer verfiel. Aber zur Frühlingszeit war es Persephone erlaubt, sich mit der Mutter zu vereinigen – und die Erde würde sich selbst erneuern, weil Demeter sich freute. Das Bewegen des Wassers zeigte den Wechsel, der stattfinden würde, wenn Demeter Persephone berührte. Man glaubte, dass es in der Seele möglich war, das Zusammenbringen von Demeter und Persephone zu wiederholen – mit allen vielverheißenen Aspekten ihrer Wiedervereinigung – indem man das Wasser des heiligen Beckens bewegte.

Die Erfahrung des Tempels konnte in verschiedenen Weisen angegangen werden. Ein Weg war, nachzudenken über Persephone, die in den Tiefen ihre Hand nach ihrer Mutter ausstreckte. Ein anderer Weg war, sich mit Demeter zu verbinden, ihren Abstieg zu Persephone zu fühlen und auf die freudige Wiedervereinigung zu blicken.

Was Magdalena anbelangt, so identifizierte sie sich mit Persephone in den Tiefen. Sie war nicht in der Lage zu sehen, dass es ihre materialistische und eitle Natur war, die sie dazu veranlasste, diese Verbindung zu den Tiefen zu fühlen. Sie war mit Ängsten und Leere geplagt, wusste aber nicht warum. Diese Angst stieg wieder in ihr auf, als sie zu Persephone strebte, wobei sie den Verlust ihrer eigenen Mutter und die Entfremdung vom Göttlich-Weiblichen tief empfand.

Sie hatte nur wenige weibliche Freunde und vor allem ihre unbestreitbare Schönheit; sie lebte ihr Leben in einer männlichen Weise, zum Beispiel in der Art, wie sie sich um ihre Geschäfte kümmerte. Sie wollte Persephone und Demeter in ihrer Seele zusammenbringen als ein Mittel, sich mit ihrer eigenen weiblichen Natur zu verbinden. All das arbeitete in ihr, seit sie vor einigen Wochen in Griechenland angekommen war.

Da saß sie bei dem Becken, selbstsicher, das Wasser wieder aufzurühren, blickte in die Tiefen und dachte an Persephone. Als sie aufblickte, bemerkte sie das Gemälde an der Wand zu ihrer Rechten, das Persephone mit langem fließendem Haar darstellte, einen Stern über ihrem Haupt. In ihrer linken Hand hielt sie etwas wie einen Granatapfel, während neben ihren Füßen ein Bach rann, voller Skelette. Im Hintergrund lauerte ein finsterer Drache.

Magdalena schauerte, als sie sich an ihre eigenen Kämpfe mit dem Bösen erinnerte, vor allem an die Herausforderungen, denen sie sich in Ägypten unterzogen hatte. Es war jetzt schon einige Zeit her, seitdem sie solche Attacken erlebt hatte. Die Dämonen waren offensichtlich zufrieden, dass sie immer tiefer und tiefer in ihr materialistisches Leben eintauchte, so dass sie es nicht länger nötig hatten, ihren Vorteil zu erpressen. Tatsächlich war sie tief verwickelt in ihren chaotischen Lebenswandel, der den Wegen der Welt folgte. Leer wie sie war, war sie doch noch entzückend und warm und optimistisch. Dies machte sie sehr populär bei allen möglichen Menschen und beliebt, wo sie auch immer auftauchte, trotz der vielen schmerzlichen Szenen, die ihr in ihrer Verwandtschaft gemacht wurden.

Magdalena dachte über Persephone nach, war traurig und fühlte sich leer. Viele Bilder kamen in ihr hoch, bis sich zuletzt eine Frage stellte: *Folgte sie ihrem wahren Weg?* Sie wusste nicht, welchem anderen Weg sie hätte folgen sollen; sie fühlte sich wie ein ruderloses Schiff. Sie identifizierte sich mit Persephone, indem sie sich an einem finsteren Ort fühlte, ungewiss ihres Weges.

Mit all dem im Bewusstsein, streckte sie ihre Hand ins Wasser, um es umzurühren, wodurch sie sich plötzlich schwindelig fühlte. Kribbelnde Gefühle überkamen sie zugleich mit dem Gefühl, dass sie ohnmächtig werden könnte. Als sich alles um sie drehte, kniete sie nieder und legte ihren Kopf auf die Steine an der Ecke des Beckens.

Plötzlich war es, als sei sie in einem Traum. Sie fand sich, einen Weg abwärts wandernd durch einen nebligen Garten, mit einem einfachen

Gewand bekleidet. Ihre Haare waren viel länger. Über sich sah sie ein flimmerndes Licht. Es war wie eine Fata-Morgana. In dem Licht stand ein Mann, der nur von der Seite zu sehen war, sein Kopf war mit Lichtstrahlen umgeben. Sie konnte sein Gesicht nicht sehen, beobachtete aber, wie er Brot brach und es jemandem für sie Unsichtbaren übergab. Das Brot schien sich in seinen Händen zu vervielfachen, denn es wurde nie weniger, selbst als er fortfuhr, ungesehene Menschenmengen damit zu nähren.

Voller Neugier versuchte sie zu ihm zu gehen, aber unsichtbare Wände hinderten sie. Das Gefühl, dass sie diesen Mann treffen müsste, verstärkte sich, so dass sie mit aller Kraft versuchte, ihn zu erreichen. Aber dann bemerkte sie, dass eine tiefe Kluft, die mit allen möglichen Arten böser Kreaturen angefüllt war, sich zwischen ihnen öffnete.

Sie wusste nicht, was zunächst zu tun sei, als sich der Mann plötzlich zu ihr drehte und sie direkt ansah, wobei sich der Nebel für eine Weile aufklärte, so dass sie seine Augen sehen konnte. In diesem kurzen Augenblick fühlte sie, dass er sie kannte. Das Licht um seinen Kopf schien sich dann in sich selbst zurückzuziehen, bis er in einen Stern verwandelt war, der aufging und dann am Himmel verschwand.

Magdalena kam zu sich. Sie fühlte im Herzen einen großen Schmerz und hielt ihre Hand über es, als sie die Augen öffnete. Das erste, was sie sah, war das Gemälde von Persephone mit dem Stern über ihrem Haupte und sie wunderte sich, ob der Stern wohl Persephones Weg aus dem Hades bedeute. *Mag sein, der Weg heraus ist immer da gewesen, aber sie hatte ihn nicht gekannt.*

Magdalena wusste, dass, wenn es diesen Mann wirklich gäbe, sie ihn finden müsste. Sobald sie ihre Kräfte wiedergewann, rannte sie den Hügel hinunter zu der Hütte der Priesterin und erzählte ihr, was sich ereignet hatte.

„Du musst deinem Stern folgen – suche nach dem Stern und folge ihm.“ Die Priesterin konnte ihre Freude kaum verbergen, als sie Magdalenas Erlebnis hörte. Es war selten geworden, dass jemand eine so tiefe Erfahrung im Tempel machte durfte. „Meine Liebe, die Götter sind in den Sternen. Finde deinen Stern und folge diesem Stern."

„Aber wer ist dieser Mann, den ich sah, dass er der Stern wurde, der, der die Hungrigen nähren wird?"

„Kind, du wirst es wissen. Du wirst ihn erkennen, wenn die Zeit reif ist. Diese Vision ist ein großes Geschenk. Du hast eine Sehergabe. Aber gib dein Herz nicht auf. Ich fürchte, du läufst schon von deinem Herzen fort."

Ihre Worte verursachten in Magdalena ein Gefühl der Scham. Sie wählte die Worte, die sie von der Priesterin annehmen wollte, sorgsam aus. Sie hörte zwar gerne, dass sie hellsichtig sei, wollte aber nicht denken, dass es in ihrem Charakter Mängel gäbe.

„Die Spalte zeigt, was in deiner Seele das Finden dieses heiligen Mannes verhindert. Suche selbst herauszufinden, was im Weg steht, dass du das wahre Licht der Liebe erreichst." Magdalena fuhr bei diesen Worten der Frau zusammen.

Während einer Zeitspanne, die auf den Besuch im Tempel folgte, fühlte Magdalena das Bedürfnis, diesen besonderen Mann zu finden. Sie wusste, dass sie etwas Tiefes und Unfassbares erfahren hatte und dachte oft über dessen Bedeutung nach. Aber nach einiger Zeit schüttelte sie es eher als einen Traum der Persephone ab, als dass sie es als eine persönliche Botschaft der geistigen Welt an sie selber ansehen wollte.

V

Ich sah Magdalena im Ankleidezimmer ihrer Räume im Schloss zu Magdala. Sie war ängstlich und rastlos. Sie bewegte ihre Finger über die vielen Kleider und versuchte zu entscheiden, welches sie anziehen sollte, während ihre Gedanken das kürzlich Erlebte vorüberziehen ließen. Ich sah, dass sie an dem vorangehenden Abend bei einer Art festlichem Abendessen gewesen war, wo sie wie üblich den Mittelpunkt der Aufmerksamkeit gebildet hatte.

Eine große Gruppe hatte sich um sie versammelt, um eine klatschhafte Geschichte zu hören. Alle hatten laut gelacht und sie wegen ihrer unterhaltsamen Geschichten gelobt. Mehrere Männer hatten sich um ihre Zuneigung bemüht, sie beantwortete deren Avancen mit koketten Augenaufschlägen und neckischem Gemurmel, als sie Hof hielt und wegen ihres Reichtums und ihrer Schönheit verehrt wurde. Seinerzeit hatte sie sich an der Aufmerksamkeit geweidet; aber jetzt, als sie die Erinnerung in sich vorüberziehen ließ, fühlte sie sich plötzlich außerhalb ihrer selbst und beobachtete, was aus ihr geworden war. Sie schätzte überhaupt nicht, was sie sah.

Beklommenheit nagte an ihr. Diese neue Art, wie ein Beobachter von außen auf sich selbst zu blicken, war beunruhigend. Ihre Eitelkeit und der Stolz wurden ihr nun derart gespiegelt, dass sie abseits als Richter von dem stehen konnte, was sie immer schon als ihr Leben gekannt hatte. In diesem Augenblick der Klarheit konnte sie sich selbst über die eitle und stolze Person, die sie gewesen war, erhoben sehen. Aber dieser Blitz der Klarheit erwies sich als kurzlebig. Sie blickte sich in ihren Räumen um: Alles war in Unordnung.

Das Schloss und seine umliegenden Gebäude waren umgeben von Landteilen, die mit Blumen und Grünpflanzen eingefasst waren, die Zeichen der Sorgfalt und Pflege aufwiesen. Wenn man aber durch die äußeren Tore in die inneren Gärten des Schlosses ging, war alles in einem Zustand der Vernachlässigung. Diese inneren Gärten wurden nicht ordentlich gepflegt. Unkraut schoss aus den feinen Gehölzen und exotischen Pflanzen. Die Gärtner der äußeren Anlagen schienen gute Arbeit zu leisten, aber jene, die für innen verantwortlich waren, hatten kein Interesse für ihre Arbeit.

Magdalena hatte keine rechte Macht über ihr Personal. Meistens erlaubte sie den Bediensteten das zu tun, was sie wollten. Aus der Ferne gesehen, schien Magdalenas Schloss das schönste in der Gegend zu sein, aber innerhalb der Tore regierte das Chaos. Und innerhalb des Schlosses selbst war auch alles in Unordnung: Wandteppiche hingen wahllos von den Wänden; Becher und Teller lagen umher, Schleier, Schals und Hüte, die unbekannten Gästen gehörten, waren überall verstreut. Es gab keinen Rhythmus in dem Leben der Bewohner: Sie aßen, wenn es ihnen passte und schliefen zu ungewohnten Zeiten.

Magdalena auf dem Weg der Bekehrung

Magdalena fing an, sich nach einer näheren Beziehung zu ihrem Bruder Lazarus und ihrer Schwester Martha zu sehnen, von denen sie sich vor einiger Zeit entfremdet hatte. Als ihre Seele sich zu regen begann und erwachte, fühlte sie das Bedürfnis, sich mit anderen geistig zu verbinden – und Lazarus und Martha waren die einzigen wahrhaft spirituellen Menschen, die sie kannte. Sie kannte natürlich andere, die vorgaben, spirituell zu sein, aber sie war so begabt, Menschen zu „lesen“, dass sie durch solche Vorgaben blicken konnte.

Lazarus und Martha hatten schon lange gehofft, Magdalena zu erreichen, denn sie machten sich Sorge um ihren Lebenswandel und hatten ihretwegen viele Gebete verrichtet. Und so waren sie erfreut, als sie sie zu einem Abendessen in ihrem Schloss einlud.

Als sie beim Essen saßen, war Magdalena zunächst zaghaft, denn sie fühlte, dass Martha sie beurteilte; aber sie versuchte, diese Furcht beiseite zu schieben, als sie von allgemeineren Dingen des Lebens sprach. Es war amüsant zu beobachten, wie sich Magdalena in einiger Entfernung von Lazarus und Martha setzte, am Tisch freien Raum zwischen ihnen lassend. Es war offensichtlich, dass sie ihre Geschwister oder das, was sie zu sagen hätten, nicht voll akzeptierte. Sie kämpfte und schwankte zwischen dem Wunsch, sie da zu haben und sie wieder gehen zu sehen.

Die meiste Zeit war die Unterhaltung leicht und ruhig, bis Lazarus anfing von Jesus zu sprechen. Schließlich bekannte er Magdalena, dass er Jesus bei der Verbreitung seiner Lehre finanziell unterstütze.

Magdalena war mit Jesus und seiner Familie seit Kind bekannt, hatte aber seit jener Zeit wenig Verbindung zu ihnen, obwohl sie von ihm durch Bekannte von seinen neuerlichen Unternehmungen gehört hatte. Sie lachte hochmütig und meinte, Jesus sei ein bisschen verrückt, ein wenig „abseits", und dass sie sich nicht vorstellen könne, dass er ein geistliches Amt haben könne. Sie kommentierte, dass sie gehört habe, er reise herum, spräche zum Volk und verrichte Wunderheilungen. „Auch habe ich gehört, dass er unter den Essäern gelebt habe. Sicher predigt er über die Lehren der Essäer?" fragte sie.

Hierbei schüttelte Lazarus den Kopf und sagte: „Er predigt nicht die Lehren der Essäer. Sie würden es ihm nicht gestatten, ihre Wege und Lehren zu enthüllen. Seine Lehre kommt direkt von Gott zu ihm; Gott hat seinen Mund aufgetan und er spricht sehr weise Worte. Er besitzt auch die Gabe zu heilen."

Magdalena konnte nicht verstehen, was Lazarus sagte – dass Jesus Zuhörer unter dem Volk gewinne und Anhänger sammle. „Ich verstehe nicht, wie sich irgendjemand in Judäa ihm anschließen könnte – er ist so seltsam", sagte sie. Sie blickte auf Martha, deren Gesicht wie bei einer Verliebten strahlte. Darüber lächelte Magdalena und dachte, ihre Schwester wäre einem dummen Zauber verfallen. Martha stand wirklich Jesus voller Ehrfurcht gegenüber und hörte Lazarus gerne von ihm sprechen. Sie selbst war Jesus auch schon viele Monate gefolgt.

Trotz ihrer Eitelkeit und ihrer Anstrengung, Lazarus und Martha während dieses Gespräches auf Abstand zu halten, arbeitete etwas in Magdalenas Herz. Ihr Gewissen war von dem, was sie sagten, aufgewühlt. Ihre Seele war angeregt und ein Gefühl des Unbehagens wuchs in ihr, bis sie sich krank fühlte und den Tisch zu verlassen wünschte. Aber sie blieb, und die Unterhaltung zog sich bis spät in die Nacht hin. Ganz allmählich beruhigte sich Magdalenas Herz. Schließlich schlug Martha vor, dass Magdalena sie begleiten solle, wenn Jesus in einer nahen Stadt sprechen würde – und erstaunlicherweise nahm Magdalena die Einladung an.

Ich bewegte mich in der Zeit weiter und sah zwei von ihnen auf dem Weg zur Stadt. Magdalena fühlte in ihrem Herzen eine ungeheure Anziehung zu Jesus. Dies überraschte sie. Obwohl sie sich unternehmungslustig fühlte, blieben Ängstlichkeit und Unruhe zurück. Während sie gingen, sprachen sie unentwegt über Trivialitäten. Als sie in die Stadt kamen, gingen sie geradewegs zu der kleinen Synagoge, in der Jesus sprechen würde, fanden aber dort nur einige Männer, die draußen herumgingen; unter ihnen war ein älterer Priester. Marthas Stirne legte sich in Falten, als sie den Priester fragte, „Wo ist Jesus? Spricht er heute hier?"

Der Priester antwortete, „Es tut mir leid, er hat schon gesprochen und ging."

Martha blickte auf Magdalena, die ihren Kopf geneigt hatte. Es war Magdalena klar, dass sie nicht würdig war, Jesus zu sehen. Sie dachte, es müsse wohl eine Tat Gottes sein, dass er ihr so verborgen sei, dass egal, wo sie ihn auch suchen würde, sie ihn nicht finden würde, weil sie eine so sündige Frau war. Ihr ganzes Leben lang hatte sie erreicht, was sie wollte: Reichtum und Aufmerksamkeit von allen. Hätte sie irgendeinen Mann gewollt, sie hätte ihn bekommen. Jetzt wollte sie plötzlich Jesus sprechen hören, und er war nicht da. Ein Gefühl großer Unwürdigkeit erhob sich in ihr, schlug gegen ihre gewöhnliche Eitelkeit und selbstsichere Annäherung: *Wenn ich ihn sehen will, so will ich ihn sehen!* Sie blickte weg von Martha aus Angst, dass sie ihr Gefühl der Unwürdigkeit entdecken würde.

Martha kannte Jesu Reiseplan und sagte, dass es bald eine andere Gelegenheit in einer nahen Stadt gäbe, ihn zu hören. Sie wusste, dass er einige Tage dort verbringen werde. Diese Stadt war größer und die Einwohner kannten ihn schon. Martha erzählte Magdalena, dass es dort ein Gasthaus gäbe, in dem sie bleiben könnte, und dass sie und einige ihrer Freunde sich auch dort aufhalten würden.

Durchbohrt von des Meisters Blick

Wieder einige Zeit später, sah ich Magdalena in Begleitung von Dienern und einer Karre mit Geschenken für Jesus in dem Gasthaus ankommen. Sie erbat den größten Raum im Gasthaus und beauftragte ihre Diener, einen vorübergehenden Haushalt einzurichten. Gerade außerhalb ihres Zimmers war ein Balkon, der einen Blick auf die Stadt einschließlich des Stadttores gewährte. Sie stand auf dem Balkon und suchte von Zeit zu Zeit ängstlich die Straße nach Jesu Reisegruppe ab. Sie selber trat auf wie in einem großen Schauspiel, so wie sie in all ihren Lieblingskleidern gekleidet war. Sie hatte große Sorgfalt darauf gelegt, zeitig vor Jesus anzukommen, um ihn diesmal nicht zu verpassen. Unter ihrer Ängstlichkeit und dem Gefühl der Unwürdigkeit kämpfte aber ihre Eitelkeit ums Überleben.

Endlich sah sie die Prozession sich nahen. Es war am frühen Abend und die Straßen lagen in blaudunklen Schatten. Mehrere Dutzend Menschen wanderten die Straße entlang und umgaben Jesus. Hinter Jesus gingen mehrere Frauen und wenige Jugendliche. Magdalena erkannte die Frauen, hatte aber keine warmen Gefühle für sie – sie waren

Marthas Freundinnen. Jesus war sehr fein und hatte einen ernsten Gesichtsausdruck. Als er zum Gasthaus kam, fühlte sie seine nahende Gegenwart; ein Gefühl stieg in ihr auf. Ihre Augen füllten sich mit Tränen. Sie wusste nicht, was über sie kam. Ein großer Kummer erfasste ihr Herz. Rosiges Licht der untergehenden Sonne lag auf Jesu Gesicht, als er sich nahte. Gerade in dem Augenblick, als er den Platz erreichte, wo sie stand, blickte er zu ihr auf. Seine Augen schienen sie bis zum Herzen zu durchbohren. Sie führte in dem Bemühen, die Tränen zu unterdrücken, eine ihrer geballten Fäuste vor den Mund. Und dann ging er vorüber, er wurde von den Schatten und dem kleinen Tross der Anhänger aufgesogen.

Magdalena geriet fast außer sich. Sie stand neben sich. Wohin könnte sie gehen? Was könnte sie tun? Wie könnte sie in ihrem Zimmer bleiben und den folgenden Tag abwarten, um ihn zu sehen? Es war als würde sie verrückt werden, unfähig klar zu denken. Ihre Diener konnten nicht verstehen, was in ihr vorging; ihr Verhalten machte keinen Sinn – so voller Kummer war ihr Herz. Sie entschloss sich schließlich, hinauszugehen und ihn zu suchen, da ihr wilder Hunger, ihn zu sehen, nicht verleugnet werden konnte. Sie sagte ihren Dienern, dass sie keine Begleitung brauche und mit diesen Worten wagte sie sich alleine in das schwache Licht der Dämmerung. Als sie so ging, hielt sie ihre Hände über dem Herzen, als ob es große Schmerzen habe.

Vor dem Gasthaus bummelte eine kleine Gruppe Menschen. Sie beäugten sie spöttisch. Neben der Gruppe stand ein unmoralischer Mann, der auf nichts Gutes aus war. Er blickte mit Begierde auf Magdalena, als sie fragte, „Saht ihr den Lehrer vorübergehen? Wisst ihr, wohin er sich wandte?“ Der Mann antwortete: „Ich hörte, dass er unterwegs sei, die Leprakranken zu heilen.“ Sie dankte ihm für die Information und ging schnell an ihm vorbei.

Magdalena kam nach einer Weile zu einem langen, niedrig liegenden Gebäude, von dem ein schrecklicher Gestank ausging. Das Gebäude stand etwas abseits der übrigen Stadt. Eine kleine Schar zerlumpt gekleideter Leute hing um die Tür. Sie schienen alle gleichzeitig in erregtem Tonfall zu reden. Als sich Magdalena näherte, wurde die Menge still. Ihre Kleidung erlaubte ihr nicht, unbemerkt vorüberzugehen. Sie war umgeben von vielen Hüllen korallenrot gefärbter Seide. Und als sie schützend ihren Mantel um sich zog, konnte ich kleine goldene Verzierungen an dessen Saum sehen. Um Mut ringend rief sie; „Ist Jesus hier?"

Die Menge teilte sich. Keiner antwortete. Die Menschen waren durch ihre Gegenwart geschockt. Sie entschloss sich, die Dinge selbst in die Hand zu nehmen und stürmte in das Gebäude, in den elenden Geruch der Krankheit. Menschen lagen auf Pritschen. Auf einer Seite des Raums lagen Leprakranke in den verschiedenen Stadien der Krankheit; auf der anderen Seite lagen Frauen, die wegen verschiedener Krankheiten ausgestoßen waren. Zwischen beiden Seiten hing ein schäbiger Vorhang, der die Frauen von den Leprakranken trennte. Drinnen gab es nur wenig Licht, denn es gab nur wenige kleine Fenster an der Seite, wo die Frauen lagen, und die Leprakranken litten in fast vollkommener Dunkelheit. Die Kranken stöhnten und sprachen mit schwachen Stimmen.

Magdalena war in solch kummervollem Zustand und innerem Durcheinander, dass sie ihren Verstand nicht ganz beieinander hatte. Sie strebte in die Dunkelheit zur Rechten, zu dem schwachen Licht, das durch die Fenster herein kam. „Jesus?"

Eine der Frauen, die am nächsten dem trennenden Vorhang lag, antwortete „Er ist nicht hier. Wer bist du?"

Angst überkam Magdalena, als eine kleine Menge die Tür bedrängte und sie beobachtete. Sie fingen über die offenbar reiche Frau an zu lachen, die zu Fuß und alleine zu solch später Stunde unterwegs war – sie dachten, dass sie wohl verrückt sein müsse. Magdalena rief aus: „Ist Jesus hier gewesen?"

„Gott erbarme sich unser!", riefen einige aus der Dunkelheit. Die Menge draußen begann, Magdalena zu verspotten, was sie veranlasste, zur Tür zu rennen. Als sie aus dem Dreck und Lärm herauskam, sah sie, dass sich die Menge vergrößert hatte. Viele wurden durch dies seltsame Schauspiel, das Magdalena an solch einem Platz bot, angezogen. Einige waren ihr sogar vom Gasthaus her gefolgt.

Stimmen aus der Menge spuckten abscheuliche Worte auf sie. Einige der Kranken waren von Dämonen besessen und diese Dämonen benutzten die Stimmen ihrer Gastgeber, schreckliche Dinge zu äußern – manchmal auch ganz persönliche Dinge – über sie. Magdalena wusste nicht, dass diese Worte von Dämonen kamen, wunderte sich nur, wie die Menge sie erkannt haben könnte und ihre Unwürdigkeit so genau spürte, dass sie solche Dinge zu ihr sagen imstande war. Sie fühlte, als hätte etwas ihr Herz durchbohrt, als sie ihre eigenen Sünden durch dieses verrückte Volk vernahm. Es war alles so schrecklich, dass sie zurück zum Gasthaus rannte.

Als sie ihr Zimmer erreichte, warf sie sich auf ihr Bett. Sie hatte einen Anfall von Panik. Ein Fieber ergriff sie. Sie zitterte, schüttelte und schluchzte die ganze Nacht, während die Stimmen in ihrem Kopf sie ohne Unterlass plagten.

Beim ersten Licht der Morgendämmerung veranlasste Magdalena ihre Diener, alles zusammenzupacken; sie wusste, dass sie nach Hause zurückkehren musste. Sie war so von Kummer überwältigt, dass sie Jesus nicht wieder sehen wollte, denn bis jetzt hatte sie gefühlt, dass er ihre einzige Hoffnung war. Aber in solch einem Zustand konnte sie ihm nicht begegnen.

So kehrte sie nach Magdala zurück, wo sie in eine Krankheit verfiel und die nächsten Tage damit zubrachte, nur an Jesus zu denken. Sie wusste, dass er in ihre Seele gesehen hatte und sie fragte sich, ob er wohl all ihre Sünden gesehen habe, die das verrückte Volk gesehen hatte; sie wollte von ihrer Finsternis befreit sein, wusste aber nicht wie.

Als Martha später ging, um Jesus zu sehen, erzählte sie ihm ihren Kummer, dass Magdalena zweimal vergeblich versucht hatte, ihn zu sehen. Sie war sicher, dass Magdalena aufgeben würde. Sie hatte gefühlt, dass sich Magdalenas Herz wandelte, und sie war so traurig, dass sie nicht in der Lage gewesen war, ihn lehren zu hören. Jesus tröstete sie und sagte, „Alles ist gut mit deiner Schwester. Sie wird mich bald sehen und wird schließlich geheilt werden. Bete weiter für sie."

Martha sammelte einige ihrer Freundinnen, um für Magdalena zu beten. Eine von ihnen war Joanna Chusa.[7] Es waren Marthas Gebete, die Magdalena durch die Dunkelheit, in der sie steckte, aufrecht erhielten. Und es waren ihre Gebete, die schließlich Magdalena führten, Jesus von sich aus zur Heilung aufzusuchen.

---

[7] Joanna Chusa war eine Nichte der Prophetin Anna, die im Tempel war, als Simeon das Jesuskind segnete (Luk. 2, 36-38). Sie wird von Lukas als die Frau von Chusa beschrieben, Oberdienerin im Haushalt von Herodes Antipas (Luk. 8, 2-3). Joannas Sohn hatte schon die Bekanntschaft mit dem12-jährigen Jesus gemacht, als er (Jesus) im Tempel zurück blieb und wurde später einer der geheimen Jünger Jesu in Jerusalem. Joanna war häufig bei Lazarus und Martha zuhause in Bethanien und war eine von Marthas fleißigsten Helferinnen. Jesus speiste oft mit seinen Jüngern in Joannas Haus. Es war Joanna Chusa, die zusammen mit Veronica und Maria von Hebron, einer Nichte von Elisabeth, zum Schloss des Herodes bei Machaerus ging, um das Haupt von Elisabeths Sohn, Johannes dem Täufer zu holen. Sie war so eine der vier Heiligen Frauen, die Zeuge wurden von dem Auferstandenen im Garten des Heiligen Grabes am Ostersonntagmorgen.

VI

Magdalenas heimliche Teilnahme am Unterricht

Magdalena ging im Dämmerlicht des frühen Abends mit kleinen, zierlichen Schritten einen ungepflasterten Weg entlang. Ihre einengende, hochmoderne Kleidung war überladen von einem üppigen Gewand in dunkler Farbe. Aus Rücksicht auf ihre Kleidung konnte sie nur kurze Schritte machen. Vor ihr stand ein Gebäude am Fuß eines kleinen Hügels. Als sie sich diesem niedrig gelegenen Gebäude mit einem kleinen, engen Tor näherte, konnte Magdalena darin Licht sehen und den Klang einer Männerstimme hören. Sie blickte sich heimlich nach allen Seiten um, beunruhigt, dass sie jemand sehen könnte, und schlüpfte dann in den Hauptraum, der mit vielen Männern und einigen Frauen übervoll war. Einige von ihnen hatten Jesus noch nie gehört und wollten ihre Neugier befriedigen. Aber die meisten waren Jünger von Johannes dem Täufer. Sie waren gekommen, um Jesus sprechen zu hören, denn Johannes hatte auf Jesus als denjenigen hingewiesen, auf den sie warteten. Magdalena suchte sich unauffällig einen Platz im dunklen Hintergrund des Raumes.

Jesus stand vor der Versammlung und begann zu sprechen, er sagte, dass sein Evangelium das Evangelium der Liebe sei. Während er seine Ansprache fortsetzte, wurden die meisten der Männer im Publikum nervös. Er sprach in einer radikalen Weise von Liebe, lehrte, dass Gott wünsche, dass alle Menschen sich gegenseitig lieben sollten, dass es nicht nur eine familiäre Liebe geben solle – so wie die Liebe zwischen Eltern und Kindern und unter Brüdern und Schwestern – sondern, dass die Menschheit lernen müsse, auch außerhalb der Rassen-, der kulturellen und der Familienbande zu lieben. Dies war ein schwieriger Gedanke für jene Zeit, eine fast unfassbare Idee.

Jesus streckte seine Hand aus und bat einen jungen Samaritaner aus der Menge: „Komm zu mir, mein junger Freund."

Der Junge war so entschlossen gewesen, Gehör bei Jesus zu finden, dass er die schreiende Missachtung der anderen Anwesenden ausgehalten hatte. Er kam nach vorne, als er gebeten wurde und Jesus legte seinen Arm beruhigend um die Schultern des Jungen, während die Männer in dem Raum sich abgestoßen abwandten.

Indem er die Menge anredete, sagte er: „Es ist leicht, die zu akzeptieren, die sind wie ihr seid, und hierfür sollt ihr auch wirklich belohnt werden, aber eine größere Belohnung gebührt denen, die alle lieben, ohne Rücksicht auf Unterschiede." Dann wandte er sich an den Jungen: „Erzähle uns, wie es ist, wenn man ein samaritanischer Jugendlicher ist."

Zunächst sprach der Junge von gewöhnlichen Dingen, die jeder kannte; als er aber mehr Zutrauen gewann, enthüllte er seine Traurigkeit, dass Samaritaner und Juden nicht miteinander auskommen könnten und dass er auf diese Weise nicht akzeptiert würde, nur weil er ein Samaritaner sei. Dieses Gespräch zwischen Jesus und dem Jungen veranlasste die Männer ihre Herzen zu befragen. Sie dachten bei sich: „Wie kann er dem samaritanischen Jungen so viel Zuwendung geben, wie es sich einem jüdischen Edelmann gegenüber geziemte?" Jesus fuhr fort von Gottes Liebe zu sprechen – dass Gott die Herzen sieht, nicht die Hautfarbe oder die Stammeszugehörigkeit.

Jesu Augen blieben auf dem Gesicht des Jugendlichen. „Und welche Gründe der Traurigkeit hast du sonst noch?"

„Meine Mutter, die in der Nähe von Sychar lebt, ist todkrank." Seine Lippen zitterten, als er dies äußerte, seine Augen richteten sich auf den Boden. „Aus diesem Grunde bin ich euch hierher gefolgt", fügte er hinzu, seine Stimme verriet die Verlegenheit, den Meister in solch einer unpassenden Situation aufgesucht zu haben.

Jesus war von Mitleid bewegt. Er hielt seine linke Hand aufs Herz, während er die rechte Hand auf die Schulter des Jungen legte. Alle Anwesenden waren durch die ganze Palette der Gefühle von Unbehagen bis Mitleid und Empathie für diesen Jungen und seine Mutter bewegt, als sie sahen, wie Jesus ihn behandelte. Die Entfremdung und der Hass zwischen den beiden Kulturen war seit langem so groß, dass es sehr schwierig, wenn nicht gar unmöglich gewesen wäre für jemanden aus Judäa, das alte Denken zu überwinden und sich außerhalb der akzeptierten kulturellen Grenzen zu bewegen. Als aber Jesus ihnen zeigte, wie es gemacht werden könnte, erfüllte Licht den Raum und erleuchtete ihre Seelen.

Als Jesus dem Jungen sagte, er würde selbst mit ihm reisen, um seine Mutter aufzusuchen, ging ein Raunen durch die Menge. Alle wunderten sich, dass Jesus nach Samaria gehen würde. Aber sie konnten nichts weiter beanstanden, nachdem sie vom Mitleid berührt worden waren, das er gezeigt hatte. Jesus sagte zu ihnen: „Das Königreich Gottes ist in euch. Es ist nicht in den Wänden der Synagoge, aber in euch. Denkt daran, wenn ihr einander begrüßt." Er wollte, dass sie verstünden, dass Gott die Samaritaner in ihren Orten aufsuchen könne, ebenso wie die Juden in den Synagogen.

Dies war ein wichtiger Augenblick für Magdalena. Als sie diesem Ereignis beiwohnte, fühlte sie einen Schimmer Hoffnung, dass es ihr gelänge, auch ihre eigenen Grenzen zu überschreiten, andere akzeptieren zu lernen und von ihnen akzeptiert zu werden. Sie fragte sich, ob es wohl je möglich sei, dass sie eine Jüngerin Jesu werde. Sie war sehr zögerlich gewesen, zu diesem Treffen zu kommen, aber irgendetwas in ihr hatte sie dazu gedrängt. Weil sie sich nicht wohl fühlte und wusste, dass sie Hilfe und Heilung brauche, hielt sie sich im Hintergrund des Raumes auf. Sie sprach nicht zu Jesus, denn sie wollte bei solch einem Treffen keine Aufmerksamkeit auf sich lenken. Ich verstand, dass sie mit einigen anwesenden Jüngern von Johannes dem Täufer bekannt war, aber auch sie sprach sie nicht an. Sie wollte nur Jesus reden hören und nicht bemerkt werden.

VII

Eine Einladung Jesus lehren zu hören

Ich wurde in eine warme Küche im Heiligen Land versetzt. Ich sah Martha mit Joanna Chusa arbeiten. Sie bereiteten ein delikat aussehendes Mahl aus Blättern (vielleicht Traubenblätter) mit weichen Käsen und Kräutern und dazu etwas, das ich nicht erkennen konnte. Alles wurde schichtweise in eine tiefe, irdene Schüssel gelegt, um im Ofen überbacken zu werden. Sie bereiteten das Abendessen für Jesus vor, wenn er mit seinen zwölf Jüngern und den Heiligen Frauen für den Abend zurückkehren würde. Als ich meinen Blick auf Joannas Gesicht richtete, empfand ich, dass ich sie sehr mochte – sie war stark, verlässlich und besonnen. Ihr Ehemann war ein einflussreicher Mann – Herodes Steward – und sie war eine äußerst passende Frau. Ich hoffe, eines Tages mehr von ihrer Geschichte zu erfahren.

Die Küche gehörte zu einem familieneigenen Gasthaus, das nicht oft für das normale Publikum offen war. Es war eher ein Aufenthaltsort für Familienmitglieder der Eigentümer, wenn sie zwischen Jerusalem und Galiläa reisten. Das Gasthaus war westlich vom See Genezareth gelegen, zwischen Tiberias und einer viel größeren Stadt. Während die beiden Frauen zusammen arbeiteten, sprachen sie von dem kommenden Tag und teilten ihre Hoffnung, dass es ein gesegneter Tag werden möge: Jesus würde auf dem nahegelegenen Berg sprechen und es wurde gesagt, dass auch einige römische Beamte teilnehmen würden, die durch einen ihrer Militärs von Jesu großen Heilungsfähigkeiten gehört hatten und nun neugierig waren, Jesus mit eigenen Augen zu sehen.

Martha hoffte, dass dies mehr Frieden zwischen den Römern und Juden in Galiläa bringen würde. Sie scherzte zu Joanna, dass es so wunderbar wäre, wenn die Römer Jesu Botschaft des Friedens akzeptieren könnten. Seit mehreren Jahrzehnten hatten die Galiläer das Gefühl, dass es nur eine Frage der Zeit sei, bis die Römer von Galiläa vollen Besitz ergreifen würden. Martha und Joanna machten sich Sorge um das kommende Treffen und waren ob der kommenden Ereignisse aufgeregt.

Martha beendete ihre Arbeit und schob die Auflaufform in den Ofen, damit sie zum Ausklang des Tages langsam backen könnte. Ihre Gedanken wanderten zu ihrer Schwester Magdalena. Sie sann darüber nach, dass Magdalena vielleicht Jesus eher hören würde, wenn sie wüsste, dass römische Beamte anwesend sein würden. Martha wusste, dass Magdalena es liebte, sich mit jemandem zu treffen, der für wichtig gehalten wurde. Sie entschloss sich, einen neuen Versuch zu machen und Magdalena eine Gelegenheit zu bieten, Jesus sprechen zu hören. Sie waren nicht allzu fern von dem Platz, wo Magdalena lebte – vielleicht eine Stunde Fußweg. Die Einladung würde evtl. nicht gut aufgenommen werden, aber Martha hoffte trotzdem, dass Magdalena noch einmal die Gelegenheit ergreifen würde, Jesus zu sehen. Mit dieser Hoffnung in ihren Herzen machten sich die beiden Frauen auf den Weg nach Magdala.

Als sie in Magdalenas Schloss ankamen, konnte man schon innerhalb der Gartenmauern lebhafte Musik hören. Joanna und Martha blickten sich gegenseitig an und lächelten über die Verwegenheit von Magdalena, solch lautes Rämmidämmi schon mittags zu veranstalten.

Indem sie ihre Schleier fester um ihre Gesichter zogen, schritten sie durch die Tore und folgten der Musik im Hauptgarten. Sie gingen um die Ecke, und da war sie: Der Mittelpunkt der Party, mit Schmuck und roten Schleiern behangen, tanzte sie im Herzen des Gartens voller Vergnügen. In dem Augenblick, als Magdalena Martha und Joanna sah, unterbrach sie den Tanz, zog ihren Schleier um ihren Kopf und kam zu ihnen herüber: „Was führt euch her?"

Martha wusste, dass sie nicht viel Zeit hatte, weil Magdalena mit ihren Freunden feierte. So antwortete sie schnell: „Jesus spricht morgen auf dem Berg und man sagt, einige wichtige römische Beamten würden auch da sein." Über dem roten Schleier, der um den unteren Teil ihres Gesichts geschlungen war, weiteten sich Magdalenas Augen. Martha fand es amüsant, dass Magdalena mit ihrem goldverzierten Schleier Bescheidenheit heuchelte. Sie fuhr fort: „Wir würden uns freuen, wenn du kämst."

Magdalena bewegte ihre Füße und dachte über die Einladung nach. Sie hatte letzthin eine solche Szene gemacht, als sie versucht hatte, Jesus mit Martha zu sehen, und fühlte sich noch irgendwie gedemütigt. Trotzdem war sie gespannt, ihn zu sehen. Schließlich sagte sie: „Ja, ich werde kommen. Wollt ihr mit uns tanzen?"

Martha und Joanna *verneinten* und sagten, sie müssten umkehren, um die Vorbereitungen für das Abendessen der Jünger zu bereiten. Sie wurden eingeladen, sich zu erfrischen, bevor sie zu dem Gasthaus zurückkehrten; danach verließen sie Magdalena ganz ermutigt.

Später am Abend war Magdalena damit beschäftigt, Pläne für den nächsten Tag zu machen, sie fragte sich, was sie anziehen sollte – schließlich gab es immer irgendjemanden, den man beeindrucken konnte.

Zurück im Gasthaus, wo sich die Jünger und die Heiligen Frauen mit Jesus zum Abendessen versammelten, erzählte Martha Jesus die gute Nachricht, dass Magdalena hierher kommen wolle, um ihn sprechen zu hören. Er lächelte. Ich konnte sehen, wie die Gedanken Jesu liebend und mitleidig auf Magdalena gerichtet waren. Er trug kein Bild in sich von einer übertrieben gut angezogenen, eigensinnigen und prahlerischen Frau mit schlechtem Leumund. Das Bild, das in ihm lebte, war schön. Er sah sie eingehüllt in weißem Licht, wie ein Engel, fast als könnte sie seine Schwester sein. Er liebte sie. Martha war nervös, weil Magdalena kommen wollte, aber auch zuversichtlich.

Die erste Bekehrung von Magdalena

Am nächsten Tag trafen sich die Jünger und andere Anhänger auf dem nahen Berg. Es war ein perfekter Ort, um zu einer Versammlung zu sprechen, denn da bot sich ein Platz wie ein Amphitheater mit sehr guter Akustik an, so dass die Stimme des Lehrers leicht getragen wurde. Ein paar Dutzend Menschen waren gekommen, um Jesus zu hören – aber nur eine kleine Zahl von Römern. Ein bedeutender römischer Beamter war da, allerdings mit einigen hochrangigen Offizieren und ihren Frauen. Obwohl der Tag nicht allzu sonnig war, saßen die Frauen in kleinen zeltartigen Behausungen, um sich vor der Sonne zu schützen. Ich dachte: Wie unterschiedlich sind doch die Juden und die Römer, beide mit ihren eigenen Sitten, obwohl sie in ihren Städten nebeneinander wohnten.

Magdalena kam etwas spät und machte aus ihrer Ankunft wieder ein Schauspiel. Im farbenfrohen kanaanitischen Stil gekleidet, mit vielen kleinen Verzierungen und Glöckchen daran, saß sie am Ende der Menge. Auf ihrem Kopf trug sie eine Art Diadem mit hängenden goldenen Talismanen, um ihren Hals trug sie eine Kette aus gehämmertem Gold und verschiedene längeren Ketten und an ihren Armen und Händen leuchteten Armbänder und Ringe. Sie trug einen „Hüftgürtel", den die Frauen etwas unterhalb der Brust trugen und der goldbestickt und mit noch mehr Flitterkram verziert war. Weiter unten war eine verschwenderisch gestickte Schärpe um ihre Hüfte geschlungen. Es war deutlich, dass sie ihren Schmuck liebte. Obwohl ihr Gesicht durch ihren Lebenswandel in gewisser Weise verbraucht war, schienen ihre Augenränder geglättet, und es zeigte sich eine gewisse Ungeduld auf ihrem Gesicht. Ich dachte, dass sie wunderbar aussieht. Über ihrem Gesicht erhob sich ein neuer Glanz. Sie erlaubte jedem, sie zu bewundern und ergötzte sich innerlich über die erbrachte Aufmerksamkeit. Verschiedentlich blickte sie hinüber zu den Römern, aber ich sah sie nie mit jemandem Augenkontakt aufnehmen. Martha und Joanna saßen abseits bei den anderen Frauen.

Magdalena vor ihrer Bekehrung

Jesus begann zu sprechen. Ich beobachtete mit Bewunderung, wie er mit der Menge Menschen, von denen er die meisten kannte, Zwiesprache hielt. Sein Herz reichte bis zu jedem Herzen der Menge, jedem das gebend, was er oder sie auch immer aufnehmen konnten.

Er sprach von dem Sündenfall, besonders von dem Fall in die Sünde eines jeden einzelnen Menschen und wie Sünde die Menschen daran hindert, den Vater zu erkennen. Als er sprach, konnte er jede einzelne Seele in ihrem gefallenen Zustand sehen. Aber er sah gleichzeitig deren göttliche Natur. Seine Worte und seine Liebe heilten anfänglich diese Bereiche. Die Menschen fingen an, das Licht des Verständnisses zu empfangen und zu realisieren, dass sie nicht einzig nur die gefallenen Persönlichkeiten waren, als die sie sich selber wahrnahmen.

Jesu Worte richteten nicht. Da er selbst nie gefallen war, konnte er leicht in die nicht gefallenen Bereiche ihrer Seele Einsicht nehmen. Er war in der Lage, deren reinen Teil zu erwecken, so dass sie die Möglichkeit erhielten, ihr wahres Ich zu entdecken. Sie waren voller Ehrfurcht, viele von ihnen mit der Hand über dem Herzen, als sie anfingen, alles zu sehen, wie sie sich gegen ihre eigene göttliche Natur vergangen hatten – sie erreichten diese Wachheit, weil sie in der Gegenwart Jesu waren. Viele empfanden große Gewissensbisse und wünschten sich, von ihrer Finsternis befreit zu werden. Jesus zeigte ihnen den Weg heraus.

Andererseits verstand Magdalena, die auch seine Worte hörte, sie nur in ihrer Art; sie war so geschäftig, ihr privilegiertes Leben zu verteidigen, dass seine Worte nicht in ihr Herz dringen konnten.

Schließlich breitete Jesus seine Arme weit aus, wie um die Menge zu umarmen. Er blickte auf Magdalena und begann zu sprechen. Magdalena sah auf und sah seinen eindringlichen Blick in ihre Richtung gehen, und war ebenso überrascht wie gefangen. Es war, als ob sich jeder Teil von ihr plötzlich ihm zuwandte, um zu hören, was er zu sagen habe. Mit einer kraftvollen Stimme, die ihr Herz durchdrang, sprach er: „Gib dich nicht länger auf für diese Dinge der Welt, denn du bist ein Kind des Vaters im Himmel und Er ruft dich aus der Welt, dass du zu Ihm kommen mögest! Du kannst nicht zu deinem liebenden Vater zurückkehren, wenn du durch die Dinge dieser Welt so belastet bist. Kehre um, verlass den Bösen – den Prinzen dieser Welt – achte auf dein Herz!“

Magdalena fühlte tatsächlich einen ungeheuren Druck auf ihrem Herzen lasten. Sie brach in Tränen aus, fühlte die Belastung ihres weltlichen Lebens auf sich. Sie wollte sofort davon befreit sein. Jesus setzte sich nieder und lehrte weiter. Er hatte diese Worte zu ihr persönlich gesprochen, und sie wusste es. Sie weinte, ließ ihren Kopf hängen und konnte den Rest seiner Rede nicht hören. Mit den Armen um ihre Knie geschlungen, wandte sie sich nach innen und schluchzte. Dann fühlte sie plötzlich jemanden neben sich, sie anblickend – und als sie ihre Augen aufschlug, sah sie die Füße Jesu.

„Magdalena, steh auf.“ Er hielt ihr seine Hand hin.

Sie stand auf und fühlte sich schwach. Jesus legte seine Hände auf ihren Kopf und sprach zu ihrem höheren Ich: „Im Namen meines Vaters, der mich gesandt hat, lasse das Böse, das dich gebunden hat, gehen.“

Er bat ihr höheres Ich, den Dämon auszutreiben, dem ihr niederes Ich erlaubt hatte, ihre Seele zu bewohnen. Der Dämon kam heraus mit einer sie bedrängenden Kraft, und sie rang nach Luft und fiel zu Boden. Licht erfüllte ihre Seele und sie fühlte Frieden und Klarheit. Die krankmachende Schuld und die Scham waren abgefallen, und stattdessen blühte Liebe.

Jesus sprach: „Deine Sünden sind dir vergeben, aber sieh zu, dass du ihnen nicht wieder verfällst.“ Magdalena blickte auf zu Jesus und sah ihn mit neuen Augen. Er war strahlend, und sie weinte Tränen der Freude um der Schönheit willen, die sie in ihm sah.

Ein bemerkenswerter Wechsel kam über Magdalenas Gesicht und Gebaren. Obwohl sie noch in ihren Aufputz gekleidet war, strahlte sie reine Demut aus – und alle, die Zeuge dieser Heilung waren, staunten über den Umschwung. Viele riefen dann aus, sie seien auch geheilt und baten um Jesu Segen.

Magdalena empfand tiefe Dankbarkeit und Frieden. Sie blickte auf Martha und sah unbändige Freude in ihrem Gesicht.

Einige in der Menge waren aber nicht so überzeugt, dass Jesus die Autorität besäße, Sünden zu vergeben. Es waren die Pharisäer, und sie bedrängten Jesus später mit ihren Zweifeln. Aber Jesus gönnte ihnen keine Beachtung. Er arbeitete seinen Weg durch die Menge, berührte einige und segnete andere, während Magdalena zu den anderen Frauen ging, die sie mit Mitgefühl und Freude empfingen.

Als ich aus dem Zustand der Vision zurückkehrte, erhielt ich folgende Worte:

Die Pharisäer bedrängen Jesus

Christus sieht uns und alles, was wir sind. Er weiß, wer wir wahrhaft sind. Wir sind nicht wahrhaftig die Person, die sündigt. Er hat Vertrauen in uns, weil er sehen kann, wer wir sind. Von ihm und durch ihn können wir uns selbst kennen.

Von ihm und durch ihn können wir geheilt werden von dem, was im Wege steht, unser wahres Ich zu erkennen. Er bietet uns sein heiliges Herz an, so dass wir Frieden und Ruhe für unsere Seelen finden!

Abendessen mit dem Pharisäer Simon

Ich sah Magdalena in den Schlafgemächern ihres Schlosses vor den Fenstern auf und ab gehend. Sie war extrem ruhelos, seitdem sie Jesus auf dem Berg hatte sprechen hören. Sie war so dankbar für das, was er getan hatte, dass sie fühlte, sie müsse wieder zu ihm gehen. Sie konnte nicht ruhig sein, weder etwas essen, noch sich auf etwas konzentrieren. Ihr Verlangen ihn zu sehen, übertönte alles. Sie hielt ihn für ihre einzige Quelle der Hoffnung – ihren einzigen Weg, dem Bösen zu entkommen, das sie zu zerstören drohte.

Jesus war eingeladen worden, das Nachtmahl im Hause eines gewissen Pharisäers mit Namen Simon einzunehmen. Simon hatte Jesus zu sich nach Hause gebeten, weil er Befreiung von seinem unbeugsamen Glauben suchte. Er wollte geheilt werden von seiner engen Denkungsart und seinem verhärteten Herzen. Aber er fühlte sich auch Jesus gegenüber als Beschützer, machte sich Sorgen, dass er in Gefahr sei, wegen seiner unerbittlichen Lehren. Er dachte, er könnte Jesus raten, vielleicht einige Änderungen in der Art seines Lehrens vorzunehmen. Weil er sich von seinen eigenen Fragen erdrückt fühlte, suchte er eine tiefere Freundschaft zu Jesus, obwohl er wusste, dass ihn dies gewissen Gefahren aussetzen würde.

Die ersten Male, als Simon Jesus sprechen hörte, fühlte er Widerstand gegenüber dem, was er hörte. Später rannte er zu seinen Schriftrollen, um Jesu Worte zu widerlegen. Er suchte beim Gesetz Unterstützung für sich, angesichts solch revolutionärer Ideen und verbrachte manche Zeit in dieser Anstrengung. Nach einer Weile schloss er, dass er sich mit seinen gewohnten Dogmen doch ganz wohl fühle. Aber dann kam eine andere Gelegenheit, Jesus sprechen zu hören, und er fühlte sich wieder gedrängt, hinzugehen.

Verschiedentlich wiederholte sich dies, bis er fühlte, dass ohne die Worte Jesu etwas in ihm absterben würde, als ob er in der Finsternis stände, unwissend, woran er sich halten sollte. Oft sagte er sich, dass er Jesus nicht wieder hören wolle. Aber dann fand er sich wieder in einer Synagoge, oder in der Landschaft, wie er mit gespannter Aufmerksamkeit dem Meister zuhörte.

Sein innerer Kampf führte ihn schließlich zu dem Entschluss, dass er ein privates Gespräch mit Jesu brauche, so dass er seine Seele ausschütten und ihm seinen Konflikt mitteilen könne.

Dies war seine Absicht bei der Einladung Jesu zum Abendessen. Er wollte mit ihm das Gesetz besprechen, denn er wusste, dass Jesus das Gesetz verstand. Er hoffte, dass er durch dieses Gespräch den Platz erkennen würde, wo das von ihm geliebte Gesetz und die Worte des Meisters in seiner eigenen Seele nebeneinander leben könnten. Er wünschte verzweifelt von seinem inneren Zwiespalt geheilt zu werden.

Simon saß bei Tisch, beunruhigende Gedanken regten sich in seiner Seele, er trommelte nervös mit seinen Fingern auf das Tischblatt. Ein Bekannter von ihm, ein Schreiber, war auch eingeladen worden. Dieser Mann saß zu Simons Linken. Simon hatte ihn gebeten, alles, was Jesus sprechen würde, aufzuschreiben, und auch alles andere, was bei diesem wichtigen Mahl vorkommen würde, denn er wollte hinterher das Gespräch studieren. Worte waren für Simon sehr wichtig. Er liebte Worte. Und Jesu Gebrauch der Sprache war so anders. Seine Worte hatten die Kraft, die Seele bis auf den Grund zu erschüttern. Trotzdem er Jesu Fähigkeit, die Sprache in dieser Weise zu benutzen, sehr bewunderte, fand Simon Jesu Mundart sehr fremd – und aus diesem Grund wollte er, dass der Schreiber das Gespräch festhalte. Simon hatte auch einige andere Freunde darum gebeten, sowie seine Frau, die dabei half, die Mahlzeit zu servieren.

Während Simon so in Gedanken verloren war, erschien Jesus plötzlich in dem Raum. Weil Simon in einem solchen Zustand der Abneigung und Ängstlichkeit und so auf seine inneren Grübeleien gerichtet war, hatte er versäumt, zur Türe zu gehen und ihn zu begrüßen. Die Diener hatten zuvor die Eingangs- und Hintertür geöffnet, um einen kühlen Abendhauch einzulassen. So war die Eingangstür offen geblieben, aber niemand begrüßte den ankommenden Gast.

Jesus blieb im Raum stehen, bis er schließlich bemerkt wurde. Simon erblickte ihn wie im Traum, und dann kam er zu sich. Er stand auf und bat seinen Gast zu Tisch, indem er ihn zu seiner Rechten setzte, wobei er sich vielmals entschuldigte. Jesus strömte so große Liebe aus, dass Simon sich bald beruhigte und sie das Mahl beginnen konnten, wobei sie eine leichte Unterhaltung führten. Als der Abend voranschritt, sprachen die beiden so miteinander, dass Simon das Gefühl hatte, er sei Jesu schon längst „bekannt"– er sei von ihm verstanden. Simon hatte so etwas noch bei niemandem erlebt und so wurde sein innerer Konflikt allmählich aufgelöst.

Magdalena und der Alabaster Krug

Ein plötzlicher Windstoß fuhr durch die untere Etage des Hauses. Die Diener eilten, die Hintertür zu schließen und stellten verschobene Gegenstände wieder an ihren rechten Platz. Einige Wandteppiche waren heruntergefallen und einige Gegenstände in der Nähe der Tür waren umgeblasen worden. Während die Diener so im hinteren Teil des Hauses beschäftigt waren und beim Aufräumen einiges Aufsehen machten, blickte Simon zum Haupteingang und war erstaunt, jetzt Magdalena zu sehen, die im Raum stand! Sie war ungesehen durch den Haupteingang hereingekommen. Wären die Diener dagewesen, so hätten sie sie sicherlich aufgehalten. Aber nun war sie da und stand im Esszimmer, ihr Schleier verhüllte ihr Gesicht fast vollkommen, sie hielt den Kopf geneigt, so dass kein Auge die ihrigen treffen konnte. Sie trug ein tief dunkelrotes Kleid von durchsichtigem Stoff, darüber einen Mantel mit goldenen Borden, der in den verschiedenen Schattierungen eines tiefen Rots gefärbt war. Sie verschwand beinahe in all diesen Stoffhüllen, nur ihre Hände, die ein alabasternes Salbengefäß hielten, blieben frei. Simon blickte auf sie wie auf einen Geist. Er konnte nicht sprechen, so verwirrt war er. Jesus, der ihr den Rücken zudrehte, blickte auf Simons verdutztes Gesicht, drehte sich dann langsam um und sah Magdalena. Mit einem kleinen Nicken seines Kopfes gab er ihr die Erlaubnis, sich zu nähern.

Magdalena hatte große Gewissensbisse wegen allem, was sie in der Vergangenheit gemacht hatte, aber sie versuchte trotzdem innerlich ruhig zu bleiben. Es brauchte sie wahrlich all ihre Kraft, um nur halbwegs gefasst zu sein. Alles, was sie zu tun wusste, war, Jesus um Erbarmen zu bitten. Dies in der Hoffnung, dass vielleicht der Gott, dem er diente, sie reinigen würde.

Als sie auf Jesus blickte, war sie überwältigt von seiner Gegenwart. Worte können nicht beschreiben, was da in ihrer Seele stattfand, man könnte nur sagen, dass sich die Flügel ihrer Seele öffneten und diese mit Licht überflutet wurde. Sie fühlte sich selbst in der Gegenwart des Königs des Alls. In diesem Augenblick war sie in der Lage zu erkennen, dass er der Träger von etwas war, das über das irdische Reich hinaus ging. Jesus war kein gewöhnlicher Mensch. Sie wusste auf unergründliche Weise, dass er aus kosmischen Sphären heraus heilte.

Sie konnte sich dies selbst nicht erklären, aber sie erkannte ein Licht, das von ihm ausging, das nur wenige vorher je gesehen hatten. Ihre Einsicht wurde durch ihre demütige Haltung möglich, in die sie eingetreten war, nachdem sie vom Dämon befreit war. Diese Ergebenheit stand in starkem Gegensatz zur Finsternis, die sie vorher gekannt hatte. Als sie fühlte, dass auch gar nichts ihr eigenes Ich von den Schlingen des Bösen retten könne, hatte sie den tiefsten Punkt ihres Lebens erreicht. Nun stand sie hier, empfand sich selbst als die Niedrigste der

Niedrigen, aber stehend vor dem, was sie wusste, dass es das Höchste des Hohen sei.

In einem Akt reiner Demut mit dem Wunsch, alles zu opfern, was sie war, fiel sie zu seinen Füßen nieder. Sie entfernte seine Sandalen, öffnete das Alabastergefäß und salbte seine Füße mit aromatischem Öl. Ich sah, wie das Wesen Christi sich hier mit ihr zu seinen Füßen traf – durch seine Füße berührte sie Christus. Während dies stattfand, während sie die Füße Jesu salbte, erlebte sie innerlich Christus, als ob sie von Strahlen des Sonnenlichts berührt würde, die ihre Seele erleuchteten. Sie war so überwältigt, dass sie zu weinen anfing und seine Füße küsste, während ihre Tränen frei flossen, flüsterte sie wunderbare Worte der Anbetung und drückte ihr Gesicht auf seine Füße.

Einige von Simons Freunden, die auch Pharisäer waren, empfanden diese Szene als höchst ungemütlich. Einer sagte leise, indem er Simons Aufmerksamkeit auf sich zog: „Du musst sie los werden. Sie ist beschämend anzusehen!" Simon fühlte sich geplagt, denn er wusste, dass ein Teil seiner Seele selbst gerne an Magdalenas Platz gewesen wäre. Aber er war nicht demütig genug. Eifersucht stand in ihm auf, konfrontiert mit einer Sünderin, die den Platz einnahm, den er selbst gerne besetzt hätte! Wenn er nur solche Hingabe empfinden könnte, wenn er nur seine Not, immer recht haben zu wollen, immer dem Gesetz zu folgen, um Genugtuung zu erhalten, beiseitelegen könnte! Wenn er sich nur erlauben könnte, in einen solchen demütigen Zustand, wie er sich bei Magdalena zeigte, einzutreten! Denn er wusste, dass sie etwas empfing, das nur durch Demut empfangen werden könnte. Aus seiner Eifersucht heraus fragte er Jesus, wie er nur einer Missetäterin erlauben könne, sich so darzustellen.

Jesus erleuchtetes Gesicht glänzte von Tränen, so gerührt war er durch Magdalenas Hingabe. Während er unmittelbar in Simons Augen blickte, sprach er: „Simon, ich wurde als Gast in euer Haus eingeladen, aber als ich ankam, war keiner da, um mich zu begrüßen, es gab auch kein Gefäß mit Wasser, um meine Füße zu waschen – und doch hat diese Frau mich mit ganzem Herzen gesucht, hat mich gefunden und meine Füße mit dem kostbarsten Öl gesalbt. Sie hat meine Füße mit ihren Tränen gewaschen."

Als er diese Worte sprach, hob Magdalena ihren Kopf – und noch kniend schlang sie ihren Schleier um ihr Gesicht. Sie wollte nicht, dass Simon sie sehe und suchte keinen Blickkontakt mit ihm. Dann beugte sie ihr Haupt und wartete darauf, entlassen zu werden.

Der Duft des Öls füllte den Raum. Jesus legte seine rechte Hand auf ihren Kopf und durch seine Hand floss Kraft in ihren Körper. Magdalenas Leib beruhigte sich und entspannte, und sie seufzte erleichtert. Jesus sprach: „Deine Sünden sind nicht mehr. Achte darauf, dass du nicht zu ihnen zurückkehrst. Gehe in Frieden." Sie kniete vor ihm hin und küsste noch einmal seine Füße, dann nahm sie ihren Krug und verließ Simons Haus, wobei sie sich selbst als veränderte Frau empfand.

Simon konnte nichts mehr essen. Er war unbehaglich und machte sich Vorwürfe, weil er sich selbst über seinem Lehrer stehend gefühlt hatte. Denn in seinem Herzen hatte er gedacht, er wäre vielleicht in der Lage, Jesus zu assistieren, wenn er seine Art änderte, um mehr Menschen zu gefallen, vor allem den Pharisäern.

Diese Absicht war nicht übel gemeint, denn er wollte wirklich Jesus dienen, aber er war nicht in der Lage, Jesus in der Weise zu sehen, wie diese Frau zweifelhaften Ansehens es getan hatte. Er war, als er so bei Tisch saß, verzweifelt über dieses Geschehen.

Da Jesus seine Gedanken kannte, sprach er zu ihm von allen möglichen Krankheiten, welche die Menschheit plagen – unendliche Krankheitsformen sowohl geistiger als auch körperlicher Art. Und dann sprach er davon, dass er gekommen sei, alle Arten von Krankheiten zu heilen, und dann sprach er von größeren Krankheiten der Menschheit, den zahllosen Krankheiten der Seele, die so viel gefährlicher seien als jene des Körpers. Schließlich sprach er von dem Bösen, wie Böses in der menschlichen Seele wirke und wie spitzfindig dessen

Wege seien. Er gab Simon ein Bild, welches zeigte, wie das Böse arbeitet, gerade wie z.B. bei Magdalena. Simon empfand Mitleid für Magdalena, denn er konnte sehen, dass sie wie jeder Mensch war, der dem Bösen den Platz lässt, damit es seine Arbeit tun kann.

Jesus sprach: „Ich blicke auf die Herzen und sehe über alle äußeren Einflüsse. Ich sehe den wahren Geist.“

Darauf antwortete Simon bescheiden: „O Meister, würdest du auch in mein Herz schauen und mir sagen, was du siehst?“

Tränen strömten über Simons Gesicht, als Jesus sagte: „Simon, ich sehe einen Mann, der in der Art seiner Väter aufgezogen wurde, der ins Gesetz geboren wurde. Das Gesetz ist tief in deinem Herzen eingeschrieben, denn du stammst von vielen Generationen Männern, die das Gesetz aufrechterhalten haben. Aber viele, viele Generationen vorher kannten deine Väter nicht nur das Gesetz, sie kannten auch die Liebe Gottes, denn sie hörten in dem Gesetz noch Gottes Stimme. Dies hat sich im Laufe der Zeit verloren, und das Gesetz ist alleine für euch übrig geblieben. Als solches wurde es euch überliefert. Aber ihr wart nicht in der Lage, Gottes Stimme so zu hören, wie eure Väter es taten. Dies ist eine Quelle der großen Traurigkeit in deiner Seele, Simon. Denn du sehnst dich, Gottes Stimme zu hören und Gottes Liebe zu spüren. Deshalb suchtest du mich und ludst mich in dein Haus ein. Doch als ich kam, war es das Gesetz in dir, das mir begegnete. Es war das Gesetz in dir, das dich am Tisch sitzen ließ, anstatt mich an der Tür zu begrüßen. Ich bin gekommen, das Gesetz zu heilen. Ich bin gekommen, um Liebe zum Gesetz wieder herzustellen. Ich bringe das Wort Gottes zum Gesetz. Dies ist der Wunsch deines eignen Herzens, Simon.“ Er pausierte und lächelte Simon freundlich zu: „Und das ist es, was ich sehe, wenn ich in dein Herz schaue.“

Simon sagte bescheiden: „Meister, ich würde das Gesetz niederlegen und dir folgen.“

Jesus antwortete: „Nein, Simon, lege nicht das Gesetz nieder, sondern bringe dein Gesetz mit und folge mir, denn wir brauchen Jünger wie dich. Du wirst mir gut dienen.“

Von dieser Zeit an war Simon ein treuer Jünger Jesu, obwohl er in seinem religiösen Beruf blieb, und er konnte viele andere beeinflussen, Jesus zu folgen.

Magdalena blieb über viele Tage in einem Zustand reiner Freude. Lazarus und Martha waren glücklich über ihr verwandeltes Herz und beteten viele Gebete der Dankbarkeit. Sie hatten das Gefühl, endlich ihre Schwester gefunden zu haben, als wären sie ihr zum ersten Mal begegnet. Magdalena machte Pläne, Jesus sprechen zu hören und dachte auch, dass sie mit ihm und seinen Jüngern wandern könne, um, wie Martha vorgeschlagen hatte, selbst eine Jüngerin zu werden. Dies war allerdings noch nicht das Ende von Magdalenas Kampf mit dem Bösen. Sie würde weiterer Heilung bedürfen, bevor sie ihr altes Leben wirklich niederlegen und dem Meister folgen konnte.

VIII

Reise mit Jesus

Ich lief eine staubige Straße entlang und folgte einer kleinen Karre, die von einem Mann gezogen wurde. Magdalena war mit mehreren Frauen und anderen Jüngern Jesu in nordwestlicher Richtung von Jerusalem unterwegs. Der Karren enthielt Versorgung für die Jünger. Magdalena fühlte sich derzeit ziemlich zufrieden und friedlich, fing aber an, sich zu fragen, was sie da auf sich nehme. Sie hatte sich entschlossen, Jesus zu folgen, ihn lehren zu hören, aber ein Teil in ihr blieb zögernd. Die Frau zu ihrer Rechten schwafelte über triviale Dinge ihres Lebens, während Magdalena höflich zuhörte, aber innerlich wunderte sie sich über die Tatsache, dass ihr Leben sie dazu gebracht habe, auf einer staubigen Straße hinter einer Karre herzutrotten.

Beim Einbruch der Nacht hatte die Reisegesellschaft eine kleine Stadt erreicht, wo eine ältere Frau, die ein Gasthaus besaß, ihnen Nachtquartiere anbot. Die großen Räume des Gasthauses waren offen und sparsam möbliert. Magdalena wurde zum Schlafen eine Liege in der Nähe des Fensters gegeben. Dankbar entfernte sie ihre Sandalen und legte sich in die Kissen zurück, um ihren schmerzenden Körper zu entlasten. Sie blickte aus dem Fenster auf die abnehmende Mondsichel. Sie war so erschöpft, dass sie fast unmittelbar einschlief. Aber ihr Schlaf war von kurzer Dauer. Bald wurde sie von seltsam flüsternden und zischenden Stimmen aufgeweckt.

Dämonen griffen sie als Stimmen des Zweifels an, bedrängten sie, all diesen „Unsinn“ hinter sich zu lassen und zu ihrem großen und bequemen Haus zurückzukehren. Ihre Seele bewegte sich auf widersprüchlichen Gedankenwegen: *Warum bin ich hier? Wie kann es nur sein, dass ich zu dieser Mission gehöre? Was tue ich überhaupt?*

Sie dachte über Jesus nach. Sie fühlte sich unfähig, ihm nahe zu sein, teilweise, weil er die meiste Zeit von einer großen Menge umgeben war. Sie bereute die Tatsache, dass sie zu dem Punkt gekommen war, tatsächlich mit seinen Anhängern zu reisen und wie eine Bürgerliche von Stadt zu Stadt zu ziehen, wobei sich die Entfernung zu ihrem Schloss täglich vergrößerte. Ja, Jesus hatte sie von einem Dämonen befreit, aber jetzt wurde sie von endlosem Zweifel gepeinigt.

Ihr Stolz war unerbittlich, so konnte sie es nicht über sich bringen, ihre Schwäche den anderen gegenüber zuzugeben, indem sie sie verlassen würde. Sie fürchtete, dass, wenn sie Jesus verlassen würde, sie wieder zu der gequälten Person werden könnte, die sie früher war. Sie wünschte sich ein Zeichen, das ihr sage, was zu tun sei. Dies tat sie aus dem Gedanken heraus, dass wenn sie ein Zeichen erhielte, dass es sich lohnte durchzuhalten, sie den Mut aufbringen könnte, dies dann auch wirklich zu tun.

Für den Rest der Nacht kämpfte Magdalena mit diesen Gedanken. Als der Morgen anbrach, erhob sie sich und bereitete sich vor, die anderen zu treffen und so zu tun, als fühle sie sich in allem wohl.

Magdalena bereitete sich auf den Tag vor. Sie legte ihren Schmuck an – ihre goldenen Ringe, Armreife, Armbänder und Ketten. Dann hielt sie inne. So viele Erinnerungen überfielen sie, als sie auf die Ringe an ihren Fingern blickte. Sie versuchte, die Erinnerungen auf die Seite zu schieben, aber die Emotionen waren zu nahe an der Oberfläche. Plötzlich und grollend nahm sie die Schmuckstücke ab und steckte sie in einen Beutel. In dem Augenblick näherte sich Jesus und bat sie, mit ihm zu kommen, um Wasser an der Quelle zu schöpfen. Der Brunnen, der von der Gemeinschaft benutzt wurde, war nur wenige Schritte vor der Tür des Gasthauses.

Als sie zu dem Brunnen kamen, versuchte Magdalena ihre dunkle Stimmung zu verbergen, sich in Schweigen zu hüllen – aber dies verriet sie augenblicklich, denn sie war selten schweigsam. Jesus schien fröhlich. Die Sonne erwärmte die Luft und der Tag schien vielversprechend. Als er Wasser in einen Behälter füllte, sagte er zu Magdalena: „Wo ist dein Schmuck – deine Ringe und Ketten?"

„Ich mag sie nicht tragen." Magdalenas Stimme verriet ihre wahren Gefühle.

„Möchtest du sie vielleicht später tragen?" Er lächelte, aber sah sie nicht an.

Sie antwortete gedrängt. „Nein, ich habe mit ihnen abgeschlossen." Sie drückte das Gefäß in ihre Arme und blickte abwärts in die Leere.

„Wenn du mit ihnen fertig bist, lass sie uns doch in den Brunnen werfen", sagte Jesus humorvoll. Er nahm das Gefäß aus ihren Armen und begann es mit dem kaltem Wasser zu füllen.

Ärger flog über Magdalenas Gesicht. Sie dachte: *Er sagt, dass er mir nicht traut, meinen Schmuck loszulassen. Und er versucht mich, um zu sehen, ob ich es kann!* Aber in Wahrheit bot ihr Jesus nur Hilfe an, sich von dem Gewicht ihrer Vergangenheit zu entlasten.

Magdalena starrte in den Brunnen, wünschte, sich selbst in die Tiefe zu stürzen. Sie wusste nicht, was sie mit ihrem Ärger anfangen sollte. Jesus lehnte seinen Rücken gegen den Brunnenrand und lächelte warmherzig zu einigen Vorübergehenden, die ihre Morgengeschäfte verrichteten. Magdalena war ärgerlich, dass er so friedlich und fröhlich sein konnte, lächeln, als ob alles in Ordnung sei, während es unter der Oberfläche ihres hübschen Gesichtes brodelte und kochte.

Nach einigen Augenblicken nahm Jesus ruhig ihre Hand und sagte, „Eines Tages wirst du sehen, dass die Ketten und Ringe nicht die schönsten Dinge sind, die deine Hände zieren. Einmal werden deine Hände wunderschön sein, nicht wegen dem, was Menschen gemacht haben, sondern weil du etwas trägst, was kein Mensch machen kann."

Einige Menschen kamen, Wasser zu schöpfen, plauderten leicht über Einzelheiten ihres Lebens. Jesus nahm die Gefäße auf und begleitete Magdalena zum Haus zurück, während sie kämpfte, schmerzlich brennende Tränen zurückzuhalten.

Wasserträgerinnen am Brunnen

Ein kleiner Junge wird geheilt

Bevor sie die kleine Stadt verließen, kam die Frau, der das Gasthaus gehörte und fragte Jesus, ob er einen kleinen Jungen mit einem lahmen Bein besuchen könnte. Magdalena und einige Jünger folgten Jesus zu dem Haus des Jungen. Sie fanden ihn bettlägerig und mit Schmerzen, sein rechtes Bein war schlecht entwickelt und viel dünner als das linke.

Magdalena stand im Hintergrund bei der Tür und wollte ihr schweres, zweifelndes Herz nicht in den Raum bringen. Jesus hatte sie gebeten, mitzukommen, so hatte sie zugestimmt, obwohl sie andere nicht mit ihrer Dunkelheit belasten wollte.

Ohne die Menge als Zeuge trat Jesus ruhig in den dämmerigen Raum und blickte auf den Jungen, der Aram hieß. Er kniete nieder, um mit ihm zu sprechen. Er blickte in die Seele des Jungen und konnte das Trauma erkennen, das ihn bei der Geburt ergriff: Seine Mutter und ihre Familie waren Diener unter Vertrag und seine Mutter, zu der Zeit schwanger mit Aram, war von ihrem Herrn schwer geschlagen worden, weil sie einen kostspieligen Fehler gemacht hatte.

Der Junge erfuhr dies, als er noch im Mutterleib war und aus diesem Grund war seine Seele zurückgeschreckt vom Inkarnationsprozess. Sein Wille war in der Weise gelähmt, dass seine Seele nicht vollkommen in den Körper eintauchen wollte, um ihn zu bewohnen und sein Bein zu bilden. Er hatte sozusagen einen Fuß in seinem Körper und den anderen außerhalb.

Er hatte auch, wegen des Traumas, das sie beim Geschlagenwerden zusammen erlebten, versäumt, sich mit seiner Mutter zu verbinden, denn natürlich hatte er eine tiefe Sorge, sie zu verlieren.

Jesus flüsterte viele Dinge zu Aram und verband sich mit ihm auf einer sehr tiefen Ebene. Er konnte seine Seele herausziehen – den Teil von Aram, d.h. denjenigen, der sich geweigert hatte, sich voll zu inkarnieren.

Der Geist des kleinen Jungen erkannte Christus in Jesus. Jesus ließ in Aram ein wunderbares Bild von sich selbst entstehen, wie er des Jungen Mutter hielt, sie in strahlendem Licht wiegte und zu dem Teil des Jungen sprach, der sich nicht inkarnieren konnte: „Ich halte deine Mutter, nehme ihren Schmerz hinweg und will sie heilen.“

Dies beruhigte Aram, so dass er in der Lage war, willentlich vollkommen in sein Leben zu treten, während die Mutter ihrerseits von den traumatischen Wunden geheilt wurde, die sie erlitten hatte. Die

Verbindung zwischen dem Jungen und seinem Geist wurde gestärkt, so dass ein großes Maß an Liebe – die Liebe Christi – in sein lahmes Bein strömte. Von dem Geist des Jungen ging eine große Liebe aus. Als Arams Bein zum Leben gebracht war, war seine Familie vor Freude zu Tränen gerührt.

Auch Magdalenas Augen füllten sich mit Tränen, die aber nicht aus einem besänftigten Herzen flossen – es waren Tränen der Scham. Sie wusste, dass der Junge in einen Zustand tiefer *Liebe* gekommen war, denn sie hatte dasselbe erfahren, als Jesus sie geheilt hatte. Aber in diesem Augenblick konnte sie weder Liebe fühlen, noch zu ihr durchdringen, so blockiert war sie in ihrer Fähigkeit, ihr Herz der Liebe zu öffnen. Sie fühlte sich elend, wissend, dass ihre Gefühle nicht vereinbar waren mit dem Wunder, das gerade vor ihren Augen stattgefunden hatte. Sie glaubte irrtümlicherweise, dass sie außerhalb stünde – ein Zuschauer, unwürdig der Liebe Jesu.

Magdalenas Verlegenheit

Nach der Heilung setzten Jesus und seine Jünger ihre Reise fort. An diesem Abend kamen sie in eine hübsche Stadt mit Palmen, die ihre Mauern säumten. Die Anlage der Stadt war gut organisiert und von architektonischer Schönheit. Die Reisenden kehrten in einem anderen Gasthaus ein, das auf einem Hügel lag.

Nachdem Magdalena in dem Gasthaus eingerichtet war, wanderte sie hinaus bis zu einem Vordach, das an der Südseite entlang lief. Irgendwo unterhalb und einige Häuser entfernt, war ein Fest im Gange. Musik und Gelächter durchdrangen die Luft und suchten Magdalenas wehmütige Ohren auf. Sie wünschte, sie könnte an den Festlichkeiten teilnehmen. Genau das hätte sie in ihrem früheren Leben getan, aber stattdessen kehrte sie in ihr Zimmer zurück, wo sie wieder von Stimmen überfallen wurde. *Das bist du ja gar nicht. Dies ist nicht dein Weg. Du gehörst zu den Reichen und Mächtigen, nicht zu diesen seltsamen Leuten, die von Stadt zu Stadt wandern.*

Ihre Gedanken wanderten zurück in die Zeit, die sie in Ägypten verbracht hatte und zu den Dingen, die sie da gemacht hatte. Sie erzählte sich selbst, dass sie wirklich nach Ägypten gehöre, dass die ägyptischen Mysterien der rechte Weg für sie seien; aber ein Gefühl nagte an ihr, dass sie auch dort nicht hingehöre. Sie war so frustriert, nicht zu wissen, welches ihr Weg sein könnte, nicht zu wissen, was sie mit ihrem Leben anfangen sollte, dass sie sich nur im Jammer wälzen konnte, wobei ihre Frustration in den Nächten anwuchs, in denen die Dämonen sie mit Illusionen plagten.

Als der Morgen anbrach, war sie erschöpft. Sie erzählte den Frauen, die kamen, um sie zu wecken, dass sie sich nicht wohl fühle und im Bett bleiben und ruhen wolle. Jesus wollte an dem Tag sprechen, aber Magdalena fühlte, dass sie es nicht ertragen könnte, ihn zu hören oder ihn gar zu sehen. Sie wollte jedermann aus dem Weg gehen.

Sobald sie alleine gelassen war, begann sie auszuhecken, wie sie sich aus ihrer misslichen Lage befreien und heimkehren könnte. Sobald sie aber eine Lösung suchte, fühlte sie sich kränker und fiel schließlich in eine tiefe Melancholie.

Nach dem Lehren und verschiedenen Heilungen, kehrte Jesus ins Gasthaus zurück und wollte Magdalena aufsuchen, während sie, die wusste, dass er zurückgekehrt war, ihn absichtlich mied.

An diesem Punkt fühlte ich, dass ich nicht fortfahren konnte, denn ich konnte es nicht ertragen, dass Magdalena nicht mit Jesus sein wollte. Ich sah auch, dass sie in den Augen der Jünger eine Art Problem war und ich wusste, dass, wenn sie Jesus weiter folgen wollte, sie der weiteren Heilung bedürfe. Ich wollte die Vision abbrechen. Ich fühlte, dass Hoffnungslosigkeit in mir aufstieg und fragte mich, wodurch diese verursacht wäre. Ich empfand, dass sie für mich wie ein persönlicher Spiegel sein könnte – die Sackgasse, die ein Mensch erreicht, bevor er in der Lage ist, ja zu sagen zu seiner Situation, damit er dann mit seiner Aufgabe fortfahren kann. Und so war es eine große Herausforderung, zu beobachten, was mit Magdalena als nächstes passierte.

Magdalena war nicht so weit von zuhause entfernt, als dass sie nicht zu Fuß gehen und die Entfernung alleine zurücklegen konnte; sie wusste dennoch nicht, was sie tun sollte.

Hinter dem Gasthaus führte ein Fußweg im Zickzack zurück vom Hügel hinab. Der Pfad endete auf einer Art Terrasse, die von wunderbaren Gärten umgeben war, wo Gäste speisen konnten. Da die Terrasse nach Westen blickte, bot der Sonnenuntergang eine herrliche Kulisse für die Gärten. Diener bewegten sich auf dem Pfad auf und ab, boten die Gänge an und bedienten die Gäste. Magdalena stand am Ende des Pfades hinter dem Gasthaus und beobachtete den Sonnenuntergang, während Diener vorbeikamen und Vorräte und Tabletts mit Nahrung anboten. Sie trug ein purpurnes Kleid und einen Mantel. Plötzlich stand Jesus an ihrer Seite. „Ich weiß, dass dies für dich schwierig ist“, sagte er.

„Ja, es ist schwierig“, stimmte sie stirnrunzelnd zu.

Nach einer Pause brach es aus ihr hervor: „Ich weiß nicht, wie das angehen kann. Ich gehöre nicht zu deinen Leuten. Ich kann nicht vorgeben, etwas zu sein, was ich nicht bin. Ich habe Zuneigung zu dir und deiner Arbeit, aber ich bin ziemlich sicher, dass dieses Leben nichts für mich ist. Ich schätze nicht, was jeder andere hier zu schätzen scheint. Ich habe nicht die rechte Natur dafür. Ich möchte nicht düster sein. Ich bin nicht heilig und will nicht heilig handeln. Wenn ich mit deiner Mutter bin, sehe ich gerade, wie unheilig ich bin. Dies ist eben ein anderes Beispiel meines schnellen Entschlusses – dass ich Dinge tue ohne zu denken. Ich weiß nicht, was ich gedacht habe, als ich hierher kommen wollte!“

Jesus hielt seine Augen fest auf den Sonnenuntergang gerichtet, der strahlend gold und rosa glänzte. Seine Augen waren traurig. Er sagte zu ihr: „Ich werde dir eine Begleitung für den Rückweg besorgen, wenn das dein Wunsch ist."

Magdalena dache an ihr Schloss und das unordentliche Leben, das sie dort geführt hatte. Sie dachte darüber nach, wie sich ihr soziales Leben aufgelöst hatte, nachdem sie Jesus und seine Jünger gesehen hatte, die nach allem doch nur eine bunte Gruppe aus Fischern, Sündern, Gastwirten oder anderem gemeinen Volk waren. Und sie wunderte sich, was sie mit sich anfangen sollte, wenn sie zurückkehren würde. Frustriert rief Magdalena aus. „Mit mir zurückkehren zu was? Ich kann nirgendwo hingehen!" Sie machte eine Pause. „Ich sollte Sarah bei mir haben!" Sie bezog sich auf Sarah, ihre ägyptische Dienerin, die sich in diesem Augenblick für sie wie der einzige Freund auf der ganzen, weiten Welt anfühlte.

Jesus antwortete: „Ich werde jemanden schicken, Sarah zu holen und zu dir zu bringen."

Mein Herz schmerzte an diesem Punkt so, dass ich die Vision abbrechen wollte. Ich sah, dass Magdalena zuerst dachte, sie wolle versuchen, bei den Jüngern zu bleiben. Sie ging am Abend in den Esssaal, um mit ihnen zu essen. Als sie aber saß, blickten verschiedene Jünger verächtlich in ihre Richtung und sie konnte es nicht ertragen. Sie stand vom Tisch auf und verließ den Raum, bevor ihre Tränen sie hätten in Verlegenheit bringen können.

Kurz danach verließ ein Mann auf Jesus Bitte hin die Reisegesellschaft und machte sich auf den Weg zu Magdalenas Heim, um Sarah und einen Diener zu holen und zu Magdalena zu bringen. Sobald sie im Gasthaus ankamen, packte Magdalena ihre Sachen zusammen und bereitete die Abreise vor. Ich war so bestürzt, sie diesen Entschluss fassen zu sehen, Jesus ins Gesicht zu blicken und nein zu sagen, zu dem, was er anzubieten hatte, und stattdessen zu ihrem früheren Leben zurückzukehren!

IX

Das Verlassen Jesu

Als Magdalena sich vorbereitete, Jesu Reisegruppe zu verlassen, sah ich sie die wenigen letzten Stufen des Gasthauses heruntergehen, wo die Jünger und Heiligen Frauen untergebracht waren. Auf einem Absatz am Fuße der Treppe saß Johannes, seine welligen, winddurchwehten Haare umrahmten sein liebliches Gesicht. Er trug eine gestreifte, ärmellose Tunika in dunklen Farben über einer zweiten, naturfarbenen Tunika.

Blind vor Tränen bemerkte Magdalena kaum, dass er dort saß. Als sie ihn schließlich wahrnahm, erlebte sie sich umso kummervoller – denn von allen Jüngern fühlte sie sich von Johannes am meisten akzeptiert, und ihre wachsende Freundschaft müsste nun verloren gehen. Magdalena streckte die Hand aus, um sich zu halten, als Johannes sie mit flehenden Augen anblickte.

Im Vorhof erwarteten sie der Diener und Sarah, ihre ägyptische Magd. Sie waren zum Aufbruch bereit. Magdalena war erleichtert, sie zu sehen. Sie war durch viele schwierige und widersprüchliche Emotionen bewegt, vor allem von einem tiefen Kummer, der jederzeit auszubrechen drohte.

„Warum müssen Jesus und ich so vollkommen verschieden sein? Warum muss ich mich um jemanden kümmern, der nicht in mein Leben passt? Ich habe mich nie mit jemandem so wohl gefühlt und doch so unwohl! Aber jetzt muss ich gehen – niemand will mich hier und ich kann nicht bleiben!“ Solche Gedanken drehten sich in ihr. Sie blickte auf Johannes – er schien so unschuldig. Sie wünschte sich solche Reinheit! Er streckte seine Hand hoch und sagte: „Magdalena, warte."

„Nein, ich muss gehen", widerstrebte sie.

„Er möchte dich hier haben und ich auch." Er schien Magdalenas Gedanken gelesen zu haben. Johannes Augen zeigten, dass er es ernst meinte.

Sie brach in Tränen aus: „Jemand von uns möchte, was wir nicht haben können, und einige von uns wissen nicht, was wir wollen."

„Ich hoffe, dass du erreichst, was du am meisten wünschst, Magdalena."

Als Johannes sagte „... erreichst, was du am meisten wünschst ..." benutzte er die Worte, die sowohl „erhalten" wie „finden" bedeuten. Dann sagte er: „Mögest du Frieden finden."

„Ich hoffe, du behältst den Frieden, den du gefunden hast", erwiderte sie. Ihre Worte hatten eine bittere Seite, obwohl sie Johannes wirklich Friede wünschte.

Magdalenas Traum

Und so verließ Magdalena Jesus, zumindest physisch, obwohl ihr bleiernes Herz es ihr sehr schwer machte, sich von den Stufen des Gasthauses zu bewegen.

Als sie zuhause ankam, blickte sie mit Scheu auf ihr Schloss, empfand dabei aber eher Abscheu und Bedauern als die willkommene Wärme des Heims nach langer Reise. Als ich die großartige Architektur betrachtete, schienen selbst die Steine die Eitelkeit und Selbst-Versunkenheit ihrer Eigentümerin zu spiegeln. Magdalena fühlte sich angeekelt. Sie konnte das Gefühl nicht loswerden, dass ihr Schloss irgendwie bloß als imposantes Bauwerk für ihre Vergangenheit stünde.

Als sie durch den Vorhof in das Hauptportal trat, sah sie, dass alles noch so war, wie sie es verlassen hatte – außer, dass jetzt, nachdem sie mit Jesus und seinen Jüngern gewesen war, das Innere so chaotisch erschien, dass sie es kaum ertragen konnte. Jeder im Schloss machte nur das, was ihm gefiel und das Ganze war eine große Unordnung.

Als sie in dieser Bestürzung weiterging, wurde sie ärgerlich, aber ihr Ärger richtete sich auf sie selbst, denn sie sah, welch ein Durcheinander in ihr selber herrschte und sie selbst hinterlassen hatte. Sie realisierte deutlich, dass sie sich kaum gebessert habe, sogar nach dem Hören der Lehren Jesu!

Ihr Ärger stieg schnell an. Sie entließ alle und stürmte durch das Schloss zu ihrem Schlafraum, fiel auf ihr Bett und weinte sich selbst in den Schlaf.

In ihrem unruhigen Schlaf hatte sie einen Traum. Sie sah Jesus in einem ausgetrockneten Weingarten. Die Trauben, die an den Reben hingen, waren so leblos, dass sie sich, sobald man sie berührte, in Staub verwandelten.

Magdalena stand vor Jesus. Sie sagte zu ihm: „Meister, der Weingarten ist tot. Lass uns woanders hingehen."

Sie war von Durst geplagt und wünschte verzweifelt Trauben. Sie fühlte, dass sie sterben würde, wenn sie nicht unmittelbar welche bekäme.

Jesus sprach: „Magdalena, sieh!"

Sie blickte auf das, wohin er deutete und sah einen zarten jungen Weinstock, der gerade am Ende der Weinstöcke zu wachsen begann.

„Wie lange muss ich warten? Der beginnt gerade erst zu wachsen." Magdalenas Kehle war so trocken. Sie konnte kaum sprechen.

Er antwortete, „Du wirst warten müssen, Magdalena. Traust du mir zu, dass ich die Früchte hervorbringe? Vertraust du, dass dein Durst schnell genug gelöscht und dein Hunger gestillt wird?"

Magdalena hörte dann ihren Namen rufen. Sie blickte nach rechts und sah einen kräftigen Mann mit vornehmer Gewandung nahe an einer Karre stehen, die mit Trauben übervoll war. Hinter ihm lag ein Weinberg nach dem anderen; soweit sie blicken konnte Trauben, reif zur Ernte.

Er sprach, „Komm zu mir, Magdalena, ich kann deinen Durst sofort stillen."

Ihr Leib fühlte sich benommen, als ob sie von jemand anderem bewegt würde, während sie sich auf den Mann zubewegte, der die Trauben anbot. Sie war wie betäubt, als er ihr einige der dunkel violetten Früchte hinhielt, wobei der Saft von seinen Fingern tropfte.

Als sie nach einer der Trauben griff, tauchte ein großer, zähnefletschender Hund aus dem Nichts auf und sprang an ihre Hand. Sie wolle zu Jesus um Hilfe laufen, als sie sich aber umwandte, war das Feld niedergehauen, umgepflügt und Jesus war nirgends zu sehen.

Sie dachte, wenn sie nur irgendwo den kleinen jungen Weinstock finden und bei ihm ausharren könnte, dann würde Jesus sie da finden und retten. Aber trotz aller Versuche fand sie ihn nicht.

Sie wühlte verzweifelt mit ihren Fingern in der Erde, als sich der Himmel mit heftigen Sturmwolken verdunkelte. Schluchzend schrie sie immer wieder: „Es tut mir leid! Bitte komme zu mir, Jesus!"

Sie wachte auf, ganz erfüllt von dem bedeutungsvollen Traum, ihr Herz raste und die Gedanken drehten sich darum, dass ihr Leben in Gefahr sei. Den ganzen folgenden Tag brütete sie über der Bedeutung dieses Traumes. Sie blieb im Bett und verweigerte das Essen. Sarah kam von Zeit zu Zeit, um nach ihr zu sehen.

Nach einigen Tagen verbreitete sich die Nachricht in der Gegend, dass Magdalena zurückgekehrt sei. Menschen kamen, um sie zu treffen, hinterließen Botschaften, oder luden sie zu Feiern ein; aber sie blieb in ihrem Zimmer, lehnte alle Einladungen ab und verweigerte alle Besuche.

Schließlich lebte Magdalena wieder auf und begann erneut ihr altes Leben. Zunächst hatte sie den Wunsch, einige Verbesserungen zu machen. Sie hatte das Schloss aufgeräumt und gewisse Diener mit zweifelhaftem Charakter entlassen. Sie nahm für einige Zeit davon Abstand, an Partys teilzunehmen und lehnte Angebote von Männern ab, die sich um ihre Zuneigung bemühten. All dies tat sie in einem Zustand der Depression, die sie vor den Augen anderer versteckte. Sie vollzog diesen Wechsel nicht aus wahrer Selbstachtung, sondern aus ihren Gefühlen der Unzulänglichkeit.

Nach und nach fiel Magdalena aber wieder ganz in ihren alten Lebensstil zurück. Immer wieder dachte sie an Jesus – denn sie kannte seine Lehren und seine Taten – und wurde traurig. Aber sie schob ihre Erinnerungen schnell beiseite, richtete sich stattdessen auf die täglichen Geschäfte. Weil sie sich so leer fühlte, dachte sie die Leere zu füllen, indem sie Umstände herbeiführte, in denen andere die Gelegenheit hätten, sie zu bewundern oder sogar zu verehren und so ihre Eitelkeit zu nähren.

Sie entwickelte eine Geschäftsbeziehung zu einem Kaufmann, der die Öle, die bei ihr hergestellt wurden, kaufte und verkaufte. Dies erwies sich als lukrativ, da es kostspielige Öle waren – solche wie Myrrhe, Nardenöl und den sehr geschätzten Weihrauch – zu sehr günstigen Preisen.

Je mehr sie dem Geschäft nachging, umso weltlicher wurde sie, ihr Herz verhärtete sich und ihre Augen wurden wieder blind für alles außer für den Putz der materiellen Welt.

Der Kaufmann versorgte sie mit Dingen, die sonst keiner bringen konnte: exotischer Schmuck aus fernen Ländern, seltene Gewürze und seidene Textilien mit außergewöhnlichen Farben. Sie liebte diese Dinge, weil sie ihr Macht über andere zu verleihen schienen. Sie benutzte sie, um Menschen zu verlocken. Sie wollte wegen ihrer Schönheit verehrt werden, missbrauchte ihren Scharm, um andere zu kontrollieren oder sich über sie zu erheben. Und so wuchs ihre Schönheit, doch war sie mehr und mehr von der Habgier befleckt.

Der Wendepunkt

Durch ihre Verbindung zu diesem Kaufmann wurde Magdalena bei einem finsteren und mächtigen syrischen Mann eingeführt. Obwohl sein Vater arabischer Abstammung war, gab sich dieser Mann für einen Syrer aus, welche Herkunft aus der Linie seiner Mutter hervorging.

Magdalena trat in eine kühle Verbindung zu ihm ein. Sie gab vor ihn zu lieben, so dass sie teilnehmen konnte an der weltlichen Macht, die er ausübte. Er würde solche verführerischen Dinge zu ihr sagen, wie: „Zusammen können wir beide ein Reich aufbauen." Ich fühlte mich krank, wenn ich ihn mit ihr sah. Ich sah, dass dieser Mann viele Frauen als seinen Besitz hielt. Sie dienten ihm, in welcher Weise er es immer wollte, während er sie grausam misshandelte. Sie waren eifersüchtig auf Magdalena und suchten nach irgendeiner Gelegenheit, ihren Ruf zu schädigen.

Obwohl dieser Syrer Magdalena über alle anderen Frauen schätzte, behandelte er sie nicht mit Achtung, nutzte stattdessen ihre Schönheit und ihren Scharm, um lukrative Geschäftsverbindungen zu pflegen. Er brachte sie in einem Flügel seines Anwesens unter, gab ihr viele Wärter und Diener, die aber auch als Spione arbeiteten, sie beobachteten und ihm jede ihrer Bewegung berichteten.

Es wurde von ihr erwartet, dass sie ihn bei wichtigen Ereignissen begleite. Dies entsprach ihrer Eitelkeit, wobei es für sie auch eine Gelegenheit war, sich im Geschäft des Kaufens und Verkaufens von Ölen mit anderen bekannt zu machen. Aber es gab dem Syrer umso mehr Gelegenheit, sie zu kontrollieren und zu manipulieren. Er erzeugte solche Angst in ihr, dass sie nicht die Stärke aufbringen konnte, die Verbindung zu ihm aufzugeben, selbst als sie seiner überdrüssig wurde.

Es gab eine vorrangige, viel benutzte Handelsroute, die vom Mittelmeer zur arabischen Halbinsel führte und seit Jahrhunderten von Kaufleuten benutzt wurde. Magdalenas Bedienstete hatten aber ein entferntes, einheimisches Volk entdeckt, das weit ab vom Hauptweg lebte, von dem man den kostbarsten Weihrauch zu einem sehr niedrigen Preis beschaffen konnte – denn diese Eingeborenen hatten keine Ahnung von dessen eigentlichem Wert. Magdalena konnte von ihnen auch solch wertvolle Dinge wie Gewürze, Textilien und gewisse Baumrosinen erwerben, aus denen Öl gewonnen werden konnte.

Der Syrer war natürlich mit der Hauptroute wohl vertraut, weil seine Familie seit Generationen darauf verkehrte, aber er hatte keine Kenntnis von Magdalenas besonderer Quelle der Belieferung. In einem unachtsamen Augenblick plauderte Magdalena dem Syrer aus, dass sie eine geheime Quelle für Weihrauch habe. Er machte unmittelbar Pläne, die Stämme an ihrem fernen Ort auszurauben und sie auszubeuten.

Magdalena wurde bekümmert, als sie eine der anderen Frauen über diese Pläne reden hörte. Sie sprach den Syrer an und sagte, sie würde ihn verlassen, wenn er seine Pläne nicht ändern würde. Aber er tat es nicht. Er nutzte einfach die Gelegenheit, sie weiter zu manipulieren. Wenn sie bleibe, sagte er, würde er nachsichtig mit dem einheimischen Volk sein, aber wenn sie versuche, ihn zu verlassen, würde er großes Leid über sie bringen, und ihnen vielleicht sogar ihr Land wegnehmen.

In Wirklichkeit hatte er nicht genügend Information, dies auszuführen, denn er wusste nicht genau, wo dieses Volk lebte. Aber er ließ Magdalena im Glauben, er wisse es, in der Hoffnung, später mehr von ihr zu erfahren.

Als diese launische Beziehung anhielt, machte sich Magdalena klar, wie machtlos sie geworden war. Sie wurde von Furcht darüber ergriffen, was sich ereignen könnte, wenn sie versuchen würde, ihn zu verlassen. Sie wusste aber auch, dass sie einen Weg finden musste, sich aus seinem drohenden Griff zu befreien. Sie wünschte verzweifelt, sich von dem Missbrauch, den sie erlitt, zu lösen und so bemühte sie sich, eine Lösung aus der misslichen Lage zu finden. Sie suchte bei verschiedenen Quellen und unterschiedlichen Personen Antworten, wobei sie auch das wieder aufnahm, was sie in Ägypten über die Beherrschung des Bösen gelernt hatte.

Als sie diese schreckliche Zwangslage vor sich sah, dachte Magdalena wieder an Jesus und wünschte, die Dinge wären anders gelaufen. Sie fragte sich, ob er sie je wieder sehen wolle. Sie fühlte, dass sie nun so weit entfernt war von allem, was er darstellte, dass es nur wenig Hoffnung gab, dass sie noch einmal zu ihm zurückkehren könnte. Trotzdem hing sie an den Worten, die er zu ihr im privaten Gespräch gesagt hatte, und an einem Punkt kam ihr die Erinnerung des Austausches am Brunnen bei ihrer letzten Reise mit ihm wieder ins Gedächtnis.

Er hatte gesagt, dass ihre Hände eines Tages so schön sein würden, weil sie etwas tragen würden, das kein Mensch schaffen könnte. *Was hatte er gemeint?* Als sie darüber nachdachte, blickte sie abwärts auf ihre Hände, die geschmückt waren mit schweren Ringen der Habgier. Sie dachte über all das nach, was ihre Hände getan hatten, seitdem sie Jesus zuletzt gesehen hatte, und sie fühlte eine Übelkeit erregende Schuld in der Magengrube.

Aber wie leicht ist es, Schuld zu unterdrücken! Und dies tat sie unmittelbar. Sie lebte tatsächlich genau jenen deutlichen Traum, den sie damals gehabt hatte: Sie war gefangen zwischen der Gabe des neuen Weins, der Entwicklung versprach und dem Mann, der sie verführen wollte mit köstlichen Trauben. Sie wollte immer noch die Frucht, die die Welt anbieten konnte. Sie wollte unmittelbare Genugtuung und die Aussicht darauf, ihren verzweifelten Durst nach Macht und Anerkennung zu stillen. Aber tief in ihrem Herzen wünschte sie vor allem Jesus, obwohl dieser tiefste Wunsch in dem Nest ihres Geistes und Herzens verborgen lag.

Vasen und Gefäße jener Zeit

X

Magdalenas Heilung von einer Seelenkrankheit

Ich fand mich auf einem Hügel, Jerusalem überblickend. Magdalena wollte nicht in die Stadt hinabgehen; tatsächlich leistete sie Widerstand. Sie war sehr krank und musste von ihren Dienerinnen zu beiden Seiten gestützt werden – eine von ihnen war Sarah, die Ägypterin.

Magdalena war schwach geworden angesichts der heftigen Stürme, die sie schüttelten. Es kostete einige Zeit, bevor ich verstand, warum sie sich weigerte, sich zu bewegen. Und als ich es tat, konnte ich es kaum ertragen, der Vision weiter zu folgen, denn in mir wusste etwas, dass ich mit Magdalena durch schwierige Dinge zu gehen habe.

So standen wir dort auf dem Hügel und widerstanden allem, was die Zukunft bringen würde. Ich verstand dann, dass die beiden Frauen Magdalena nahmen, um Jesus zu suchen, denn sie dachten, die Unfähigkeit sich zu erholen müsse mit einer bösen Macht, die in ihr arbeite, zusammenhängen. Es war schon eine Zeitlang her, als Magdalena zuletzt mit Jesus zusammen gewesen war, da dies die Zeitspanne war, während der sie ihn nicht sehen wollte. Die Frauen waren unfähig, ihr zu helfen, und fühlten, dass nur Jesus wisse, wie sie zu heilen sei. Und so hatten sie sich aus lauter Verzweiflung entschieden, sie zu ihm zu bringen. Magdalena war gedemütigt, in einem so hilflosen Zustand zu sein.

Magdalena konnte Jesus gegenüber fast nichts Positives mehr empfinden. Sie erinnerte sich aber, dass sie sich in seiner Gegenwart glücklich gefühlt hatte. Sie erinnerte sich, dass sie gedacht habe, er sei ein sehr besonderer Lehrer. Aber derzeit fühlte sie nur Durcheinander: *Ist Jesus gut oder liegt er verkehrt?* Es war so zwingend, ihm zuzuhören, aber seine Ideen waren so revolutionär. Ihr Leben war erträglich, bis sie ihn gefunden hatte – so dachte sie wenigstens. Aber jetzt war alles, was sie um sich kannte am Zerbröckeln. Sich abmühend in den Armen ihrer Dienerinnen, konnte sie keinen klaren Gedanken fassen.

Auf ihrem Weg zur Stadt umgingen sie eine große Steinmauer und fanden ihren Weg zum Haus der Mutter von Markus. Magdalena weigerte sich einzutreten, denn sie wollte nicht, dass einer der Jünger sie so schändlich zerzaust sehe. Und so setzten sie sich auf eine Terrasse im Garten, während Sarah sich drinnen erkundigte, ob Jesus sich dort aufhielte.

Magdalenas Krankheit hatte gerade den Höhepunkt erreicht, als sie ankamen – das Böse, das ihre Seele plagte, wollte nicht, dass sie Jesu Hilfe erhalte. Sie stand unter dem Angriff und war heftig krank. Sie wollte, dass die bösen Geister von ihr lassen würden. Eine innere Stimme sprach, dass sie zulassen solle, gerade so zu bleiben, wie sie war, dass diese Leute sie nur überzeugen wollten, ihr echtes und wahres Leben zu ändern. Sie fragte sich, ob die Dinge heute besser wären, wenn sie Jesus an dem ersten Platz nie getroffen hätte? Ihre Seele schwankte.

Es war die Heilige Mutter, die zuerst als Antwort auf Sarahs Bitte herauskam. Magdalena richtete durch glasige Augen nur einen kurzen Blick auf sie. Das Böse in ihr blickte aus ihren Augen auf die Mutter Jesu und verdunkelte die Möglichkeit, das Mitgefühl der Heiligen Mutter zu fühlen. Stattdessen glaubte sie, dass seine Mutter sie verurteile, obwohl dies das Gegenteil der Wahrheit war. Schreckliche Gedanken kamen ihr in den Sinn. Die Heilige Mutter stand da und blickte mit liebender Zuneigung auf Magdalena. „Jesus wird in einem Augenblick hier sein“, sagte sie freundlich.

Magdalena wollte sagen: *Ich will ihn aber nicht! Bringt mich weg von hier! Ich bin für eure Leute nichts! Ich gehöre nicht zu euch – lasst mich gerade sein wie ich bin!*

Ein Fieberanfall stieg von innen in ihr auf. Sie zitterte heftig, als Furcht und Ängstlichkeit sie krümmten. Die schwere sie innerlich spaltende Finsternis war, als ob sie sich in zwei Personen teilen würde, sie bedrohte ihren ganzen Verstand. Sie hielt sie im Griff und wollte sie nicht loslassen.

Die Heilige Mutter ging ins Haus zurück und sagte zu Jesus; „Es geht ihr nicht gut."

Jesus lächelte und ging hinaus, seiner Mutter folgend.

Magdalena war ein erbärmlicher Anblick. Sie weigerte sich, Jesus anzublicken, obwohl sie fühlen konnte, dass er neben ihr stand.

Er rief zwei Dämonen bei Namen. Sie kamen aus ihr heraus, schwebten aber, sich immer noch sträubend, in der Luft. Sie waren miteinander in Konflikt und fauchten über Magdalenas Seele. So schwebten sie über Magdalena. Es waren die beiden Stimmen, die sie im Inneren vernommen hatte, die sich gegenseitig widersprachen und von denen jede versuchte, sie auf ihre Weise wie zankende Kinder irre zu leiten.

Jesus sprach zu ihnen: „Erinnert euch, schaut mich an." Schließlich blickten sie auf ihn und erinnerten sich in der Tat. Sie konnten sein Licht empfangen und in seiner Gegenwart wurden sie verwandelt.

All dies sah ich geistig. Magdalena nahm nichts von diesen Dingen wahr. Sie lag auf dem Boden und war sich selbst entfremdet.

Der Abgang der Dämonen ließ Magdalena sehr schwach zurück, sie war nicht einmal in der Lage zu sitzen. Sie hatte keine Kraft. Sie fühlte sich leer bis aufs Herz. Die Frauen halfen ihr auf, als sie endlich dazu in der Lage war. Ich bemerkte dann, dass Markus Mutter auch da war, wobei ich aber nicht sicher bin, wann sie zu der Gruppe stieß.

Die Liebe Jesu Christi

Etwas später, als Magdalena mehr zu Kräften gekommen war, sah ich sie, wie sie an einen Baum gelehnt war. Jesus saß ihr gegenüber, lehnte sich auch an einen Baum und lächelte ihr mit einem herzlichen Ausdruck von Liebe auf seinem Gesicht zu.

Wenn ich nur Worte fände für die Liebe, die ich dann von Jesus ausströmen sah – die mächtige, göttliche Liebe. Er behielt Magdalena in seinem liebenden Blick, als sie zu sich zurückkehrte. Ich konnte etwas von der Liebe wahrnehmen, kann sie aber nicht beschreiben. Sie war so unterschiedlich zu menschlicher Liebe - wahrhaft unaussprechlich.

Wenn jeder von uns nur so mit Christus Jesus zusammen sitzen könnte und durch seinen liebenden Blick geheilt würde. Mein Herz sehnt sich danach. Ich bin traurig, sagen zu müssen, dass, obwohl ich in der Vision *dort* war, ich seine Liebe nicht in vollem Maße aufnehmen konnte. Und ich fragte mich, wie es sich angefühlt hätte, wenn ich das volle Maß hätte aufnehmen können. Was wäre wohl in mir geheilt worden? Vielleicht war es meine Unwürdigkeit, die mich abhielt, oder vielleicht war es einfach für mich noch nicht an der Zeit. Magdalena aber leistete dieser Liebe sogar noch mehr Widerstand.

Die Frauen boten ihr Wasser an, von dem sie auch nippen konnte. Sie luden sie ins Haus ein, damit sie sich ausruhe; als sie aber sahen, dass sie dies noch nicht wollte, erlaubten sie ihr im Garten zu verweilen.

Jesus wollte mit ihr persönlich sprechen und führte sie zu einem abgelegeneren Platz. Sie saßen unter einem Olivenbaum. Er sprach: „Magdalena, ich bin dein Freund. Ich habe auf dich gewartet, um dir zu sagen, dass ich dein Freund bin. Du warst nicht in der Lage, mir zu vertrauen, weil du so viele Kränkungen erfahren hast."

Seine Worte waren schmerzlich wahr. Es schien, als ob sie nur zu ihm gehen könnte, wenn sie krank war und unter dem Angriff von bösen Mächten stand. Sie fühlte sich gedemütigt. In diesem Augenblick war sie wieder in der Lage; seine Liebe unmittelbar zu empfinden. Sie wollte wieder mit ihm sein. Aber sie fühlte sich auch unwürdig und unfähig, unter seinen Anhängern zu sein. Sie konnte einfach keinen Ausweg aus ihrem Lebenswandel sehen, es schien unmöglich, diesen irgendwie hinter sich zu lassen.

Jesus sagte ihr dann; „Verstehst du, warum sich dieses zutrug?"

Sie antwortete nicht. Sie hielt ihre Augen niedergeschlagen. Er sagte freundlich: „Dies geschah, weil du zu deinen alten Wegen zurückgekehrt bist."

Magdalena war sehr traurig – und aufgewühlt. Sie realisierte, dass die Tür zu ihrem früheren Leben geschlossen werden müsste, aber sie wusste nicht, wie sie zu schließen sei. Sie war besorgt und ängstlich, weil sie zu so vielen zweifelhaften Personen Beziehungen hatte. Und sie wusste nicht, wie sie diese Verbindungen abbrechen könnte, ohne dass dies ernste Folgen für sie selbst nach sich ziehen würde. Jesus hätte sie gerne bei sich und seinen Anhängern gesehen, aber dazu war sie noch nicht bereit. Sie fühlte, dass sie einen sauberen Weg finden müsse, jene anderen Beziehungen zu beenden – vor allem ihre Verbindung zu dem Syrer, vor dem sie richtig Angst hatte.

Als sie sich kräftig genug fühlte, kündigte sie an, dass sie zu dem Anwesen in der Nähe von Jerusalem zurückkehren werde, wo sie sich aufgehalten hatte (das, glaube ich, das Anwesen des Syrers war), denn sie fühlte, dass sie eine neue und feste Perspektive habe und einen Wechsel in ihrem Leben vollziehen könne. Zu diesem Zeitpunkt aber hatte sie noch nicht die volle Absicht, alles hinter sich zu lassen und Jesus für immer zu folgen, obwohl ein Teil in ihr einen drastischen Umschwung wollte. Sie wusste deutlich, dass sie gewisse Beziehungen beenden müsse, denn sie konnte jetzt sehen, dass es ihre Scham und Machtlosigkeit waren, die sie so krank gemacht hatten.

All dies verstand Jesus und ermahnte sie, immer wachsam zu sein und ohne Unterlass zu beten.

„Ich habe Angst, die Tür zu schließen“, sagte sie sanft mit Bezug auf ihr kompliziertes Leben.

„Tue, was du denkst, tun zu müssen, aber wisse, dass bei mir die Tür immer offen ist, und dass du bei uns jederzeit willkommen bist, wenn du dazu bereit bist“, sagte Jesus.

Dann sprach er ihrethalben ein wunderbares Gebet, von dem ich nur diesen Teil hörte:

„Vater, ich übergebe dir deine Tochter, dass du über sie wachst und sie hältst. Wenn sie nach Hause zurückkehrt, wird sie in ihrer Seele zart sein. Umgib sie mit deinen Engeln und schütze sie vor dem Widersacher. Lass sie sicher zu mir zurückkehren. Segne sie mit einem friedlichen Herzen und einem klaren Verstand. Lasse Wahrheit und Licht sie durch die Stürme führen.“

Er wusste, dass sie noch viele Stürme zu bestehen hatte, bevor sie zu ihm zurückkommen würde.

Magdalena konnte Jesu Liebe fühlen, aber sie akzeptierte sie nicht in der Tiefe ihres Herzens. Seine Liebe war anders als die, die sie bisher kannte; und obwohl ein Teil von ihr diese Art von Liebe wünschte, konnte ein größerer Teil sie noch nicht empfangen. So konnte sie sich noch nicht daran wärmen, aber sie erlaubte ihr, sie nur an der Peripherie ihrer Seele zu berühren.

Als Magdalena Jesus verließ, dachte sie über die Seltsamkeit seiner Liebe nach. Sie war undefinierbar, unbegreiflich. Sie wollte im Licht seiner Liebe bleiben und sie in ihr Herz lassen. Da sie aber zu der Zeit nicht in der Lage war, sie zu akzeptieren, und weil sie während dieser Zeitspanne lange von ihm entfernt war, wurde sie wieder von Dämonen geplagt. Sie hatte noch nicht gelernt, deren heimliche Arbeit in ihrer Seele zu fühlen und konnte daher nicht bemerken, wenn diese bösen Mächte von ihr Besitz ergriffen. Da sie mit ihrem Leben fortfuhr, rangelten diese Mächte weiter um ihre Seele. Sie hatte niemanden, der ihr helfen konnte, dies zu sehen. Und so musste sie weiter durch diese Seelenkrankheit leiden, bevor sie zu ihrer endgültigen Heilung zurückkehren und sich schließlich voll und ganz Christus Jesus und seiner Aufgabe hingeben konnte.

Die Liebe und das Licht Christi bannen alle Übel. Wir sind alle in seinem liebenden Blick; seine Augen sind immer auf uns gerichtet. Er ist unser Freund; er ist die Tür, die immer offen steht. Sind wir bereit, unser altes Leben hinter uns zu lassen, heißt er uns willkommen und heilt uns. Er heilt die Wunden, die wir durch die Stürme erlitten haben, die wir durchstehen mussten. Sind wir dann bereit, in volle Kommunion mit ihm zu treten, steht er und wartet mit ausgebreiteten Armen auf uns.

Die Tür steht offen – alles, was wir tun müssen, ist anzuklopfen und dann einzutreten. Er sucht die Teile von uns, die verloren sind, um uns gesund wiederherzustellen. Er sagt uns: Bringe alles, was du bist, zu mir, denn ich liebe dich wie du bist, deine Dunkelheit ebenso wie dein Licht. Er lächelt uns zu, er umarmt uns immer. Wir gehören zu ihm.

Ich sah Jesus wie die Sonne scheinen; seine Augen waren von strahlendem Licht durchbohrt, das meine Seele durchdrang. Ich konnte seine strahlende Wärme und seine unaussprechliche Liebe fühlen.

Der Heilige Christopherus kam dann, um mich zurückzubringen, gerade als die Vision endete.[8] *Ich war erfüllt von Christi Liebe, als ob ich Licht in meinem Körper wäre, gewichtslos, frei der Schwere, die ich so oft in meinem täglichen Leben schleppe.*

[8] Siehe Anhang V

XI

Die Steinigung

Ich wurde gesteinigt. Ich wurde von einer übermächtigen Angst ergriffen, fühlte jeden Stein, der meinen Körper verletzte, als ich wie ein Fötus zusammengekauert lag. Dann sah ich, dass ich dieses vom Standpunkt der Magdalena aus wahrnahm und fragte mich, was sie in diese schreckliche Lage gebracht habe.

Ich wurde in der Zeit zurückversetzt und sah eine Frau, deren Name so wie „Nathalia" hieß. Sie war ein gehässiges, boshaftes Weib und sehr eifersüchtig auf Magdalena. Sie fühlte sich verachtet. Immer wenn Magdalena im Haushalt auftauchte, hatte Nathalia ihren Platz bei ihrem Liebhaber (dem Syrer) verloren. Sie hatte den Eindruck, dass Magdalena ihn ihr gestohlen habe.

Ich sah sie bei einem festlichen Mahl, das in einer öffentlichen Halle in Jerusalem abgehalten wurde, im Hintergrund lauern. Ihre Augen waren auf Magdalena fixiert und beobachteten jede ihrer Bewegungen. Ihr langes, dünnes Gesicht wurde noch betont durch ihr zurückgekämmtes Haar, das sie im griechischen Stil trug, in Zöpfen geflochten, die mit kleinen goldenen Fäden durchwebt waren. Diese reiche Frau schien herausgeputzt und liederlich, während Magdalena, eine Liebhaberin der hohen Mode (selbst wenn auch dies ziemlich übertrieben war), sehr hübsch anzusehen war.

Nathalia beschäftigte sich damit, mit verschiedenen Gästen im Umkreis des Raumes herumzuschwätzen, während die lebhafte, rothaarige Magdalena in ihrer üblichen bezaubernden Weise Hof hielt. Nathalias mandelförmige Augen verengten sich in Abscheu, als sie Magdalena beobachtete, die Vorrang gewann in der Domäne, in der sie einst regiert hatte.

Der Syrer war da. Er trug ein offizielles Gewand mit schwarzen Borden. Sein schwarzes Haar glänzte vor Öl. Er unterhielt die Gäste mit theatralischem Humor und weiten Darstellungen affektbeladener Großzügigkeit. Magdalena hatte den ganzen Abend versucht, Abstand von ihm zu halten, denn sie hatte den Punkt erreicht, nichts mehr mit ihm zu tun haben zu wollen. Der Syrer hatte dies jedoch noch nicht bemerkt und tat weiter, als wären sie ein Paar.

Später sah ich Nathalia, wie sie an einer Steintreppe hinter einer niedrigen Mauer stand, die einen Fußweg begrenzte, der gerade jenseits des Seiteneingangs zu dem Gebäude verlief, in dem das Mahl im Gange war. Sie lenkte die Aufmerksamkeit des Syrers auf sich. Er folgte ihr die Stufen herunter. Während sie so tat, als hegte sie Sympathie für ihn, erzählte sie dem Syrer von Magdalenas angeblichen Angelegenheiten mit anderen Männern und warnte ihn, dass Magdalena ihn betrüge. Sie bot ihm sogar eine Liste mit Namen von Männern an, deren Ruf alles andere als bewundernswert war.

Als dieses Gespräch im Gange war, hielt sich Magdalena im Saal auf. Wie immer erfreute sie sich an der Aufmerksamkeit, die sie von den Männern erhielt, oft auf Kosten von deren eigenen Frauen. Auch diesmal bezauberte sie die Männer mit ihrer Schönheit und Wachheit, während die Frauen untereinander flüsterten, geschockt von ihrem forschen Verhalten.

Zunächst war Magdalena selbstvergessen für das, wie sie sich benahm. Dann blickte sie aber plötzlich auf. Bewusstsein breitete sich langsam über ihr Gesicht, als sie wahrnahm, was sie gerade tat. Ein Gefühl der Scham kam über sie. Sie fühlte sich krank und unwohl. Sie wollte unmittelbar gehen, stand vom Tisch auf und entschuldigte sich für ihren frühen Aufbruch.

Nach seinem Gespräch mit Nathalia brannte der Syrer vor Wut (die er allerdings gut verborgen hielt). Er fing Magdalena beim Ausgang ab und sagte ihr, er wolle sie nachhause begleiten – aber sie wünschte natürlich seine Gesellschaft nicht. Sie wollte alleine sein.

„Ich werde mit meinem Diener lieber alleine gehen, danke“, antwortete Magdalena ohne ihn anzublicken.

Aber ihre Worte hatten keine Wirkung. Der Diener, der tatsächlich zu dem Syrer gehörte, wurde entlassen. Magdalenas Herz wurde von Furcht ergriffen. Sie fühlte, dass etwas schrecklich falsch war.

Als sie zusammen gingen, handelte der Syrer als ob alles zwischen ihnen in Ordnung sei. Er legte seinen Arm besitzergreifend um ihre Schultern und streifte ihre Wange mit seinen Lippen. Verärgert stieß ihn Magdalena fort. Sie war besorgt und fragte sich, wie sie möglicherweise diese Angelegenheit rasch beenden könnte.

Dann griff er sie rau bei den Schultern und küsste sie fest auf den Mund. Wieder stieß sie ihn fort und rief, „Lass das!“

Sie beschleunigte ihren Schritt als er nach ihr schielte – aber sie war kein Spiel für ihn. Er wollte sie nicht gehen lassen. Er ergriff wieder ihren Arm und wand sie herum, ihn anzublicken. „Denke nicht, dass wir miteinander zu Ende sind! Ich habe Pläne für uns!“

„Ich möchte nichts mit deinen Plänen zu tun haben“, antwortete Magdalena mit niedergeschlagenen Augen.

Indem er sie festhielt, sagte er mit drohender Stimme: „Du kannst mich nicht verlassen. Ich werde es nicht zulassen, dass du gehst. Du wirst es sehr bereuen, wenn du es tust – ich werde dein Geschäft zerstören!“

Hierbei lachte er in sich hinein und sagte: „Geh und versuche es!“

Mittlerweile hatten sie einen engen Platz auf dem Fußweg zwischen zwei Gebäuden erreicht, ohne allzu weit von dem Esssaal entfernt zu sein. Der Syrer verlor die Kontrolle über sich und warf Magdalena zu Boden. „Ehebrecherin!“, rief er aus.

Nathalia hatte im Schatten die ganze Szene beobachtet; ein Lächeln breitete sich auf ihrem Gesicht aus.

Eine Gruppe Männer kam plötzlich zu der Szene herbei und rief, „Was tut ihr da?“

„Sie ist eine Hure!“, wütete der Syrer. „Wir müssen sie steinigen – es ist Gesetz!“

Einige der Männer riefen dann „Ehebrecherin!“ aus und nahmen Steine auf. Sie umringten Magdalena, die auf dem Boden lag und ihre Hände schützend vor ihren Hinterkopf hielt.

Plötzlich wurden die Männer still. Nur wenige Steine waren geworfen. Alles war unerwartet still.

Magdalena öffnete ihre Augen, ohne ihren Kopf zu heben und sah ein Paar Füße mit Sandalen vor ihr. *Was geschah nun?* Magdalena fragte sich, wer diese Autorität möglicherweise sein könne – wer konnte eine Steinigung aufhalten? *Vielleicht bin ich auf dem Wege, ein umso härteres Urteil zu erhalten!* Aber sie fragte sich, welche Art Urteil schlimmer sein könnte als eine Steinigung!

Als die Stille andauerte, öffnete Magdalena ihre Augen. Sie sah zuerst die sich bewegenden Füße ihrer Ankläger, als einige Steine harmlos auf den Boden fielen. Als sie dann aufzublicken wagte, war sie überwältigt, Jesus zu sehen. Seine Augen flammten vor Zorn, seine Lippen waren zu einer schmalen Linie zusammengezogen, sein Blick durchdrang sie bis ins Herz.

Ihr erster Gedanke war, dass er verärgert über sie sei, dass er sie verurteilen würde. Aber dann zog Jesus zu ihrem Erstaunen einen Kreis in den Staub, der die beiden umschloss und fragte die Männer: „Erlaubt das Gesetz auch, dass ihr sie für euch selbst besitzt?“

Das Gesetz lehrte, dass es jedermanns Pflicht sei, jene zu verdammen, die die Gesellschaft schänden. Ehebruch wurde als kriminelle Tat angesehen und Steinigung war die angemessene Weise, sich von denen zu befreien, die dieses Verbrechen begangen hatten. Die meisten der anwesenden Männer waren verheiratet. Einige kannten Magdalena und einige waren sogar in der Vergangenheit in der einen oder anderen Weise mit ihr zusammen gewesen und wünschten, dass der Hinweis auf jene Geschichte vernichtet würde. Aus diesem Grunde waren sie so willig, sie zu steinigen.

Jesus fuhr mit strenger Stimme fort und blickte kühn in die Augen der Männer: „Welches Recht wollen wir nun befolgen? Wer nicht gegen sie oder mit ihr gesündigt hat, der werfe den ersten Stein."

Sie wussten wohl, dass er in ihre Herzen geblickt hatte, ließen die Steine fallen und flohen.

Magdalena vermied die Augen von Jesu, kniete voller Scham zu seinen Füßen und sagte: „Ich bin wieder krank, Meister."

XII

Martha kommt zu Besuch

Ich sah Magdalena an dem Fenster ihres Raumes stehen, wie sie über den milden, graublauen See blickte, der sich jenseits ihres Grundstücks erstreckte. Der große Raum war überladen. Er war angefüllt mit kunstvollen Möbeln, die mit exotischen Fabrikaten bedeckt waren und mit kostbarem Flitterkram und Schnickschnack. Schwere Wandteppiche teilten den Raum und hingen auch am Fenster. Seidene Schals in verschiedenen Farben lagen verstreut am Boden, aussortiert wie so vieler Unrat, einige von ihnen waren nur einen Tag getragen worden. Schwere Parfüms hingen in der Luft.

Durch das Fenster konnte man eine Frau mit Dienern im Gefolge ankommen sehen. Magdalenas Herz raste vor verletztem Stolz, ihr Ich war tief getroffen, als sie an den schweren Vorhängen vorbeilugte und die Ankommenden beobachtete. Sie ärgerte sich über das, was der Syrer ihr angetan hatte – *sie öffentlich steinigen zu lassen!* Als sie das alles überdachte sah sie das Bild vor sich, das in ihrer Seele brannte: Er lachte grausam, als sie versuchte, sich aus seiner Gewalt zu befreien – und er ging dann so weit, sogar zu versuchen, sie zu *töten.*

Magdalena war immer noch willens, seine bösartige, skorpionhafte Stellung zu übersehen, um in naher Beziehung zu einem Mann zu bleiben, der so reich und versiert war. Und so hatte sie noch einige Wochen verzweifelt an dieser Beziehung gehangen. Sie rieb den Fleck an ihrem Arm, wo der erste Stein sie getroffen hatte, dann flohen ihre Gedanken vor der schmerzlichen Erinnerung. Sie dachte, vielleicht würde ein anderer Mann den von diesem hinterlassenen tödlichen Stachel lindern. Die Gesichter von möglichen Verehrern zogen an ihrer Seele vorüber. Tatsächlich gab es vor allem einen Mann, mit dem sie aber wohl kleinere Brötchen backen musste. Aber sie fragte sich, ob sie überhaupt jemals wieder einem Mann vertrauen könnte?

Als die Reisegruppe sich dem Tor zu ihrem Schloss näherte, erkannte Magdalena zu ihrer Enttäuschung, dass es Martha war, die von mehreren Dienern begleitet wurde.

Martha

Als Magdalena ihre Schwester sah, überkam sie eine tiefe Traurigkeit. Sie wusste, dass Martha ihre Lebensweise und ihre aufwändige Darstellung des Reichtums missbilligte.

Martha, die selbst über vergleichbare Mittel verfügte, zog es vor, demütig und bescheiden zu erscheinen. Sie konnte auch kaum mit Magdalenas Schönheit konkurrieren, obwohl sie selbst auch nicht unattraktiv war. Ihr Gesicht war dünn und bestimmt, zeigte aber auch Sanftmut und war umrahmt von langem wallendem braunem Haar, das sie bescheiden mit einem cremefarbenen Schleier verdeckte. Ihre nussbraunen Augen standen eng und waren rund, ihre Hautfarbe hell. Obwohl sie ernsthaft war, umgab sie auch ein bisschen Leichtigkeit. Sie trug ein unauffälliges Gewand in gedämpften erdfarbenen Tönen, ein Gegensatz zu den gestickten, goldenen Gewändern, die Magdalena bevorzugte.

Martha war aufrichtig bemüht um ihre Schwester, aber wegen ihres gegenwärtig beschämenden Zustandes konnte Magdalena nur die Annäherung von Geringschätzung empfinden. Ihr Schmerz färbte ihre Wahrnehmung; sie wollte sich nicht selbst im Spiegel von Marthas Gesicht erblicken.

Magdalenas Gedanken kehrten in die Erinnerung an ihren Bruder Lazarus zurück, als sie beide an der Küste des Sees Genezareth schlenderten, zu der Zeit, als ihre Beziehung zu dem Syrer noch am Anfang war. Ganz betroffen erzählte er ihr: „Die Leute fangen an zu reden. Diese Angelegenheit könnte Schande über unsere Familie bringen.“ Bei diesen Worten hatte sie Scham empfunden, denn sie achtete Lazarus. Aber sie hatte dieses Gefühl beiseitegeschoben und fuhr fort, die Verbindung zu pflegen. Als sie jetzt auf Martha blickte, wusste Magdalena, dass ihre Schwester sich ihrer schämte. Ihr Herz war angefüllt mit Abscheu bei dem Gedanken, ihr gegenüber zu stehen.

Küste des Sees bei Tiberias

Martha war für einen ausgedehnten Aufenthalt gekommen, aber Magdalena arrangierte es so, dass sie sie meistens meiden konnte, indem sie ihre Tage in einem Dunst von Qualen in ihrem Raum verbrachte, nur spät in der Nacht kam sie heraus, um an Geselligkeiten teilzunehmen und sich in den Frivolitäten reicher Freunde zu verlieren.

Später an einem Morgen kam Martha in ihre Räume, um zu versuchen, ihr zu helfen, aber Magdalena wollte sie nicht empfangen. Martha anzuschauen, bedeutete, die Wahrheit zu sehen. Die Wahrheit war, dass sie unwissend getrieben wurde, sich auf Männer als einer Quelle von Macht zu verlassen, um ihr schwindendes Selbstvertrauen aufrechtzuerhalten, ihr das Gefühl zu geben, dass sie einen ihr gebührenden Platz in der Welt habe.

Bei solch einem Abendessen traf sie einen reichen Kaufmann, dessen Name so ähnlich wie „Paulos“ lautete. Er war wahrscheinlich Grieche.

Er war gedrungen, trug kräftiges, krauses braunes Haar und hatte ein rötliches Gesicht – er war keineswegs schön, aber reich. Er war ein Mann mit guten Verbindungen und einer ziemlich gewinnenden Persönlichkeit.

Offensichtlich kannte er den letzten Mann, mit dem sie gelebt hatte – den Syrer. Verheiratet mit einer ruhigen, kleinen Frau, die wie ein Schatten schien, hatte Paulos keine Skrupel, eine Beziehung mit Magdalena anzufangen – und dies war auch für sie leicht, denn sie stand zur Verfügung. Paulos war eine einfache Wahl, obwohl Magdalena fühlte, dass sie jeden Mann haben könnte, den sie wollte, denn ihre Schönheit und exotische Art waren zweifellos sehr anziehend.

Paulos war in einer nahen Stadt im Kaufmannsgeschäft tätig. Magdalena schickte einen ihrer Kuriere, eine Botschaft zu bringen, die sagte, dass sie ihn treffen wolle. Martha wurde in diese entstehende Affäre eingeweiht und konnte es nicht ertragen, dass ihre Schwester erneut einen Fehler machte und umso mehr leiden würde. So entschied sie sich, sie zu bitten, diese Angelegenheit fallen zu lassen.

Mehrere knappe Gespräche während der folgenden Tage hielt Martha aus und war schließlich erfolgreich, Magdalena zu überzeugen, mit ihr zu kommen, um Jesus sprechen zu hören.

„Er ist wirklich deine einzige Hoffnung", drängte Martha.

Das Austreiben der sieben Dämonen

Diese Vision nimmt wieder auf, wo die letzte endete – Magdalena und Martha machen sich auf, um Jesus sprechen zu hören.

Martha und Magdalena saßen an einem offenen Feld am Rande einer Stadt. Ich fühlte in mir großen Widerstand gegenüber dem, was kommen würde, obwohl ich wusste, dass mir gezeigt werden sollte, was ich an diesem besonderen Tage brauchen würde. Ich bat einen Engel, mir zu helfen.

Vor dem Hintergrund einiger Hügel war eine große Menschenmenge versammelt, um Jesus lehren zu hören. Weit weg hinter einer Gruppe von Menschen bemerkte ich Magdalenas dunkles Gesicht. Sie zappelte herum und war im Zustand einer verworrenen Krankheit. Ihre schöne Tunika und der Mantel waren glanzvoll um sie ausgebreitet wie der Schwanz eines Pfaus. Sie fühlte sich fehl am Platz und dachte, dass nur Bauern und Rebellen zu solch einer Versammlung gingen.

In der Absicht aus dieser Lage zu entfliehen und ihren Kaufmannsfreund Paulos zu finden, bereitete sie Entschuldigungen vor, um zu gehen. Aber Martha wusste, was sie vorhatte und bestand darauf, dass sie bliebe. Als Jesus zu sprechen begann, stand Magdalena gleichgültig hinter einer Menschenmenge. Es war viel Zeit vergangen, seitdem sie zuletzt mit Jesus Kontakt gehabt hatte und seit dieser Zeit war sie sogar noch mehr bedrückt von den Schatten, die sie plagten. Sie befand sich jetzt sogar in einem dunkleren Zustand als zu der Zeit, als sie Jesus im Hause von Simon gesalbt hatte.

Jesus begann über die Natur des Bösen zu sprechen und all seine Formen, er warnte die Anwesenden, selbst den Anschein des Bösen zu vermeiden. Er sprach davon, was den Menschen für den Einfluss des Bösen öffnet und sagte, dass, wenn man einem bösen Wesen einen Platz anbiete, sein Werk zu tun, viele andere ihm folgen würden, denn sie wüssten nun, dass die Türe offen sei. Er sprach: „Es gibt Legionen und aber Legionen, die über dich kommen können. Nur durch Liebe wirst du rein und dann können die bösen Wesen dir nichts weiter anhaben. Liebe ist das Licht, das Böses verwandelt."

Als er fortfuhr, zog ein hochmütiges, sarkastisches Lächeln über Magdalenas Gesicht. Das Böse in ihr machte sich über Jesus lustig. Sie schüttelte den Kopf, wiegte ihn hin und her und blickte mit stolzem Hohn auf die Menge, die sie umgab. Gleichzeitig fühlte sie, dass etwas sie ergriff. Ein kränkendes Gefühl der Schuld und Scham stieg in ihrer Seele auf und drohte, sie physisch krank zu machen.

Immer wieder, seitdem Jesus sie das letzte Mal geheilt hatte, sagte sie sich selbst, dass sie mit ihm fertig sei. Sie hatte ihren alten Kurs fortgesetzt, unfähig, sich von ihren unseriösen Begleitern zu lösen, unfähig, die Bindung an materiellen Besitz zu lassen, unfähig zu wahrem Wandel.

Martha glaubte aber, dass es für Magdalena trotzdem noch möglich sei, sich zu ändern. Während sie Magdalena in einen immer schlechteren Zustand hatte fallen sehen, hatte sie viele Tage damit verbracht, sich über deren Befinden Sorgen zu machen und für sie zu beten. Sie hatte nach der ersten Heilung bei ihr einige Fortschritte entdeckt und wusste, dass das Licht noch da war.

Magdalena hatte Jesu Worte nicht wirklich zu Herzen genommen – sie durften in ihr nie Wurzeln schlagen und wachsen. Mangels Nahrung war alles, was sie an Gutem und Wahrem gehört hatte, dahingeschwunden. Ihre Seele war wie eine Wüste, in der nichts wachsen konnte. Als sie Jesus sprechen hörte, war es, als ob seine Worte auf ausgetrockneten Boden fielen.

Martha kämpfte innerlich, als sie Magdalena beobachtete. Böse Wesen versuchten sie, dass sie ihre Schwester hart verurteile, angewidert von ihr sei – ja sie sogar *hasse*. Sie kämpfte gegen Ärger und Ungeduld. Sie wünschte sich so, dass Magdalena Jesu Worte empfangen könnte, aber als ihre Schwester so mit Missachtung reagierte, wurde Martha ihr gegenüber zunehmend aufgebracht. Trotzdem schwieg sie und zeigte nichts von ihren inneren Kämpfen auf ihrem gelassenen Gesicht.

Dämonen trennten die beiden Schwestern und hielten sie davon ab, sich gegenseitig zu lieben und zu akzeptieren. Dieser Kampf versiegte nicht, als Jesus fortfuhr zu sprechen – und er nahm es sehr wohl wahr.

Wenn er über die Menge blickte, konnte Jesus die Finsternis sehen, die um Magdalena hing und wie sie Martha ansteckte. Er ging nicht unmittelbar zu ihnen, sondern fuhr fort zu sprechen, während der Konflikt in Magdalenas Seele anhielt.

Andere in der Menge waren ebenfalls mit ähnlichen Kämpfen beschäftigt. tatsächlich waren die Dämonen an dem Platz aufgebracht wegen Jesu Worte. Da sie wussten, dass sie entdeckt waren, handhabten sie ihre schwarzen Sicheln, boshaft entschlossen, die Seelen zu ernten, an die sie sich angehängt hatten. Sie hofften auf diese Weise ihre Macht zu vergrößern, um andere daran zu hindern, Jesu Worte aufzunehmen. Sie wussten, dass sie rausgeschmissen würden, wenn diese Worte ihren Weg in die Herzen der Menschen fänden.

Die Dämonen taten alles was sie konnten, um ihr Überleben zu sichern – und viele Menschen wurden von ihrer bedrückenden Finsternis überwältigt. Von Zeit zu Zeit trat Jesus vor und berührte einige von ihnen, sie von den Dämonen zu befreien. Aber er näherte sich nicht Magdalena.

Magdalena war rastlos, voller Sarkasmus. Dann überkam sie ein kränkliches Gefühl der Bedrückung. Sie wurde lethargisch, tappte in der Dunkelheit und schien fast das Selbstbewusstsein zu verlieren.

Als Martha sie ansah, dachte sie: „Wie unhöflich, dass sie jetzt nach all der Zerstreuung in Schlaf fällt!" Sie konnte kein Mitleid für Magdalena empfinden und auch nicht deutlich sehen, was sie durchzumachen hatte. Das war das Werk der Dämonen in Marthas eigener Seele.

Magdalena war hilflos. Ich sah, dass die dunkle Atmosphäre um sie anfing, auch andere Menschen in der Nähe einzunehmen, einige von ihnen kannten sie. Sie fielen in eine apathische Stimmung, so dass sie, wenn sie sie anblickten, dachten: „Wen berührt das? Wir kümmern uns nicht um sie!"

Auch Magdalena fühlte diese Apathie und sagte sich, „Mir ist Jesus gleichgültig, auch seine Worte interessieren mich nicht."

Diese Apathie war eine schlimmere Regung als Furcht und Ärger. Es war ein Gefühl der Machtlosigkeit, als sei man ohne Licht, ohne Hoffnung. Bei Angst oder Ärger gibt es immer noch einen Willen zu handeln; aber im Falle der schwarzen Apathie, der sich Magdalena überließ, waren die Willenskräfte vollkommen ausgelöscht. Sie war willenlos sich zu retten und niemand um sie herum hatte den Willen, sie zu retten.

Seltsamerweise ließ Jesus dieses für eine ganze Zeit lang zu. Er arbeitete mit der Menge, bannte böse Geister unter ihnen, bis er diese Aufgabe abgeschlossen hatte. Nur Magdalena war noch übrig.

Dann endlich strebte er durch die Menge zu ihr. Zu der Zeit war sie von den bösen Mächten ganz überwältigt worden, die versuchten, durch sie zu Jesus zu sprechen. Als sie ihn kommen sah, fiel sie in Ohnmacht. Ich sah die Landschaft ihrer Seele ganz schwarz, alle ihre Chakren waren verdunkelt und verschlossen, nur ein karges Licht floss zwischen ihnen. Nie zuvor hatte ich diese sieben Energiezentren bei einem Menschen in einem solch niedrigen Zustand gesehen, bei dem alle gleichzeitig dunkel waren. Jesus hatte ihr erlaubt, in einen solchen Zustand abzusteigen, zu dieser inneren Hölle (denn dies war tatsächlich ihre Erfahrung), so dass der Ruhm Gottes in ihr offenbar werden sollte.

Man durchschreitet verschiedene Ebenen, wenn man in den Zustand der Hölle absteigt. Wir könnten denken, dass ein Zustand erbärmlicher Angst oder heftigen Ärgers die Ankunft in den Tiefen der Hölle signalisiert. Aber nein, am niedrigsten Punkt der Hölle ist man bewegungsunfähig. Man verliert selbst die Fähigkeit, sich zu sorgen – wie in einer Leere, jenseits allen Fühlens, ist man verloren. An diesem Tiefpunkt wird gewöhnlich Hilfe gebraucht, denn es ist sehr schwierig, aus diesem tiefen und dunklen Ort wieder herauszukommen. Nur sehr wenige steigen in diese Grube der Apathie, aber in unserer Zeit wird der Abstieg häufiger. Unkontrolliert könnte dieser Zustand die „Hölle" auf Erden bewirken. Aber durch die Gebete der Gerechten und mit göttlicher Hilfe können solche Seelen gerettet werden, das heißt, sie können aus ihrer Apathie wieder aufgerichtet werden.

Magdalenas Seele stieg tief in diesen Abgrund der Finsternis, so dass, wenn sie von Christus Jesus gerettet werden sollte, ihre Heilung auch

Heilung für die Seele der Welt bringen würde. Für diejenigen, deren Augen sehen, macht diese Heilung deutlich und gibt Gewissheit, dass alle aus der Finsternis ihrer eigenen Irrtümer gerettet werden und von der Krankheit, die von ihnen ausgeht, geheilt werden.

Die Heilung der sieben Chakren wurde zum *ersten Mal* in der Seele von Magdalena vollzogen. Die Seelenkrankheit eines jeden ihrer sieben Energiezentren entspricht der Seelenkrankheit der Energiezentren der Weltseele, die auch der Reinigung und Heilung bedarf. Diese Heilung wird mit der Zeit stattfinden, wenn Menschen immer bewusster an ihrer eigenen Heilung und an jener der Erde arbeiten. Die Menschen werden Christi Arbeit leisten in Verbindung mit ihm und auch mit dem Erzengel Michael, zur schließlichen Befreiung und Heiligung der Erde.

Die sieben Chakren sind die sieben Siegel, von denen in der Apokalypse gesprochen wird. Sie werden sowohl in der Seele des Menschen wie auch in der Weltseele gefunden. Es gibt viele tiefe Geheimnisse, die mit diesen sieben Siegeln verbunden sind. Sie sind der Aufbewahrungsort der menschlichen Weisheit und Wahrheit, die durch das menschliche Irren befleckt und entweiht wurden. Christus als Herr des Schicksals hat die Macht, die sieben Siegel zu öffnen. Sind sie geöffnet, ist die Finsternis vertrieben und die Heilung kann erfolgen.

Dies ist es, was Christus Jesus für Magdalena vollzog. Er befahl den Dämonen, ihre Energiezentren zu verlassen. Dies ähnelte der Tempelreinigung, bei der er verkündete, dass der Tempel seines Vaters Haus sei und alle Kräfte entfernte, die nicht die Gegenwart seines Vaters ertragen konnten – denn jene Kräfte arbeiten gegen die Liebe Gottes. In der gleichen Weise reinigte er den Leibestempel von Magdalena.

Als Jesus vor Magdalena stand, mokierten sich die Dämonen in ihr: *Dies ist Marias Sohn?* Jesus legte seine Hände auf Magdalenas Schultern und blickte in ihre Augen. Die Finsternis in ihr wallte auf und sammelte sich um sie wie ein dicker Umhang. Voller Autorität rief Jesus die Dämonen aus ihrem Körper. Ich sah, wie sie sich von ihr lösten, ihre großen schwarzen Schwingen über ihren Rücken hoben und eine schmerzliche, raue Wunde in ihrem Ätherleib, dem Lebensleib, hinterließen. Die Dämonen schrien voller Anklage, sie beanspruchten das Leben von Magdalena für sich und dazu alles, was sie besitze. Ich sah andere üble Wesen sich um sie versammeln, um Einlass zu finden, sobald die Dämonen ihre Seele verlassen hätten. Aber sie fanden keine Gelegenheit, denn Jesus hielt sie zurück, indem er den Kreis des ätherischen Schutzes um sie zog.

In ihrer Schwäche fiel Magdalena zu Boden. Als es ihr wieder möglich war, blickte sie auf Jesus. Er stand über ihr, sein Haupt war von der Sonne umstrahlt, so dass sein Gesicht von einem Halo aus Licht umgeben war. Erst dann, in ihrer äußersten Leere konnte sie ihn annehmen. Indem sie dieses Licht empfing, war sie selbst von Licht erleuchtet. Und im gleichen Augenblick war der Schleier der Apathie von allen um sie her gelüftet. Die Menge wurde von jeglicher Art Finsternis in den mannigfaltigsten Gestalten geheilt.

Im Laufe des weiteren Jahres wurde Magdalena von jeder Sphäre, in der Finsternis wirkte, geheilt. Dies heißt nicht, dass sie für die Mächte der Finsternis von der Zeit an undurchdringlich gewesen wäre. Das Böse kam immer noch zu ihr und nahm stets einen neuen Anlauf, sie zu entmutigen. Aus diesem Grunde sprach Jesus zu Magdalena, als Martha sie noch in ihren Armen hielt, stets wachsam zu sein, denn bis ihr Wille ohne seine Unterstützung den Versuchungen, die möglicherweise wieder über sie kommen würden, widerstehen könnte, wäre sie in einem sehr verwundbaren Zustand.

Als er so sprach, wurde Magdalena von einer Liebe erfüllt, die sie nie zuvor gekannt hatte. In dem Augenblick beschloss sie, Jesus zu folgen. Und von diesem Augenblick an bot sie ihm und seiner Aufgabe für immer ihr Herz an. Magdalena war die erste Person in der menschlichen Geschichte, die diese Art von Heilung empfing: die volle Reinigung der sieben Chakren durch Christus Jesus.

An jenem Abend nach der Heilung sprachen Magdalena und Martha zusammen bis tief in die Nacht hinein, während sie bei der glühenden Kohle im Herd der Wohnung saßen, wo sie gerade weilten. Magdalena wollte jede Einzelheit erfahren über Marthas Erfahrungen mit Jesus. Martha erzählte ihr von vielen erstaunlichen Wundern und lud sie ein, bei ihrer nächsten Versammlung dabei zu sein.

Letzte Heilung durch die Heilige Mutter

Nicht lange nach dem vorangegangenen Ereignis (ich glaube, es war an dem nächsten Tag) lud Jesus Magdalena ein, ihn zu einem Raum zu begleiten, in dem einige Jünger versammelt waren. Magdalena fühlte sich an dem Morgen nicht wohl. Ein Stück Dunkelheit wollte sich in ihr wieder bemerkbar machen, obwohl sie sich in dieser Beziehung doch erleichtert fühlte, folgte sie ihm nur kleinlaut zu dem Haus, in dem die zwölf Jünger und einige Heilige Frauen versammelt waren.

Große Aufregung lag in der Luft. Sie planten ihre bevorstehende Reise. Alle sprachen von den Wundern, die sie erlebt hatten. Sie blickten auf, als Magdalena den Raum betrat und einige protestierten gegen ihre Anwesenheit. Petrus, der sich an das seltsame Verhalten am vorangegangenen Tag erinnerte, näherte sich Jesus, um sich gegen ihre Anwesenheit zu wehren und sagte, „Wir brauchen sie nicht, sie wird unseren Ruf schädigen!“

Lächelnd sagte Jesus: „Sie braucht unsere Unterstützung. Und durch sie werde ich ein großes Werk vollbringen.“

Petrus antwortete nachdrücklich: „Sie gehört nicht zu unserer Mission!“

Magdalena wünschte, sie könnte gehen und ließ den Kopf voller Scham hängen. In dem Augenblick betrat die Heilige Mutter von der linken Seite kommend den Raum. Sie legte einen Arm um Magdalena, die schwach und schwankend gerade dann wieder spöttische Stimmen in ihrem Kopf hörte. Sie fürchtete, sich wieder an die schwarzen Schatten zu verlieren. Jesus deutete auf ihr Herz und sagte mit ruhiger Stimme: „Magdalena, dein Herz ist hierfür stark genug. Du kannst geheilt werden." Der hübsche junge Johannes kam aufrichtig betroffen an Jesus Seite – er erschien kühn und darauf erpicht zu sein, alles vom Meister zu lernen. Vor allem wollte er Jesus in jeder möglichen Situation, in welcher dieser heilte beobachten.

Johannes Zebedäus

Als die Heilige Mutter Magdalena ihn geborgen hielt, sah ich die „alte" Magdalena in ihren Armen sterben. Sie wurde verwandelt. In dieser Umarmung, die ich wie eine *Pietà* sah, bat die Mutter Jesu – so voller Mitleid – den Tod der alten Lebensweise zu ermöglichen, und ihr Sohn gebot auch dem letzten Dämon, Magdalena zu verlassen.

Es hatte in Magdalenas Leben ein Mangel an Mutterliebe stattgefunden und sie hatte nie solch eine tiefe, bedingungslose Liebe und Annahme erfahren, wie sie sie jetzt erfuhr. Wegen dieses Mangels an Mutterliebe in ihrer Jugend wurde sie getrieben, Liebe in der Finsternis der Welt zu suchen, in unheiligen Verbindungen.

Als nun die Liebe der Heiligen Mutter Magdalena durchströmte, dies selbst dann, als sie von göttlicher Liebe geweiht wurde, füllte reine Menschenliebe die Lücke, die von dem Dämon, der sie gerade verlassen hatte, geblieben war. Ich sah Engel um sie her.

Während dieser letzten Heilung durch Jesus und die Heilige Mutter, wurden Magdalenas sieben Chakren endgültig und vollkommen gereinigt. Zu dieser Zeit empfing sie eine besondere Aufgabe und eine spezielle Berufung, obwohl sie dies erst später verstand. Jesus wies sie an, zum Schutz gegen weitere Angriffe durch die Finsternis in der Nähe der Heiligen Mutter zu bleiben.

Als der Dämon entfernt war, konnte Magdalena in einer neuen Weise in Jesu Augen blicken. Ihr Herz klang in Harmonie mit seinem Herzen. So wurde sie neu geschaffen. Magdalena fühlte die Begeisterung der Entlastung und Heilung, als sie schließlich von den früheren Fesseln ihrer Natur befreit war. Ihr altes Ich starb, wurde verwandelt durch die Ölung Göttlicher Liebe. Der Aufgang ihres wahren Ich war wie eine Auferstehung vom Tode.

Als diese Vision endete, erhielt ich folgende Inspiration:

Mögen wir uns wieder verbinden mit unseren Müttern, und besonders mit der Göttlichen Mutter! Mögen wir uns selbst sehen als „Mütter" der Menschheit und der Liebe erlauben, durch uns auf alle Kinder Gottes zu strömen.

Ich wollte aus dieser Szene weglaufen – jener von Magdalena und der Heiligen Mutter – und jeden bitten, die persönliche Beziehung zu seiner Mutter zu heilen, ihr zu vergeben und sie zu lieben. Und sich selbst als Mütter zu lieben, damit sie für die ganze Menschheit zu liebenden Müttern werden können.

In dem Augenblick wusste ich, dass diese Art der Liebe, die Mutterliebe, das ist, was „der Schlange das Haupt zertritt." Indem wir Herzenskräfte aus dem Weiblichen ziehen, können wir das Böse in Schach halten. Christus bringt uns zur Mutter und legt uns in ihre Arme. Sie wird die Schlange von uns bannen. Sie heilt uns mit der Salbung ihrer Liebe. Sind wir erfüllt mit ihrer Liebe, werden wir Balsam für andere. Das geschah mit Magdalena – sie wurde Balsam. Als ihr altes Ich in Christus starb, wurde sie durch die Liebe der Mutter in ihm neu geschaffen. Sie war nicht nur gesalbt, sondern sie wurde auch selbst *Salbende.*

Magdalena begann damit, immer Öle mit sich zu führen. Diese Öle wurden das Mittel, durch das sie andere heilen konnte. Und sie wurde auch zu heilendem Balsam für ihren Herrn, nicht nur durch den Gebrauch der Öle, sondern auch durch die einzigartige Weise, wie sie ihn unterstützen konnte: durch Einfühlungsvermögen und Mitgefühl.

Nachdem sie das „Sterben in Christus" erfahren hatte, wurde sie zu einer Hüterin der Todesmysterien, zu denen sie seither den Schlüssel hält. Sie ist die Priesterin der Sakramente der Ölung zum Begräbnis, einer Einweihung, der wir uns alle unterziehen müssen, um auferstehen zu können – denn es gibt eine geistige Ölung, die uns für unser geistiges Begräbnis vorbereitet. Ebenso wie die Mutter Maria Magdalena mit einer göttlichen Salbung weihen konnte, so kann Magdalena diese Salbung an andere weitergeben, die ihre Hilfe beim Aufgeben alter Gewohnheiten durch das Sterben in Christus suchen. Diese göttliche Salbung ermöglicht harmonische Übergänge, die uns darauf vorbereiten, unseren Auferstehungsleib zu bilden – dessen tieferes Mysterium die Erlösung und Verwandlung der Erde selbst berührt.

Wir müssen in Christus sterben, um in ihm zu leben; Magdalena hält den Schlüssel zu diesem Mysterium.

Teil Zwei

Magdalena wird zum Jünger

Brücke über den Kidron Bach

XIII

Ein Gespräch mit Jesus

Ich befand mich in der Nähe des Baches Kidron am Fuße des Ölberges. Er plätscherte im Vorbeifließen friedlich über Steine und Gräser. Das Sonnenlicht funkelte von dem fließenden Wasser. Obwohl die Sonne an ihrem mittäglichen Höchststand war, war es ziemlich kühl und Magdalena, die nahe am Bach saß, war froh, dass sie ihr Wollkleid angezogen hatte. Sie lächelte leicht, als sie an das düstere Gewand dachte, das sie getragen hatte – eine grau-beige Tunika mit einem gedeckt gestreiften Mantel darüber – eine perfekte Kleidung, um zu ihren gedrückten Gedanken zu passen, als sie so über viele Dinge nachdachte.

Jesus erschien plötzlich hinter ihr. Er ergriff sie bei der Hand, zog sie in die Senkrechte und sagte: „Komm, geh mit mir." Magdalena war glücklich, ihn zu sehen.

An der Ostseite des Baches stieg ein Hügel ziemlich steil und steinig an. Jesus nahm ihren Arm, um ihr bei dem unebenen Boden zu helfen. Die Freundschaft zwischen ihnen war frisch und neu; sie waren dabei, sich gegenseitig wieder kennenzulernen. Magdalena war die Bekehrung noch sehr gegenwärtig und ließ sie selbst ziemlich unsicher sein. Nachdem sie sich Jesu Aufgaben wieder angeschlossen hatte, plauderte sie über die geschäftliche Seite der Tätigkeiten der Jünger, über die Beschäftigung der Heiligen Frauen und über ihre Pläne, Jesus bei seinen bevorstehenden Reisen zu unterstützen.

Als sie die Spitze des Hügels erreicht hatten, kamen sie zu einem alten Olivenbaum, unter dessen Zweigen eine wollene Decke ausgebreitet war. Sie setzten sich und sprachen zeitweilig, saßen aber auch schweigend, als der Sonnenuntergang nahte. Dies waren Stunden des Ausatmens für Jesus – abseits der Volksmenge mit ihren Forderungen an ihn, die sehr zugenommen hatten, als er in der Gegend nach und nach bekannter wurde.

Als sie so sprachen, blickten sie über das Tal auf Jerusalem. Jesus empfand eine große Liebe zu der Stadt und ihren Einwohnern. Magdalena erahnte nun flüchtig die schwere Verantwortung seiner Aufgabe, wie auch derjenigen seiner Jünger. Sie war sowohl überrascht als auch etwas unangenehm berührt, dass er seine freie Zeit alleine mit ihr teilte. So bemühte sie sich, das Gespräch auf die Tagesereignisse gerichtet zu halten – bis Jesus schließlich den Gegenstand des Gespräches mehr ins Persönliche wandte.

Jerusalem vom Ölberg aus gesehen

„Ich sehe, dass du mit der Vorstellung kämpfst, du müsstest dich nach der Art meiner Mutter richten. Du fühlst in ihr eine Reinheit und Unschuld, die du dir auch wünschst. Es ist gut, dies zu wünschen, aber du fühlst dich auch etwas ängstlich in ihrer Gegenwart."

Als er sprach, blickte Magdalena zu Boden, vermied seine Augen und spielte mit dem Saum der Decke. Sie fühlte tatsächlich eine Art Trennung zwischen sich und der Heiligen Mutter.

Sie fühlte nicht, dass sie je an das heranreichen könnte, was die Heilige Mutter war. Nach ihrer Heilung von den Dämonen hatte Jesus ihr geraten, in der Nähe seiner Mutter zu bleiben. Magdalena hatte sich dem widersetzt, weil sie sich der Liebe der Heiligen Mutter unwürdig fühlte. Schließlich war sie erst kürzlich von ihrer schillernden Vergangenheit befreit worden. Magdalena sah wohl, dass jeder von ihrem Ruf wusste und dass sie sich wunderten, wie sie davon losgekommen sei. Sie wusste selbst nicht, ob sie in die Art der Dinge passte und sie sah, dass einige der anderen Jünger in dieser Weise über sie dachten.

Magdalena sann über ihre Beziehung zu den Frauen in ihrem Leben nach – keine von ihnen war sehr förderlich gewesen. Sie war nie eng mit ihrer Schwester Martha verbunden und hatte sich kaum um eine enge Freundschaft zu anderen Frauen gekümmert. Der Grund lag darin, dass ihr zwar einige Dienerinnen nahe standen, besonders Sarah, die Ägypterin, dass aber nicht viele andere Frauen ihre Eitelkeit und Selbstbezogenheit vor der Bekehrung ausgehalten haben.

Ihre Aufmerksamkeit war mehr auf Beziehungen zu Männern gerichtet und diese Beziehungen waren immer chaotisch. Bei ihren Verbindungen suchte sie immer Macht und Stellung. Sie war fähig Menschen auf eine bestimmte Art zu beeinflussen, aber das beruhte ausschließlich auf ihrem unwiderstehlichem Charme und ihrer Welterfahrung. Erst die Abkehr von ihrer früheren Lebensweise ließ sie bemerken, wie unglaublich einsam sie in Wirklichkeit war. Ihr wurde schmerzlich bewusst, dass sie nie wahre Zuneigung gekannt hatte.

Als sie innerlich auf all dies zurückblickte, wurde es ihr sonnenklar, warum sie sich gegenüber der Heiligen Mutter unwürdig empfand, obwohl sie viel Zeit miteinander verbrachten. Derlei Gedanken rasten wie wilde Pferde durch ihren Kopf und ließen ihr keinen Frieden.

Jesus aber las ihre Gedanken und antwortete auf Magdalenas Widerstand: „Ich hoffe, du möchtest meine Mutter besser kennenlernen."

„Ich kenne deine Mutter ..." Magdalena war überrascht von der Spannung in ihrer Stimme und beschloss, dies sofort zu ändern.

Hierbei blickte Jesus mit einem sanften Lächeln in ihre Augen. Sie stimmte dann zu, denn sie kannte die Heilige Mutter wirklich nicht recht. Als Jesus wieder schwieg, blieb Magdalena eine Zeitlang in dem unbequemen Bewusstsein, wie befangen sie sich in der Gegenwart seiner Mutter fühlte. Dies war, weil die Heilige Mutter, die ein reines Gefäß für den Geist war, für Magdalena wie ein Spiegel wirkte. Das geschah nicht aus einer verurteilenden Haltung heraus, vielmehr bemerkte Maria, dass wenn Magdalena um sie war, sie sich jener ihrer Seelenanteile bewusst wurde, die der Heilung bedurften. Die Heilige Mutter spiegelte Magdalenas *Potential*, aber diese konnte sich nicht vorstellen, dass sie die Person werden würde, welche die Heilige Mutter als möglich erachtete.

Magdalena hatte es noch nicht gelernt, unabhängig von der Bewunderung anderer zu leben. Ja, sie war zwar von der Eitelkeit geheilt worden, aber noch wusste sie nicht, wie sie selber fähig werden konnte, sich so zu sehen, wie sie war. Sie hätte sich gewünscht, dass die Heilige Mutter sie mit all ihren Fehlern lieben würde. All dies bewegte sich im Untergrund ihrer frühen Beziehung. Äußerlich schienen sie die nächsten Freundinnen zu sein und waren oft zusammen, aber ein ständiger innerer Kampf erfüllte Magdalenas Herz.

Jesus wusste, dass Magdalena kämpfte. Er änderte die Unterhaltung und erlaubte ihr, mehr auf das zu blicken, was zwischen ihnen entstanden war. Er wusste, dass sie auf dem Wege war, sich selbst zu finden, nachdem sie so lange mit einer falschen Vorstellung von sich gelebt hatte. Ihre vollständige Heilung würde mindestens noch ein Jahr benötigen und würde eine laufende Arbeit sein.

Anmerkung: der Rest der Vision über die unterschiedlichen Aufgaben der Heiligen Mutter und Magdalena findet sich im Anhang II.

XIV

Jesus spricht auf dem Marktplatz

Ich ging hinter vier Heiligen Frauen. Andere folgten. Eine der Frauen schaute sich mit einem Blick mitleidiger Sorge, verbunden mit einiger Belustigung, nach Magdalena um, die nur wenige Schritte hinter ihnen ging. Sie war um Magdalenas willen ängstlich, betrachtete aber nicht ohne Humor die Wahl ihres Kleides. Eine andere Frau zur Linken der ersten, blickte ebenfalls zurück auf Magdalena, aber ihr Gesicht zeigte Gefühle der Unsicherheit bezüglich Magdalenas Gegenwart – sie war nicht sicher, ob sie Magdalena mit sich haben wollte, versuchte aber, sie zu akzeptieren.

Es schien mir, dass in diesem Augenblick Magdalena gerade erst entschied, Jesus wieder zu folgen und hatte daher ihre elegante Kleidung noch nicht aufgegeben. Sie trug eine wunderschöne tiefgrüne Tunika und einen ebensolchen Mantel. Die Stoffe waren fein gewoben und sehr weich. Um die Ärmel und Säume waren goldbestickte Bänder. Es war im Vergleich zur Kleidung der anderen Frauen, die in neutrale Stoffe mit einem feinen Anklang von Farbe gekleidet waren, ein protziges Gewand. Sie trug nicht ihren gewöhnlichen Tingeltangel Schmuck, und doch schien es, als tue sie ihr Bestes, sich bescheidener zu kleiden.

Ein lebhafter Wind blies in die Kleider der Frauen und zauste ihre langen Haare zu einfachen Strähnen, als sie den Pfad entlang gingen, der zu einem geschäftigen Markt führte. Magdalena schritt flott und eifrig, ihr Herz lief vor ihr her. Ihr ganzer Wunsch ging dahin, Jesus zu sehen. Und die anderen Frauen hatten es ebenso eilig, ihn lehren zu hören.

Als sie den Marktplatz betraten, breiteten die Händler ihre Ware vor den Frauen aus. Ein Mann hielt einige kleine, dunkle Trauben in seinen großen Händen und hoffte, die Aufmerksamkeit der Besucherinnen zu gewinnen. Es schien Magdalena in dem Augenblick, dass der Mann in ihr eine schmerzliche Erinnerung heraufrief, eine Erinnerung, die ihr Tränen der Reue in die Augen trieb. In dem Augenblick verstand ich die Quelle ihres Kummers nicht, aber ich fühlte, dass es mit einer Versuchung, der sie vor nicht allzu langer Zeit erlegen war, zu tun hatte[9], denn Reue und Kummer stiegen in ihrer Kehle hoch und drohten sie zu ersticken. Sie schlug die Augen nieder, als sie weitereilte.

Der Markt war voller Menschen. Es schien, als sei jeder Einwohner der Stadt auf den Beinen, bemüht von Tieren bis Steinzeug, von Gewürzen bis Käse alles zu kaufen oder zu verkaufen. In einem Kreis aufgestellt standen Buden, die einen zentralen Platz umgaben, der mit einer kleinen Plattform für Aufführungen oder Redner versehen war. An diesem besonderen Tag stand eine undurchdringbare Menge auf dem Platz. Der Grund war einfach zu sehen: Jesus stand auf der Plattform, sein Gesicht glühte von innerem Feuer.

Sobald Magdalena ihn sah, wuchs ihre Ängstlichkeit. Sie machte sich Gedanken über die Wahl der Umgebung, in welcher er die Rede hielt, weil sie wusste, dass er sich an diesem Platz lächerlich machen würde, ja von den Menschen gehasst werden würde, wegen der möglicherweise aufwühlenden Dinge, die er zu sagen hatte. Magdalena war auch darüber in Sorge, dass er verletzt werden könnte. Sie presste sich vorwärts durch die Menge in der Hoffnung, seine Aufmerksamkeit zu erlangen. Sie dachte in seine Richtung: *Bitte bringe dich nicht in Gefahr!* Sie wusste von einem Gerücht, das in dieser Stadt kursierte – dass sie wollten, dass er hier spreche, nur damit sie ihn in seinen eigenen Worten fangen konnten, um ihn zum Dissidenten und Rebellen zu

---

[9] Bezug zu Kapitel IX, Magdalenas Traum.

stempeln. Sie gaben vor, für seine Lehre offen zu sein, lagen aber in Wahrheit auf der Lauer, dass er Dinge sagen würde, die es ihnen ermöglichten, ihn anzuklagen. Da sie dies wusste, hoffte Magdalena, dass er nur von solchen Dingen sprechen würde, welche die Menschen wirklich bereit waren anzunehmen.

Als sie aber auf ihn blickte, sah Magdalena das Feuer in seinem Gesicht und wusste, dass er den Willen Gottes tun würde, ohne Rücksicht auf das, was gegen ihn daraus folgen würde. Sie stand nicht weit von seiner Rechten und horchte mit Beklemmung, als er sprach.

Dann bemerkte sie einen Mann in dem Kreis zur Rechten. Er blickte mit einem verführerischen Lächeln auf sie. Er hatte sandfarbene Haare, war langbeinig und trug ein rotbraunes Gewand. Er versuchte, Magdalenas Aufmerksamkeit auf sich zu ziehen, aber sie wandte ihre Augen ab. Sie war es gewöhnt, dass Männer den Code moralischen Anstands brachen, um ihre Aufmerksamkeit zu gewinnen, aber sie wollte davon nichts mehr wissen. Plötzlich realisierte der Mann, wer sie war und wurde erzürnt, dass sie seinen Blick nicht erwiderte. Er schien ruppig gegenüber den Männern um ihn. „Diese Hure! Was macht sie hier?“

Der Laut seiner Stimme und seine anschuldigenden Worte schnitten wie ein Messer in Magdalenas Herz. Sie wickelte ihren Schleier um den Kopf, bedauerte ihre roten Haare, die sie so oft verraten hatten und zog sich in die Menge zurück. Sie fühlte sich krank vor Scham und klagte über die Person, die sie gewesen war. So fühlte sie, dass das Leben, das sie geführt hatte, ein schwarzer Fleck in der Mission Jesu sei und dass sie nicht einmal in Jesu Nähe sein könnte, ohne beißende Urteile auf sich zu ziehen.

Als Magdalena darum kämpfte, in der Menge zu bleiben und Jesu Lehren zuzuhören, peinigten sie mehr und mehr anklagende Stimmen. Sie machte sich auch Sorgen über die nachteilige Aufmerksamkeit, die sie auf die übrigen Frauen zog, die Jesus folgten, denn sie wusste, dass sie ihr Bestes versuchten, Urteile über sie zurückzuhalten, um ihr zu erlauben diejenige zu sein, die sie war.

Qualvolle Gedanken peinigten sie, als sie verborgen in der Menge stand, bis sie es schließlich nicht länger ertragen konnte, sich umdrehte und durch den hinteren Teil des Marktes entfloh.

Ihre Verzweiflung trieb sie auf einen Hügel hinter dem Markt, wo sie zwischen zwei Bäumen in einem Dickicht zu Boden fiel.

Sie wollte allein sein mit ihrem Kummer. Unfähig ihr wahres Ich zu ergreifen, fühlte sie, dass sie nichts sei. Es schien ihr, dass, wenn sie wirklich ein wahrer Jünger Jesu sein wollte, so könnte sie nicht die sein, die sie bisher gewesen war. Seine Mission war so groß und berührte so viele Menschen – so schien es ihr, dass sie nicht zu seinen Anhängern passe. Sie fühlte, dass alles, was sie gewesen war, vergebens war und fragte sich, ob sie überhaupt irgendetwas anzubieten habe. Selbst ihre Schönheit schien jetzt eher ein Fluch als ein Segen, denn sie hatte ihr viele Probleme gebracht.

Als sie so zwischen den beiden Bäumen lag, wünschte sie, sie könnte alles hinter sich lassen und in die Wildnis rennen, so bedrückend war ihre Beschämung. Aber im Grunde ihrer Seele wusste sie, dass sie Jesus nicht verlassen wollte. Sie hatte sich wieder berufen gefühlt, ihm zu folgen.

„Sie ist jetzt deine Mutter“

Als Magdalena weinte, kam ihr auch zum Bewusstsein, wie sehr sie ihre eigene Mutter vermisste, von der sie sterbend in zartem Alter zurückgelassen wurde. Aus diesem Grund fühlte Magdalena, dass sie nie gelernt hatte, „hilfreich“ zu sein. Obwohl sie von anderen Frauen aufgezogen wurde, war sie nicht in der Lage zu fühlen, was es bedeutet, eine Mutter zu haben. Sie war sicher, dass, wo auch immer ihre Mutter sei, sie enttäuscht wäre davon, was Magdalena aus ihrem Leben bisher gemacht hatte.

Ich dachte, Jesus heilte mich! Warum bin ich so unwert geworden? Magdalena weinte, als Reue wie ein schwerer Stein ihr Herz presste. In dem Augenblick erschien ein Dämon neben ihr und wurde zu einem drückenden Gewicht, das sie niederpresste und ihre Seele mit dem Gedanken fütterte, ihre Mutter, die ein Geist geworden sei, hasse sie und verkünde für allezeit Magdalenas Schande.

Der Dämon plagte sie. *Du bist selbst unwürdig, dich an das Gesicht deiner Mutter zu erinnern!* Magdalena wollte sterben. Wenn ihre eigene Mutter sie nicht lieben konnte, dann könnten es die anderen Frauen auch nicht – und sie sehnte sich doch so sehr danach, bewundert zu werden! Sie fühlte, dass die Frauen, die Jesus folgten, sie nicht voll akzeptierten. Sie war sicher, dass diese sie nicht um sich haben wollten, und vermutete, dass einige ihr gegenüber sogar ein wenig ängstlich waren. Dies war teilweise wahr. Aber diese Frauen hielten solcherlei Dinge bei sich selbst, denn sie wussten, dass Jesus Magdalena liebte.

Die Sonne begann unterzugehen und das Dickicht wurde von verwirrenden Schatten gefangen. Magdalena hatte nicht den Willen, sich vom kalten Boden aufzuraffen. Sie wollte weder die Erinnerung an ihre Mutter noch ihre eigene Vergangenheit anschauen.

In dem Augenblick erschien Jesus mit seiner Mutter hinter den Bäumen. Aber Magdalena bemerkte sie nicht. Jesus Gesicht war friedlich und mitleidig, als er auf die bedauernswerte Magdalena blickte. Während er an der Ecke des Dickichts verweilte, bat er seine Mutter, zu ihr zu gehen.

Magdalena sah die Sandalen der Heiligen Mutter neben sich auftauchen, wollte aber nicht aufblicken – sie wollte ihr nicht in ihrem beschämenden Zustand gegenübertreten. Kurz darauf legte die Heilige Mutter ihre Hände auf Magdalenas Rücken und sagte mit leiser Stimme, es war kaum mehr als ein Flüstern: „O, Gott, o, Gott; lass sie sich zu Dir wenden. Lass sie Deine Magd sein."

Als diese Worte gesprochen waren, wurde es Magdalena plötzlich total übel; sie fühlte, dass der Böse, der sie plagte, aus ihrem Mund entwich. Der Dämon ließ sie spüren, dass sie eine elende Kreatur sei. Aber durch das Mitleid der Heiligen Mutter wurde der Dämon aus Magdalena ausgestoßen. Es war der Dämon, der ihr vorgetäuscht hatte, dass er die Stimme ihrer Mutter sei.

Als sie aus seinen Fängen entkommen war, sah sie mit ihrem geistigen Auge das Gesicht ihrer eigenen Mutter. Sie war so in der Lage, den wahren Geist ihrer Mutter zu erreichen, die mit ausgestreckten Armen auf einem Lichtpfad zu ihr kam. Ich sah, dass die Erscheinung ihrer Mutter Martha glich. Die Mutter sagte, „Magdalena, meine geliebte Tochter! Ich verließ dich nie. Ich bin immer mit dir gewesen. Ich möchte, dass du bei Jesus bleibst und ihn nie verlässt!"

Magdalena lag auf ihren Knien und blickte zum Himmel, wo sie in der Vision die Mutter umgeben von Strahlen goldenen Lichts erblickte. Die Heilige Mutter stand neben ihr. Magdalena sah ihre eigene Mutter, wie sie anbetend auf die Heilige Mutter blickte und Tränen der Freude weinte, denn sie konnte das Licht des Friedens und des Mitgefühls um sie sehen. Magdalenas Mutter wandte sich ihrer Tochter zu und sagte, indem sie auf die Heilige Mutter deutete: „Magdalena, sie ist jetzt deine Mutter. Bleibe bei ihr." Dann zog sie sich zurück und entfaltete Flügel aus Licht, die sie forttrugen.

Als die Vision von ihrer Mutter zu einem Ende kam, fiel Magdalena der Heiligen Mutter zu Füßen und weinte: „Ich möchte leben, um deiner Liebe würdig zu sein!" Maria legte ihre Hand freundlich auf ihren Kopf und sagte, „Magdalena, ich liebe dich. Ich kenne mehr von dir als dir bewusst ist, und ich liebe dich, weil ich dich kenne. Du gehörst zu Jesus. Du bist ein Teil seiner Mission, er braucht dich. Lass uns vorangehen, ihm zu dienen."

Magdalena stand auf und wischte sich die Tränen ab. Während sie dies tat, ließ sie einen Teil ihres alten Ich in dem Dickicht zurück, da sie mit neuem Entschluss herauskam, Jesus zu folgen und ihm alles anzubieten, was sie war. Denn er war willens, sie so zu empfangen, wie sie gerade war. Als sie ihn außerhalb des Waldes traf, legte er seinen Arm um sie und sagte in einem mitfühlenden, leise humorvollen Ton: „Geliebte Magdalena, lass uns zu den anderen gehen. Das Mahl ist bereitet und sie warten."

Sie gingen zu einem Gasthaus, das einer der Heiligen Frauen gehörte und nahmen das Abendessen mit einigen der Jünger ein. Magdalena war ruhig und gedrückt. Mehrere der Frauen anerkannten sie mit einem freundlichen Blick oder einer zarten Berührung ihrer Hand. Sie konnten den Schmerz fühlen, den sie erlebt hatte. Sie ließen sie wissen, dass alles gut sei, sie sie akzeptierten und liebten.

Dann erschien der Heilige Christopherus und hielt ein kleines Banner mit dem Gesicht der Magdalena darauf. Es sah aus, als sei es aus Licht gewoben. Er sagte mir, dass es von Engeln gewoben sei, die Magdalena betrachteten – dass es ihr bewundernder Blick auf sie sei, der diesen wunderbaren geistigen Wandteppich hervorgebracht habe. Er sagte mir: „Dies wurde nicht ohne großen Schmerz gefertigt!" Er ließ mich das Banner tragen, als wir über den Fluss setzten und sagte: „Du trägst das Banner von Magdalena, damit andere es sehen."

XV

Als die Vision begann, fand ich mich in der „Welt, die ich bin“[10], wo alles in pfirsichblütfarbenes Licht getaucht war. Ich sah den Erzengel Michael, wie er sein flammendes Schwert schwang, sein Gesicht glühte von strahlendem Feuer. Er teilte den Vorhang zu den Himmeln und erlaubte mir einzutreten. Dann war ich im Sternenreich und bewegte mich unter Engeln. Ich ging durch verschiedene Sphären, bis ich schließlich zu dem fließenden Strom der Akasha Chronik kam, wo ich meine Arbeit leisten sollte.

Magdalena wird zum Jünger

Ich fand mich im Heiligen Land. Jesus saß auf einer Steinmauer. Magdalena saß vor ihm auf dem Boden und lehnte ihren Kopf gegen seine Knie. Sie war in gesprächiger Stimmung und wollte Jesus die ganze Geschichte ihres Lebens erzählen. Natürlich kannte er das alles schon und konnte ihre Vergangenheit überblicken, aber er erlaubte ihr

[10] Ich habe oft meine Seele als eine Welt für sich erlebt. Dies scheint eine Erfahrung vieler Mystiker zu sein, einschließlich Teresa von Avila, die hierüber als von dem „inneren Schloss“ sprach. Wenn die Seele mit dem höheren Selbst inspiriert ist und Leidenschaften und Wünsche ihrem irdischen Platz zugeordnet werden können, ist die Seele eine weitreichende Welt, in der Schönheit, Licht und Bewegung sind. Ich kann die geistige Welt sehen, die die Person aufbaut. Wenn ein Mensch nur materiellen, weltlichen Interessen zugeneigt ist und nicht vergeben kann, so erscheint seine Seele nicht wie diese „Welt“ der Schönheit, sondern wie ein finsteres Sein, in dem wenig geistige Bewegung ist.

trotzdem zu sprechen. Niemals hatte jemand vor ihm je mit solch mitfühlender Aufmerksamkeit zugehört. Durch die Zeit ihres Erwachsenseins hat sie nie ihr Herz jemandem öffnen können, um sich einem anderen mitzuteilen. Jesus diente ihr schweigend, als sie fast ohne Unterbruch redete.

Martha ging mehrfach durch den Garten und bemerkte Magdalena zu seinen Füßen sitzend. Sie runzelte ihre Stirne und war verärgert, dass Magdalena ihn belästigen würde. „Magdalena, du ermüdest den Meister mit deinem Gerede. Du solltest ihn ruhen lassen."

„Es ist alles in Ordnung, Martha", antwortete Jesus mit einem Lächeln, „mir geht es gut."

Magdalena war in einem seltsamen Zustand. Sie war kürzlich von sieben Dämonen geheilt worden und war noch ziemlich wund. Sie wünschte ihr voriges Leben niemals zurück, wusste aber noch immer nicht, wer sie in Wirklichkeit war oder was sie jetzt tun sollte. Als sie zu Jesu Füßen saß, fühlte sie plötzlich ein überwältigendes Bedürfnis, ihre Vergangenheit Revue passieren zu lassen und alles zu gestehen – mehr vor sich selbst als vor ihm. Er hatte sie ja wirklich von ihrer Vergangenheit erlöst, aber es war in ihr noch das Bedürfnis, allem einen Sinn zu geben und es zurückzulassen, indem sie es aussprach. Als sie sprach, nickte er von Zeit zu Zeit mit dem Kopf und sagte: „Ja, … du tatst das", oder: „Ja, das verletzte dich, nicht wahr?" Sie blickte auf das ganze Chaos ihres Lebens mit allen den begangenen Fehlern zurück und sagte: „Ich bin mit dem Leben, das Gott mir gab, nicht so gut umgegangen." Sie sagte dies mit schlechtem Gewissen und nicht so sehr aus Selbstbeurteilung.

„Es gibt einen Sinn in deinem Leben. Eines Tages wirst du sehen, dass alles, was du getan hast, nicht wirklich von dir ist, die du in Ewigkeit bist. Du siehst einen Punkt in der Zeit, während ich alle Zeit überblicke."

Jesus verharrte ruhig und berührte sie leicht am Kopf, so wie ein Kind getröstet werden kann und führte dann seine Hand zurück in seinen Schoß. Er fuhr fort: „Folge mir und du wirst die Ewigkeit auch sehen."

Sie dachte für einen Augenblick nach, dann hob sie den Kopf und fragte mit freudig erregter Stimme: „Meister, fragst du mich, dein Jünger zu sein?"

Er neigte seinen Kopf zu ihr: „Ich *bin* wirklich dabei, dich zu fragen, mein Jünger zu sein. Folge mir."

Sie seufzte und drehte ihren Kopf zurück zu seinem Knie: „Ich fühle, dass es nun geschafft ist und ich kann mein früheres Leben zurücklassen. Ich will nirgendwo anders mehr hingehen, sondern dir folgen."

„Du willst deinen Reichtum, dein Vermögen zurücklassen?"

„Wenn ich dir zu Diensten sein kann, ist alles, was ich habe für dich, und was dir nicht nützt, lasse ich zurück." Sie dachte an ihr Schloss und fühlte keinen Wunsch, dahin zurückzukehren.

Jesus machte eine Pause und sagte dann: „Es wird noch mehr als du brauchst zurückzulassen sein, um mir zu folgen. Das wirst du später erfahren." Seine Stimme hatte einen Anklang von Melancholie, als er hinzufügte: „Vieles wirst du fahren lassen müssen, wenn du mir bis zum Ende folgen willst."

„Oh, sprich, Meister, was muss ich noch hinter mir lassen?"

„Du wirst es sehen und kennenlernen."

Sie schwieg über eine längere Zeit und dachte, was er wohl meine. Sie hatte schon ihre Freunde verlassen und all die Männer, die sie anbeteten, ebenso ihr Schloss mit allen Kostbarkeiten. Was könnte sie mehr aufgeben, um ihm zu folgen?

Das sprach er, „Magdalena, ich liebe meine Jünger und sie lieben mich. Um der Liebe willen werden sie alles aufgeben, was ihnen im Wege steht.

Magdalena nahm seine Worte ruhig auf. Als sie an ihre letzte Beziehung dachte, kam ihr eine Frage in den Sinn. Sie erwartete keine

Antwort, fragte aber trotzdem: „Was ist Liebe und wie kann ich sie kennenlernen?“

Jesus sagte: „Ich werde dir den Weg zeigen zu lieben. Ich liebe meine Jünger und sie lieben einander. Durch diese Liebe werden andere erkennen, dass du meine Jüngerin bist.“

Magdalena blickte zu den Jüngern herüber, die um einen Feuerplatz versammelt waren, sie aßen und sprachen miteinander. In einer anderen Gruppe waren die Heiligen Frauen mit der Heiligen Jungfrau tief im Gespräch. Solche Freude und Strahlkraft war in ihren Gesichtern. Magdalena konnte die Liebe fühlen, die zwischen ihnen webte. Sie konnte Jesus Liebe für seine Jünger fühlen.

Jesus legte seine Hand auf ihren Kopf, schloss seine Augen und erlaubte, dass Liebe von ihm zu ihr strömte. Sie fühlte sie in ihr Herz dringen, als ob die Sonne dort scheine. Sie beugte sich vor und küsste seine Füße, dann wand sie sorgfältig ihren Schleier um ihr Gesicht und lächelte.

„Danke“, flüsterte sie. Ihr Herz war voller Freude.

Die Versöhnung mit Martha

Magdalena stand auf und ging hinüber zu Martha, die damit beschäftigt war, einen Korb zu reparieren. Martha blickte auf und sah augenblicklich die Liebe in Magdalenas Gesicht. Auf Marthas Gesicht drückte sich reine Freude aus. Magdalena blickt einige Augenblicke in ihre Augen und fühlte die ganze Schwierigkeit der Vergangenheit. Sie hatte ein plötzliches klares Bild, wie Martha immer wieder versucht hatte, nach ihr zu gucken, um sie zu beschützen, sie zu führen – während sie Martha nur zurückgestoßen hatte, wobei sie mehr verurteilte als liebte. In diesem klaren Augenblick wurde ihr bewusst, dass Martha sie geliebt hatte. All dies brauchte nicht laut ausgesprochen zu werden, Martha wusste, dass Magdalena schließlich ihre Liebe spürte. Die Liebe zwischen ihnen wurde als Geschenk von Jesus wieder hergestellt. Sie umarmten sich und Martha sagte: „Ich sehe, du bist ein Jünger geworden, denn ein Jünger ist einer, der mit Jesu Liebe lieben kann. Ich kann seine Liebe in dir fühlen.“

Magdalena rief: „Oh, Martha! Ich sehe jetzt, dass du mich immer geliebt hast. Vergib mir, dass ich das nicht früher angenommen habe.“

„Sei ohne Sorge – Liebe wird alles wieder herstellen, was in der Vergangenheit verloren ging!“ Martha wusste dies, denn sie hatte auf ihren Reisen mit dem Meister oft die Wunder der Vergebung beobachtet.

Magdalena ging durch den Kreis der Jünger. Sie wollte jetzt in ihrem gewandelten Zustand, in dem sie solche Liebe fühlte, jeden einzelnen sehen. Einige von ihnen blickten auf und lächelten, ein wissendes Lächeln. Dann sammelten sie sich zu einem abendlichen Gespräch. Johannes sang in einer lebendigen, fast humorvollen Weise den Öffnungsvers eines Psalms, *Der Herr des Feldes ist gekommen, er wird das Feld vorbereiten!* Daraufhin antworteten die anderen: *Der Herr ist gut, er sät die Saat!* Und dies setzte sich vergnüglich für eine Weile so fort – ein Lied über den Sämann, der die Saat ausbringt und das Gute erntet.

Von dieser Zeit an wollte Magdalena, dass ihre Arbeit, die der Liebe sei: Liebe dahin zu bringen, wo sie noch nicht war, um anderen zu helfen, Liebe zu finden, die sie verloren hatten. Sie wurde Jesu meist geliebte Jüngerin, weil sie willens war, alles niederzulegen, was im Wege stand und Liebe zu empfangen. Schließlich nahm sie Jesu Liebe tief in ihr Herz auf.

XVI

Ich war wieder im Heiligen Land. Vor mir stand ein Garten mit Olivenbäumen, die in Nebel gehüllt waren. Die Luft war kühl. Ein Pfad führte durch die Bäume und wenige Schritte voraus sah ich Jesus warten, sein Atem hing in kleinen Wolken in der Luft. Magdalena lief munter den Pfad abwärts zu ihm, ihre Hände steckten unter den Falten des Mantels. Sie schritten gemeinsam den abschüssigen Pfad zu einem niedrig gelegenen Gebäude.

Kürzlich hatte ich diesen Platz in einer Vision gesehen, in der Jesus von Liebe gesprochen und den samaritanischen Jungen vor die Menge gestellt hatte.[11] Die zwölf Jünger und die Heiligen Frauen waren in dem warmen Gebäude versammelt. Magdalena fühlte sich immer noch unsicher und wickelte demütig ihren Schleier um das Gesicht. Ich verstand, dass sie sich aus vollem Herzen entschieden hatte, dem Meister zu folgen, nachdem sie schließlich von den sieben Dämonen geheilt worden war, aber sie fühlte sich noch verletzlich – wie ein Neugeborenes, das Zuwendung und Nahrung braucht, um zu gedeihen.

Die neue Zusage der Liebe

Jesus stand, um zu sprechen. Es war eine große Kraft in seiner Stimme. Indem er seine Arme zu der Menge hin ausgebreitet hielt, als ob er alle Anwesenden in seiner Umarmung sammeln wollte, sagte er:

---

[11] Bezug zu Kapitel VI

„Dies ist der Anfang von meinem Reich auf Erden, das unter der neuen Zusage eingerichtet sein wird, einer Zusage von Liebe. Ich bin nicht gekommen, das Gesetz aufzuheben, sondern um Liebe in das Gesetz zu bringen."

Seine Worte waren flüssiger als alle, die ich finde, um diese Botschaft zu überbringen.

„Jene von euch, die zu starr sind im Gesetzesglauben, mögen sich im Widerstreit mit meiner Liebe finden; und wenn ihr fortfahrt, mir zu folgen, werdet ihr es nötig haben, von eurem unerbittlichen Festhalten am Gesetz befreit zu werden. Ihr werdet dieses ablegen und mir vertrauen, andernfalls könnt ihr mir nicht bis zum Ende folgen. Wenn ihr mir vertraut und Liebe in euch wirken lasst, so werdet ihr zusammen mit dem Gesetz mich darin unterstützen, das Gottesreich vorwärts zu bringen und es hier auf der Erde zu dieser äußerst wichtigen Zeit in der Weltgeschichte einzurichten."

Er machte eine Pause, um seine Worte in ihre Herzen sinken zu lassen und fuhr dann fort:

„Ihr werdet die Härte des Gesetzes anzuschauen haben. Das Böse wird versuchen, die Lehren, die ich euch geben werde, in Frage zu stellen – das Gesetz zu erfüllen und mich zu verlassen. Ihr könnt sogar versucht werden, mich zu verraten. Die meisten von euch sind unterrichtet und gehalten worden im Gesetz."

Bei diesen letzten Worten blickte er mit einem leichten Lächeln auf Magdalena, weil er wusste, dass sie die meiste Zeit ihres Lebens außerhalb des Gesetzes gelebt hatte. Sie lächelte zu ihm zurück.

„Aber ich werde euch zu einem größeren Verständnis des Gesetzes und der Liebe des Vaters bringen. Ihr werdet es verstehen und Zeuge der Liebe des Vaters sein. Denkt ab nun an den Vater als ein Wesen der Liebe. Tatsächlich, er erlaubt dem Urteilsspruch erfüllt zu werden. Er erlaubt dem Gesetz erfüllt zu werden, aber er ist ein gnädiger Gott. Einige von euch haben schon seine große Barmherzigkeit erlebt."

Magdalena zu Füßen Jesu sitzend

Und wieder blickte er auf Magdalena. Sie stimmte zu. Sie hatte wirklich die große Barmherzigkeit Gottes erfahren. Als er sprach, konnte sie fühlen wie sich Gottes Liebe auf sie niedersenkte. Sie neigte ihren Kopf und weinte leise unter ihrem Schleier – so groß war die Macht von Gottes Liebe, die in sie strömte, als sie mit ihrem Herzen Jesu zuhörte.

„Es ist eine große Barmherzigkeit in allem, was euch begegnet auf Erden, obwohl es manchmal schwierig für euch ist, es zu verstehen, es zu sehen oder zu erkennen. Wenn aber eure Trübsal vergangen ist - wenn ihr darüber nachdenkt, was ich auch sage - werdet ihr entdecken, dass Gnade selbst in eurer Trübsal gegenwärtig war. Und ihr mögt die Engel fragen, euch die Gnade zu zeigen, von der ich spreche. Ich möchte nicht nur, dass ihr von der Gnade wisst, die ihr ständig von Gott empfangt, sondern ich ermahne euch, jene Gnade jetzt auch euren Mitmenschen zu schenken."

Dies war für die meisten in dem Raum ein neuer Gedanke. Nachdem er dies gesagt hatte, machte Jesus wieder eine Pause, um ihnen Zeit zu geben, über seine Worte nachzudenken. Sie stellten sich viele verschiedene Situationen vor, die sich in der Vergangenheit ereignet hatten; und dann stellten sie sich selbst vor, Gnade zu schenken, wo sie Unrecht erlebt hatten und dachten dann, wie schwierig es sei, sich zu ändern.

Nachdem Jesus ihnen eine Zeit des Nachdenkens gewährt hatte, sagte er: „In eurer Gesellschaft zeigt die Waage zu kräftig auf die Seite des Gesetzes. Jetzt werden wir zusammen die Schalen auf die gleiche Ebene bringen, wenn wir Liebe und Frieden bringen. Ich will euch den Weg zeigen – den Weg der Liebe – wenn ihr mir weiter folgen wollt. Aber die Straße vor uns wird schwierig sein. Ihr werdet wegen mir verlacht und selbst getötet werden."

Hier blickten sich die Jünger einander unsicher an, während sie sich innerlich fragten, ob sie wohl stark genug seien, ihr Leben für seine Mission zu geben. Sie dachten an den Täufer und wie er ermordet worden war – und ein Frost ging ihnen durch die Herzen.

Jesus sprach dann: „ Ich werde nur noch eine kleine Weile bei euch sein, aber gemeinsam werden wir mein Werk vollbringen, welches das Werk des Vaters ist. Es ist das Werk göttlicher Liebe. Und die Liebe ist es, durch die ihr gerettet werdet. Liebe ist die Macht und Kraft, die rettet. Derjenige, der die Welt voller Liebe verlässt, wird in einer himmlischen Wohnstatt empfangen. Derjenige, der nicht liebt, wird es kalt haben im zukünftigen Leben. Denkt nicht, ihr wäret unfähig der Liebe. Wenn ihr mit mir geht, werdet ihr mehr und mehr fähig werden zu lieben. Ihr werdet überrascht sein, wie stark die Liebe in euch wachsen kann, bis ihr in der Lage seid, selbst den Ungehörigsten der Menschen zu lieben. Denn ihr werdet alle Menschen als eure eigenen Brüder und Schwestern sehen; und ihr werdet sie lieben können, so wie ich euch liebe. Aber wir müssen in unserem eigenen Kreis beginnen, den wir heute Abend hier versammelt haben. Wenn ihr euch im Raum umseht, so würden einige von euch auf der Seite des Verurteilens sitzen und einige auf der Seite derer, die in den Augen eurer Kultur Verurteilung *verdienen* würden – und tatsächlich habt ihr bereits geurteilt und seid verurteilt worden während wir hier saßen."

Nathanael unter dem Feigenbaum

Magdalena hatte tatsächlich schon die Verurteilung durch einige im Raum gefühlt. Sie blinzelte nach der Seite hin zu der schönen Dinah[12] und fühlte Kummer um ihretwillen – denn Dinah war eine bekannte Sünderin.

Jesus sprach: „Gelegentlich werdet ihr euch gegenseitig in meinem Licht sehen können. Ihr werdet mein Licht in dem anderen erblicken können, weil mein Licht in jedem von euch ist. Macht euch keine Sorge, dass es jetzt noch nicht so ist. Habt Geduld, während das Licht in euch zunimmt. Ihr seid alle auserwählt – ich habe euch erwählt. Ich habe euch gerufen, mir zu folgen, denn eure Gaben sind beim Aufbau des Königreich Gottes sehr hilfreich für mich. Und selbst wenn ihr nicht wisst, welche Gaben ihr bringt, ich kenne sie und sehe sie."

Jesus blickte auf Nathanael, der am Ende der linken Seite des Tisches saß, und lächelte. Nathanael dachte darüber nach, wie er unter dem Feigenbaum gesessen hatte, als Jesus an ihm vorbeiging und sagte: *Ich kenne dich* – und wie abwegig es war, dass Jesus dies zu ihm sprach. Aber in dem Augenblick hatte Nathanael ungeheure Liebe empfunden und wusste, dass er wahrhaft *gesehen* worden war.

Dann sagte Jesus zu jedem in dem Kreis: „Ich kannte euch, bevor ihr geboren wurdet." Er hielt inne.

Thomas fragte: „Wie kann das sein, Herr?"

---

[12] Dinah, die Samaritanerin war bekehrt zur Zeit ihres Gespräches mit Jesus am Jakobs Brunnen (Joh. 4, 4-42). Ihre jüdische Mutter hatte einen heidnischen Vater geheiratet und Dinah entstammte dieser Ehe. Sie lebten in der Nähe von Damaskus, beide Eltern starben, als Dinah noch jung war. Später hatte Dinah fünf Ehemänner, einen nach dem anderen. Aus diesen Ehen hatte sie zwei Söhne und drei Töchter, die bei Verwandten blieben, als Dinah Damaskus verließ. Zur Zeit ihres Gespräches am Jakobs Brunnen lebte sie mit einem Mann, der mit einem ihrer Ehemänner verwandt war. Er war ein reicher Kaufmann in Sychar. Die Tatsache, dass die beiden nicht verheiratet waren, war den Leuten in Sychar nicht bekannt, die Dinah wegen ihrer Intelligenz, Schönheit und guten Natur hoch schätzten. Nach ihrer Bekehrung stieß sie zu dem Kreis Heiliger Frauen und der Heiligen Jungfrau und war eine der fleißigsten Helferinnen in der Gemeinschaft.

Und Jesus antwortete: „Ich wählte euch vor diesem Leben zu meinen Jüngern. Ebenso wie ich Johannes den Täufer wählte, den Weg vor mir zu bereiten, so wählte ich euch als meine Jünger – das ist ein Geheimnis, das ihr eines Tages erkennen werdet."

Bei diesen Worten fühlte jeder Anwesende Achtung und Verehrung für jeden in der Gruppe.

Jesus betet für seine Jünger

Jesus sagte dann, dass er beten wolle und bat jeden, die Hände zu falten. Er kniete in der Mitte des Kreises, betete und sprach: „Vater, ich empfehle diese Seelen Dir und Deinem Werk. Sie sind es, die ich auserwählt habe und ich wählte sie in Deinem Namen, und sie werden mich erhöhen und sie werden auch sich selbst erhöhen. Weil sie Dich und Deine große bleibende Liebe erkennen, stelle die Engel schützend um sie, bis ihr Werk vollendet ist. Gib ihnen die Worte, die sie sprechen sollen, segne sie mit der Stärke, Deinen Willen zu tun, segne sie auch mit dem Schutz gegen den Widersacher. Möge Friede herrschen bei allen gegenwärtigen Gliedern in dieser Gemeinschaft, auf dass sie sich gegenseitig lieben wie ich sie liebe und wie Du uns geliebt hast."

Als Jesus betete, sah ich überall um die Männer und Frauen Engel stehen, als ob sie in einem strahlenden Zylinder von Licht stünden. Nachdem er das Gebet beendet hatte, gab es Abendbrot. Als die Vorbereitungen hierfür getroffen waren, zog Jesus Magdalena beiseite in eine Ecke des Raumes, der mehr privat war. Er sprach zu ihr: „Magdalena, dein Herz ist dankbar für einige Dinge, aber doch kummervoll auf der anderen Seite. Möchtest du deine Gedanken mit mir teilen?"

Sie sagte: „Ich freue mich über die Lehren dieser neuen Art der Liebe und ich möchte diese Liebe für die ganze Menschheit fühlen; Ich bin bereit dir zu folgen, wo auch immer der Weg mich hinführen wird.

Aber als du sprachst, habe ich in meiner Seele etwas gesehen wie einen Traum, obwohl ich gar nicht schlief."

Sie pausierte und fragte sich, ob sie fortfahren solle. Jesus schien für das offen zu sein, was sie sagen wollte, so fuhr sie fort.

„Ich sah, dass dir etwas angetan würde, aber ich weiß nicht unter welchen Umständen oder wann dies sein wird. Aber ich habe Angst für dich. Ich fürchte, dieser Weg kann nur zu dem gleichen Schicksal wie dem von Johannes dem Täufer führen. Du könntest ergriffen, gefangen, misshandelt und getötet werden. Bitte sag mir, dass meine Traumgedanken nicht wahr sind! Selbst wenn es aber so sein sollte, will ich doch meinem Meister folgen."

Jesus sprach: „Nur Gottes Wille soll durch mich wirken, Magdalena. Du musst Gottes Willen vertrauen und daran denken, dass der Vater ein liebender Gott ist. Erinnere dich auch, was ich euch über Gnade gelehrt habe. Habe keine Angst, Magdalena. Vertraue mir und bleibe bei mir."

Sie antwortete: „Ja, Herr. Mein Herz ist jetzt mit dir und ich will mit dir bis zum Ende bleiben."

Als sie ging, um zu den anderen zu gelangen, war das Gefühl in dem Raum Licht; jeder fühlte eine tiefere Liebe für den andern.

Als Jesus später mit Magdalena die Straße entlangging, sagte er zu ihr: „Magdalena, du hast die Sehergabe. Sie wird in dir wachsen. Fürchte sie nicht, sie ist eine Gottesgabe. Du wirst in der Lage sein, über das, was die meisten sehen und wissen können, hinauszusehen und zu wissen. Gehe jetzt hin in Frieden."

Sie verließ ihn dann mit einem Gefühl der Erregung für das Kommende. Aber das Gefühl war auch gemildert durch das, was vielleicht an Schwerem vor ihnen stand.

An der Seite Jesu zu gehen ist nicht einfach für die, die ihr Herz ganz seinem Werk hingeben. Sie mögen von anderen verurteilt werden. Aber es ist ein Weg des Lichtes; ein Weg der Liebe. Wenn wir uns bemühen, jeden um uns zu lieben, empfangen wir immer mehr von Christi Licht und seiner Liebe – sie wächst in unseren Herzen. Und wenn wir aus diesem Leben scheiden, sein Licht und seine Liebe werden unsere himmlische Wohnstatt sein. Denn seine Liebe überdauert alle Dinge. Seine Liebe überschreitet Zeit und Raum. Es ist eine ewige Liebe.

Als die Vision sich ihrem Ende näherte, sah ich mich selbst in einem Feld stehend. Ich arbeitete mit den verschiedensten Menschen, das Feld vorzubereiten und freute mich an der Arbeit. Ich wusste, dass ich dies sah, weil mein Herz mit der ganzen Menschheit verbunden sein möchte und mit jedem arbeitet, der hilft, die Erde zu erheben.

XVII

Abendessen Jesu mit Martha, Magdalena und Lazarus

Ein Engel erschien mir, als ich gerade in die Vision eintrat. Wir reisten zusammen durch wunderbare Lichtstrahlen. Aus dem Licht kommend fand ich mich auf einem Marktplatz im Heiligen Land neben Magdalena, die Gewürze und Kräuter kaufte und sie sorgsam in den Korb legte, den sie am Arm trug. Sie war einfach gekleidet und ihr Herz war licht, als sie mit einem Kaufmann schwätzte. Ihre Seele jubilierte, denn der Meister würde an diesem Abend beim Abendessen mit der Familie im Hause in Bethanien dabei sein, wo Martha lebte.

Martha hatte es übernommen, mit Bediensteten die Vorbereitungen für das Abendessen zu übernehmen. Magdalena wollte hilfreich sein und hatte die Kräutervorräte in der Küche betrachtet und für nicht gut genug befunden, so war sie zum Markt gegangen, um frischere zu finden. Insgeheim auch deshalb, weil sie gehen wollte, um ihr Herz zu beruhigen und sich zu sammeln. Der Gedanke, dass Jesus in das Haus kommen würde, ließ ihr Herz fast springen – so voller Liebe war sie – aber sie brauchte etwas, um sich zu beruhigen. Martha freute sich, dass sie sich entschieden hatte, zum Markt zu gehen.

Bei ihrer Rückkehr übergab Magdalena Martha den Korb mit den Kräutern. Martha bemerkte, dass das Gesicht ihrer Schwester errötet war. Magdalena bat um eine Zeit für sich, da sie nicht wusste, wie sie ihre Gefühle beherrschen sollte und ging in ihr Zimmer. Sie lag auf ihrem Bett und starrte an die Decke. Sie bemerkte ihr Herz. Sie fühlte ihr Herz mit hemmungsloser Erwartung wie auf dem Weg zum Haus von Lazarus – dem Weg, den Jesus in dem Moment gerade wanderte! Sie wünschte nichts sehnlicher als ihn zu sehen und konnte gar nichts anderes denken.

Es dauerte nicht lange, als Jesus mit seiner Reisegesellschaft an der Tür erschien. In einem inneren Alkoven half ein Diener Jesus aus seinen Sandalen und bot ihm duftendes Wasser, um die Füße damit zu waschen.

Magdalena fühlte seine Gegenwart im Augenblick seiner Ankunft. Sie musste sich selbst zurückhalten, wollte keinen kühnen Auftritt erleben. Sie stand auf und ging ruhig, um Martha und Lazarus zu treffen, die Jesus schon begrüßten.

Lazarus begleitete Jesus und seine Jünger zu ihren Quartieren, während Martha in die Küche zurückkehrte, wo sie mit den Helfern die Mahlzeit bereitete. Magdalena wusste nicht, was sie mit sich anfangen sollte. Sie stand in der Nähe des Wohnraums und blickte auf Jesus, der sich in seine Räume zurückzog.

Ein unstillbarer Hunger, Jesu Worte der Weisheit zu hören, wallte in ihr auf. Sie betrat den wunderbar hergerichteten Wohnraum und setzte sich, um zu warten. Die Decke war gewölbt und schön gestrichen. Exquisite Textilien lagen ausgebreitet über den Sitzkissen. Fein gewebte Decken bedeckten den Boden. Auf einem kleinen Tisch neben Magdalena stand eine kleine goldene Skulptur. Der Tisch war mit einem cremefarbenen Linnentuch bedeckt, das blau eingefasst war.

Als Magdalena auf Jesu blickte, senkte sich ein tiefer Friede auf sie, beruhigte ihre Seele und nahm ihr jede Ängstlichkeit, die sie noch hegte.

Sie fühlte sich jetzt vorbereitet, ihn zu empfangen. Sie fühlte sich in einer freieren Art als bisher offen, mit ihm zu kommunizieren. Sie trat in einen höheren Bewusstseinszustand ein, mehr als alle anderen in dem Haushalt – denn sie wusste von seiner mächtigen Gegenwart bis ins Innerste ihres Wesens. Natürlich fühlten alle im Haus seine Liebe zu ihnen, und dementsprechend fühlten sie auch eine tiefe Liebe zu ihm, verbunden mit großer Achtung und Bewunderung. Seine Ankunft war ein Grund zum Feiern. Es war eine freudige, besondere Gelegenheit! Aber Magdalena empfand darüber hinaus noch etwas ganz anderes: Sie war erfüllt von reinem Wissen, kindlichem Glauben und Unschuld.

Martha betrat das Wohnzimmer und sagte zu Magdalena: „Könntest du in die Küche kommen, um das Tischdecken zu überwachen? Wir möchten es für Jesus schön machen und du kannst das besonders gut."

Martha hatte tatsächlich beobachtet, dass Magdalena in einen Traumzustand geschlüpft schien und hatte Angst, dass sie in eine unkontrollierbare Haltung geraten könnte. Sie hoffte, sie mit einer sie stabilisierenden Aufgabe abzulenken. Die Küchenarbeit wäre gerade eine solche Aufgabe, und so hatte sie Magdalenas Unterstützung erbeten. Magdalena konnte Marthas gute Absichten fühlen und mit vollem Verständnis und einem warmen Lächeln sagte sie zu ihr, dass sie ihr in wenigen Augenblicken helfen würde. Martha kehrte in die Küche zurück. Sie fühlte wie immer eine unnötige Last der Verantwortung für Magdalenas Gefühle, in Sorge darüber, was Magdalena wohl tun würde. Mit verspannten Händen knetete sie ihre Frustration in den Teig auf dem Brotbrett vor sich.

Die Frucht ewigen Lebens

Magdalena lächelte in sich hinein, tief in Gedanken versunken, während sie die Quasten an dem Linnentischtuch vor sich berührte. Plötzlich stand Jesus neben ihr, sein Gesicht strahlte mit einem warmen Lächeln. Sie stand achtungsvoll auf, um ihn zu begrüßen. Sie tat es in einer formalen Weise, indem sie ihren Kopf geneigt hielt und keinen Blickkontakt nahm, aber auf ein Kissen deutete, damit er sich setze.

Sie saßen für eine ganze Weile schweigend da. Jesus erlaubte Magdalena so viel sie wünschte, in seiner Gegenwart zu sein. Sie kommunizierten miteinander auf einer anderen Ebene, als die, die den meisten Menschen zugänglich ist, die sich häufig gegenseitig verschlossen bleiben, wegen der Mauern, die sie um ihre Herzen gezogen haben. Mit Jesus konnte Magdalena aber frei kommunizieren, ihn einfach aufnehmen, während er sie aufnahm.

In diesem stillen Zustand seiner liebenden Gegenwart, kamen viele Emotionen an die Oberfläche ihrer Seele und wurden befreit. Auch viele Fragen tauchten auf und viele verwirrte Gedanken – aber auch sie wurden gelöst, bis ihre Seele endlich frei und still war. Als sie die Stille umfing, war sie schließlich bereit, Jesu Worte aufzunehmen und dann fing er auch zu sprechen an.

Er fragte sie: „Wer meinst du, dass ich sei?" Seine Augen blickten in die Tiefe ihrer Seele und sie ließ es zu.

Sie neigte ihren Kopf als das Wissen in ihr Bewusstsein trat oder vielmehr in ihr hochkam. Ihr wurde ein Bild von einem erhabenen, feurigen Baum gezeigt – strahlender als alles, was sie bisher gesehen hatte. Der Baum war voller leuchtender Früchte. Sie sagte zu ihm: „Ich sehe, dass du die Frucht des Baumes des ewigen Lebens bist."

Er nickte mit dem Kopf und sie setzte fort: „ Du wirst der ganzen Menschheit Unsterblichkeit bringen."

Dann sah sie ein anderes Bild: Üble Männer, Soldaten auf Pferden, gingen zum Baum. Sie schlugen ihn mit dunklen Sicheln nieder. Die Frucht fiel auf den Boden, aber die Männer kümmerten sich nicht darum. Magdalena sah, wie sich die Frucht glühend rot verfärbte und daraus wie große Blutstropfen zu Boden fielen. Wohin sie auch trafen, da wurde die Erde geheilt und saftig und grün.

Sie blickte auf zu Jesus, wählte ihre Worte sorgfältig und sprach; „O mein Meister, böse Männer werden versuchen, dich aufzuhalten! Obwohl mir dieses Wissen viel Kummer bringt, sehe ich, dass am Ende Gutes aus dem Geschehen entstehen wird – dass die Erde geheilt wird! Aber ich verstehe nicht alles, was ich sehe."

Das Bild schwand aus ihrer Sicht. Sie öffnete ihre Augen und blickte Jesus durch ihre Tränen an. Er sprach zu ihr: „Ich habe dir ein großes Geheimnis enthüllt, das du jetzt noch nicht verstehst, aber du wirst zum Verständnis des Mysteriums kommen, das ich für die Menschenkinder tun werde."

Dann schwieg er für eine Weile und sie ebenfalls.

Magdalena fühlte sich absolut sicher ihres Rufes, als ständige Gefährtin bei Jesus zu bleiben. Sie wusste, dass sie bei ihm bleiben würde – was auch immer kommen würde.

Während der folgenden kurzen Zeit des gemeinsamen Schweigens, erschienen verschiedene Diener am Eingang des Wohnraumes. Auch sie wollten in der Gegenwart Jesu sein. Magdalena blickte auf und als sie bittende Blicke in ihren Gesichtern sah, forderte sie sie auf, sich auf den Boden zu setzen. Dann kamen andere Diener aus verschiedenen Teilen des Hauses, die Jesus auch hören wollten. Auch sie wurden eingeladen, Platz zu nehmen. Auch Lazarus erschien und setzte sich neben Jesus.

Es dauerte nicht lange und Martha war alleine in der Küche, denn die Diener hatten sich einer nach dem anderen entfernt, um den Meister sprechen zu hören. Niemand im Haus dachte an das Abendessen – sie waren nur auf die Worte Jesu hungrig. Und so sprach Jesus zu ihnen.

Er sprach von dem himmlischen Reich. Er lehrte von der Welt im Geiste, sprach ihnen von den Engeln und deren Wirken. Sie sehnten sich danach zu hören, was jenseits der menschlichen Existenz wäre. Er belehrte sie über das Reich seines Vaters. Er lehrte sie über das Prinzip, dass Taten, die auf der Erde vollführt sind, dazu dienen, Wohnstätten im Reich des Geistes zu gestalten. Er sprach zu ihnen: „Was auch immer auf der Erde gesät wurde, Gutes oder Böses, wird eure Wohnstätte hiernach. Wenn ihr Schönheit, Güte, Geduld und Barmherzigkeit sät, so werdet ihr euch in einem wunderschönen Reich finden, nachdem ihr diese Welt verlassen habt. Dies geschieht entsprechend der Gerechtigkeit und der Gnade des Vaters."

Diese Worte löschten den Durst ihrer Seelen. Einige von ihnen konnten in ihrer Seele Bilder sehen von dem, worüber er sprach. Magdalena saß zu seinen Füßen als er redete. Sie fühlte eine große Liebe zu allen in dem Raum – eine Art mütterlicher Liebe, denn sie freute sich so, dass sie ihre Arbeit hatten ruhen lassen, um ihn zu hören.

Magdalena und Lazarus empfangen einen Segen.

Nachdem einige Zeit vergangen war, erschien Martha an der Tür des Raumes, in dem Jesus sprach. Sie war fast außer sich vor Ärger, fühlte sich überwältigt und verlassen. Sie wünschte sich alles perfekt für ihn, war aber in der Küche vollkommen allein gelassen worden. Verstimmung hatte ihr Herz ergriffen und sie dachte, dass Magdalena wohl hinter dem allen stecke, dass sie alle von ihren Pflichten abgezogen und ihnen Erlaubnis erteilt habe, Jesu Lehren zu lauschen.

Mit beherrschter Spannung in ihrer Stimme sagte sie zu Magdalena: „Magdalena, habe ich nicht deine Unterstützung erbeten? Du hast mich mit all der Arbeit alleine gelassen!"

Magdalena blickte liebevoll zu ihr auf, denn das war es, was sie in dem Augenblick für Martha empfand. Jesus blickte auf Martha, ebenfalls mit großer Liebe und sprach zu ihr: „Sei unbesorgt, Martha. Alles wird gut werden. Magdalena hat den besseren Teil erwählt." Und dann sagte er, indem er auf alle anderen in dem Raum wies: „Alle diese sind gekommen, damit ihr Hunger gestillt werde."

Martha war traurig bei diesen Worten, denn sie wollte nur ihren Wunsch erfüllen, ihm zu dienen. Weil Jesus dies wusste, sagte er: „Martha wir werden doch an deinem Mahl teilnehmen und wir werden es mit großer Dankbarkeit tun." Dann sprach er zu den Dienern: „Geht nun zu Martha. Geht und helft ihr."

Und so gingen die Diener und ließen Magdalena und Lazarus mit Jesus allein.

Er sprach zu ihnen, zuerst zu Lazarus: „Du bist mein geistiger Bruder", und dann zu Magdalena: „Du bist meine geistige Schwester."

Er hielt seine Arme weit ausgestreckt, als wolle er sie beide umarmen.

„Ich habe euch aus der Welt ausgewählt. Ihr habt mich gesehen und kennt mich und deshalb sind wir eins und ich werde große Dinge vollführen durch euch beide."

Dann legte er seine Hände auf ihre Häupter und segnete sie mit einem süßen Segen, weihte sie für sich und sein Werk. So wurden ihre Herzen mit dem seinigen geweiht.

Später blickten Magdalena und Lazarus einander an und fühlten sich eins. Sie kannten sich im Lichte des Christus und waren in geheimnisvoller Weise aufeinander abgestimmt. Auf die Dauer würde sich ihre Beziehung als Bruder und Schwester zu einer solchen Einheit vertiefen, dass sie sich über alle Familienbande hinaus als verwandt empfanden. Jesus verlieh ihnen die Fähigkeit, dass sie auf einer tiefen Seelenebene, so wie er mit ihnen, Zwiesprache halten konnten. Diese Fähigkeit entwickelte sich erst im Laufe der Zeit.

Später tauchte in Magdalenas Herz die Frage auf, warum Martha nicht mit ihnen anwesend war, um den Segen zu empfangen. Jesus lächelte und sagte: „Ich habe Martha für eine andere Aufgabe vorgesehen. Sie hat auch einen edlen Pfad vor sich, aber er ist anders als eurer."

Seine Worte besänftigten unmittelbar Magdalenas Herz.

Dann wurden alle zum Essen gerufen. Sie gingen mit großer Freude zu Tisch. Der ganze Haushalt war guter Stimmung und fühlte tiefe Zufriedenheit. Martha war ausgeglichen, zufrieden und friedlich, als sie die Diener anwies, dem Meister das Essen zu servieren. Das Mahl war ein andachtsvolles. Es war eine solche Liebe anwesend, dass es zu einem Festmahl der Liebe wurde. Alle Anwesenden waren erbaut und erfüllt.

Jesus in den Hügeln wandernd in der Nähe des Schlosses von Lazarus

Danach suchte Martha Gelegenheit, wie sie auch mit Jesus näher in Verbindung kommen könnte, um ihn tiefer aufzunehmen, ebenso wie sie gesehen hatte, dass Magdalena ihn aufnahm. Aber sie machte dies auf ihre eigene Weise. Ihr Glaube wuchs ebenso wie ihr Wunsch, ihm zu dienen.

Von dieser Zeit an wurden Magdalena und Lazarus die besten Freunde Jesu, in denen und durch die er wirken konnte; es könnte noch viel mehr über ihre Beziehung zu ihm erzählt werden.

Der Heilige Christopherus kam für mich am Ende der Vision. Ich erzählte ihm, dass ich Magdalenas Demut erlebt hätte. – Ich wusste, dass sie nun erkannt hatte, dass sie jetzt in der Gegenwart eines hohen Wesens wäre. Als er mich über den Fluss trug, sah ich den Baum des Lebens auf dem anderen Ufer. Ich sah, dass der Baum des Lebens ewig ist und nicht umgehauen werden kann. Seine Frucht verkümmert und stirbt nie. Sie ist immer da. Ich liebe den Baum des Lebens!

XVIII

Magdalena hungert nach dem Wort

Magdalena war in ihrem Zimmer. Verschiedene heilige Texte lagen um sie her verteilt. Sie hatte seit Stunden über ihnen gebrütet. Einige waren Papyrusrollen und andere kleine Bücher, die auf Wachstafeln gedruckt waren. Sie hatte in jungen Jahren gelernt, ihre eigene Sprache zu lesen und war auch in Hebräisch und Griechisch unterrichtet worden. Sie war unerbittlich dabei, auch ägyptisch zu lernen und hatte es erreicht, einen bestimmten Mann zu überzeugen, sie darin zu unterrichten und zwar zu einem Grad, der weit über das hinausging, was Kinder im Schulalter zu lernen Gelegenheit hatten. Privat verbrachte sie tagelang in ihrem Zimmer und strebte nach spiritueller Erkenntnis. Sie hatte einen intensiven Hunger nach dem Wort.

Vor allem wollte sie die Schöpfung verstehen und den Sündenfall. Obwohl sie sich noch nicht ganz ihrer Absicht bewusst war, suchte sie den Sündenfall der Menschheit zu verstehen als einen Weg, der ihr half, ihren eigenen Fall zu verstehen, was konnte es sein, das sie auf einen solchen verderbten Weg gebracht hatte, dass es ein Wunder brauchte, um sie zu retten. Ihre beklemmendste Frage war: *Wer ist dieser Jesus Christus?* Sie konnte sehen und erkennen, dass es nichts Gefallenes um ihn gab und dies verursachte in ihr die Frage nach seinem Ursprung. *Woher war er gekommen?* Er war von einer Frau geboren, wieso hatte er keine gefallene Natur?

Magdalenas Gedanken richteten sich dann auf die Heilige Mutter, von der sie wusste, dass sie auch eine besondere Art von Mensch war.

Wer ist diese Frau? Warum hat der Sündenfall anscheinend kaum eine Wirkung auf sie?

Sie waren die einzigen beiden Individualitäten, denen Magdalena je begegnet war, welchen anscheinend jede gefallene Natur fehlte. Sie dachte über ihre eigene Weltlichkeit nach, über all die Dinge, die sie in der Vergangenheit gemacht hatte, die sie weiter und weiter von Gott wegführten. Sie schüttelte ihren Kopf und wunderte sich, wie sie je diese Person hatte sein können, die sie war, bevor die Dämonen schließlich aus ihr vertrieben wurden. Sie hatte sich so sehr verändert. Ihre Leidenschaften und Wünsche hatten sie verlassen. Sie konnte nicht länger die Dinge der Welt wünschen, selbst wenn sie es versuchte. Die Pracht, mit der sie noch umgeben war, sprach nicht mehr zu ihr. Sie konnte sich kaum vorstellen, wie sie früher gefühlt hatte. Alles, was sie jetzt begehrte, war, geistig ernährt zu werden.

Der Kelch des Baumes des Lebens

Später, nachdem Jesus seine Ansprache an eine Menschengruppe beendet hatte, fragte Magdalena, ob sie sich von Zeit zu Zeit mit ihm privat treffen könnte, um von ihm zu lernen, wenn auch nur ab und zu für einige Augenblicke. Er sagte ihr: „Magdalena, ich werde dich unterrichten in den Dingen, die du wissen solltest. Ich werde vieles wieder in deine Erinnerung bringen, denn das, was ich dir beibringen werde, wirst du im Gedächtnis behalten."

Als er das sagte, fühlte sie für einen Augenblick, dass sie sich an ihn erinnerte, wenn auch nicht in aller Fülle; sie fühlte nur, dass sie ihn aus einer anderen Zeit, in einer anderen Weise kenne.

Sie sagte: „Herr, ich erinnere mich an dich." Sachte Tränen flossen unaufhaltsam, was Jesus lächeln ließ.

„Magdalena, du wurdest geheilt, weil du erinnert wurdest, denn ich erinnerte mich an dich. Und aus diesem Grund mussten die Dämonen dich verlassen. Du wurdest von jenen Dämonen besessen, weil du dich vergessen hattest; und wie du dein Leben führtest, vergaßt du dich immer mehr. Deshalb übergabst du dich den Dämonen und erlaubtest ihnen, in dir zu wohnen. Ich kam zu dir und gab dir die Kraft der Erinnerung bis in die Tiefen deiner Seele. Deshalb mussten dich die Dämonen verlassen. Kannst du dich selbst erinnern, Magdalena?"

Sie antwortete: „Wenn ich weiß, dass die Person, die ich bin, die jetzt vor dir steht, mein wahres Ich ist, das immer danach hungert, mit deinen Worten gefüllt zu werden, dann kenne ich mich wirklich, Herr. In deiner Gegenwart fühle ich mich heilig, doch gleichzeitig weiß ich, dass ich nichts bin. Ich fühle meine Nichtigkeit, doch sie verursacht mir keine Angst. Die Nichtigkeit, die ich fühle, ist rein. Willst du mich unterrichten, Herr? Willst du mein Meister sein?"

Breit lächelnd antwortete er: „Ich sehe, dass du wirklich hungrig bist danach, mit Geist gefüllt zu werden. Da du gefragt hast, so sollst du empfangen. Du bist die Geringste geworden und deshalb sollst du groß werden. Jetzt habe ich Zeit für dich, lass uns beginnen."

Sie sonderten sich von der übrigen Gruppe, die gekommen war, um ihn sprechen zu hören. Magdalena folgte ihm zu einem Baum. Sie setzten sich unter diesen. Sie war voller Ehrfurcht, dass sie eine gesegnete Zeit mit ihm verbringen sollte, wohl wissend, dass er von allen, die seine Aufmerksamkeit suchten, so eingespannt war. Er fragte sie: „Wo sollen wir anfangen?"

Sie antwortete unmittelbar: „Ich sehne mich danach, die Schöpfung der Welt zu erkennen – zu erinnern."

Sie fühlte eine große Liebe für die Erde und versuchte zu verstehen, wie diese entstanden sei. Als die beiden miteinander sprachen, war es, als ob die Erde zwischen ihnen gehalten würde, wie in einer Wiege tiefer Verehrung und Liebe. Es kam durch Magdalenas große Liebe für die Erde, dass sie etwas aus der Erinnerung zurückerhalten konnte, als Jesus sie unterrichtete. Sie wusste nicht genau, wie das Gedächtnis der

Erde zu jener Zeit in sie floss. Jesus gab es ihr dann, damit es später zu ihrem vollen Bewusstsein gelange.

Er begann seinen Unterricht mit dem, was die Propheten über die Schöpfung der Erde aufgeschrieben hatten, dehnte das nicht nur über die Visionen von Moses aus, sondern auch auf die Lehren anderer Nationen und Völker: die Schöpfungsgeschichten von Indien und Ägypten (einige von ihnen waren ihr schon bekannt) und von anderen eingeborenen Gruppen. Er brachte all diese Geschichten zusammen in ein großes Ganzes. Er enthüllte auch etwas von der Rolle, die er bei der Schöpfung gespielt hatte. Diese Weisheit wurde ihr in einer sehr sanften Weise vermittelt, so dass es für sie nicht zu überwältigend war, es anzunehmen. Sie gingen nicht ein auf die Geschichte der Schöpfung der Menschheit; ihr Gespräch war diesmal nur darauf gerichtet, wie die Erde entstand.

Jesus gab ihr ein Bild, was auf die Schöpfung bezogen war, etwas für sie, um es im Bewusstsein und Herzen zu halten. Es war der Baum des Lebens, der wie ein Kelch geformt war, seine Zweige waren aufwärts gerichtet und umarmten die Erde in der Mitte. Er wies sie an, das Bild im Bewusstsein zu halten. Sie blickte darauf und dann verschwand es, aber die Nachwirkung des Bildes war in der Weise in ihrer Seele abgedrückt, dass sie eins mit ihm wurde. Es war ein Leben in ihr, sie wurde sie selbst. Oder vielleicht besser ausgedrückt, sie wurde es durch diese tiefe Erfahrung.

Ihrer Seele war ein großes Geschenk zuteil geworden, dessen volles Verständnis zu einem späteren Zeitpunkt kommen würde. Sie konnte diese Gabe empfangen, wegen der *Leere* ihrer Seele; sie saß schweigend da und empfing die Gabe, und erlaubte ihr, auf sie zu wirken. Später öffnete sie die Augen, seufzte in reiner Freude und sagte demütig, „Dank dir, Herr, für das, was ich empfing.“

Bevor sie zu den Heiligen Frauen zurückkehrte, küsste sie seine Füße und blickte in seine Augen, die so voller strahlender Liebe waren. Martha traf sie auf dem Weg hinunter zu den Frauen und blickte abfällig auf sie. Indem sie sie beim Arm ergriff, schalt sie: „Magdalena, es ziemt sich nicht, dass du mit einem Mann alleine bist!"

Magdalena neigte ihren Kopf, verbarg ihre Enttäuschung in ihren Augen und flüsterte, „Er ist nicht einfach ein Mann! Ich bitte dich nur, dass du ihn auch so empfängst."

Sie entfernte sich, ging den anderen Frauen voran und wünschte sich, sich in die Einsamkeit zurückziehen zu können, so dass sie alles, was sie gelernt hatte, verdauen könnte. Einige der anderen Frauen kämpften auch mit Eifersucht, denn es schien ihnen, dass Magdalena die Aufmerksamkeit Jesu von ihnen ablenke, und dass Jesus sie ihnen vorzöge. Dies war natürlich nicht so. Sie hatte ihn erwählt.

Als sie zu ihrem einsamen Platz ging, betete Magdalena, dass die anderen Frauen auch von ihm zu lernen suchten – ihn in einer höheren Weise zu erkennen. Sie kehrte zu ihren Studien zurück, gewann Licht und Erkenntnis und war ständig hungrig nach dem Wort.

Von diesem Zeitpunkt an nahm die Liebe für die Erde zu. Sie liebte die Erde selbst in ihrem gefallenen Zustand, denn die Erinnerung ihres Zustandes vor dem Sündenfall lebte auch in ihr. Sie hielt die Erde in ihrer ganzen Größe in ihrem Herzen und diese Liebe würde weiter wachsen, während sie ihre Verbindung zu Jesus Christus vertiefte. Für sie war die Erde einer der Sterne des Himmels. Blickte sie auf zu den Sternen, wusste sie, dass die Sterne die Erde liebten und dass die Erde zu den Sternen gehörte - dass die Sterne über der Erde und all ihre Bewohner wachten.

Dann kam Christopherus zu mir und sprach von der Erde – wie schön sie ist und wie sehr er sie liebe. Zuerst waren wir in einem Boot, um den Fluss zu überqueren. Aber dann sagte ich ihm, wie sehr ich es liebe, wenn er mich trüge, wie er es sonst getan habe. Und so tat er es. Die Sonne fing gerade an aufzugehen und als wir das andere Ufer erreichten, kam sie über den Horizont, ihre Lichtstrahlen überall verströmend.

XIX

Eine Bitte um Heilung

Ich sah eine Gruppe schwacher, niedergeschlagener Menschen. Sie folgten einem Mann, der seine Karre in eine Stadt zog, die gerade vor uns lag. Jemand lag zusammengekauert unter einer Decke in der Karre. Die Dämmerung setzte ein, so dass sie sich schneller bewegten, damit sie die Tore noch erreichten. Die Karre wurde durch die Hauptstraße gezogen und die Reisenden ruhten sich aus, um jeden, dem sie begegneten zu fragen, wo sie Jesus finden würden. Es wurde ihnen gesagt, dass Jesus in einem Haus in der Nähe sei, um dort mit seinen Jüngern zu Abend zu essen. Während sie weitergingen, folgten ihnen einige Stadtbewohner in der Hoffnung, dass sie Zeuge einer Heilung durch Jesus würden. Als sie das Haus erreichten, in dem Jesus mit seinen Jüngern speiste, hatte sich eine ganze Menschenmenge zusammengefunden.

Ein Diener erschien an der Tür, um das Eindringen der Leute abzuwehren und sagte, dass Jesus beim Abendessen sei und sie am folgenden Morgen doch wiederkommen möchten, wenn er in der Synagoge sprechen werde. Aber der Eigentümer der Karre, ein bescheidener und schwacher Mann, insistierte. Er bat den Diener dringend, ihm zu erlauben, Jesus unmittelbar jetzt zu sehen.

In dem Augenblick erschien Jesus mit mehreren Heiligen Frauen und einem der Jünger in der Tür. Er ging zu der Karre und deckte sorgfältig das Gesicht eines Jungen auf, der wie tot dalag, obwohl er die Schwelle des Todes noch nicht überschritten hatte.

Nachdem Jesus das blasse Gesicht des Jungen erblickt hatte, ging er einen Schritt zurück und blickte auf den Vater, der kummervoll auf seinen Sohn schaute. Jesus hielt einen Augenblick inne, nahm die Liebe des Vaters für seinen Sohn in sich hinein, trat voll in seine Liebe ein und erfühlte sie bis in die Tiefen. Er fühlte, wie sich die Liebe *ausbreitete* und die Grenzen gewöhnlicher menschlicher Liebe überschritt, denn der Vater stand jetzt am Rand, jemanden zu verlieren, der ihm so kostbar war.

Indem Jesus diese Liebe aufnahm, beugte er sich über den Jungen und streichelte seine blasse Wange. Ich hörte, wie er aramäisch sprach und wünschte, ich hätte die Worte niedergeschrieben, bemerkte dann aber, dass die Laute über meinem Verständnis lagen. Er sprach zu seinem Vater im Himmel: „Lass diesen Jungen gesund werden." Die Worte, die er sprach bedeuteten also: „Entsprechend deinem Willen erlaube diesem Jungen geheilt zu werden."

Die Menge jubelte, als der Junge dem Leben zurückgegeben war. Sie flehten Jesus an, weitere Heilungen vorzunehmen und riefen ihre verschiedenen Krankheiten aus. Er erhob seine Hände, so als ob er Wasser zu beruhigen hätte und sagte: „Bringt eure Lieben morgen zu mir, bevor ich in der Synagoge spreche." Die Menschen waren durch diese Worte beruhigt und verzogen sich.

Jesus und seine Jünger gingen ins Haus zurück und saßen erneut bei Tisch. Er war erfüllt von der Liebe des Vaters und hatte ein mildes Lächeln auf seinem Antlitz. Er sagte zu allen im Raum: „Wer wurde geheilt, der Vater oder der Sohn?" Thomas, der bei der Heilung dabei war sagte: „Der Sohn wurde von seiner Krankheit geheilt. Er wurde dem Leben wiedergegeben."

Noch einmal fragte Jesus: „Wer wurde geheilt, der Vater oder der Sohn?"

Alle fragten sich, was Jesus wohl meine. Natürlich war der Vater von Verzweiflung und Hoffnungslosigkeit zu Erleichterung und Begeisterung gekommen. Dies war offensichtlich. Sie wussten dann, dass er etwas anderes meinte. Thomas sagte voller Gedanken: „Herr, ich glaube, sie wurden beide geheilt, denn der Vater war mit seinem Sohne krank."

Jesus nickte mit dem Kopf. „Ja, die Krankheit des Kindes war auch des Vaters Krankheit, denn das Kind war krank wegen des Vaters. Dieses Kind hatte etwas von der Finsternis des Vaters auf sich genommen und war so sehr krank geworden. Der Vater konnte seine Finsternis nur erkennen, indem er sie als eine Krankheit seines Sohnes erblickte. Und was ihr nicht wisst – was ihr nicht wissen konntet - ist, dass dieser Vater durch die langwierige Krankheit seines Sohnes sein unehrliches Leben, das er geführt hatte, bereut hat. Aus diesem Grunde kam er zu dieser demütigen Haltung, dass er mich um Heilung bat. Die Wiederherstellung der Gesundheit seines Sohnes ist ein Geschenk und für den Vater ein Zeichen, dass ihm vergeben wurde. Die Liebe des Vaters für sein eigenes Ich wurde auch wieder hergestellt, was durch das Bereuen ermöglicht wurde, denn sein Herz war geöffnet. Er fühlte die größte Liebe, die ein Mensch für einen anderen empfinden kann. Durch die Heilung seines Sohnes konnte er die gleiche Liebe für seine Seele fühlen."

Thomas fragte: „Herr, müssen Kinder immer die Sünden ihrer Väter tragen?"

Jesus antwortete: „Es wird eine Zeit kommen, in der die Kinder nicht mehr die Sünden der Väter tragen müssen."

Er sprach dies feierlich. „Es wird eine Zeit kommen, wenn die Kinder ihr Gesicht gegen die Väter richten werden und sich abwenden. Weil die Liebe der Väter nicht in den Herzen der Kinder empfangen wird, wird dies wirklich eine dunkle Zeit für die Menschheit sein. Es gibt einen Vater im Himmel; und ich, sein einziger Sohn, bin in die Welt gekommen, um die Liebe des Vaters zu den Herzen der Kinder dieser Welt zu bringen. Einige werden mich aufnehmen, aber viele nicht. Ich bin die Liebe des Vaters. Ich komme, um die Krankheiten der Kinder zu heilen, die sie für ihre Väter auf sich nehmen. *Ich bin die Heilung.*"

Für einige Augenblicke saßen alle schweigend da, um über seine Worte nachzudenken. Dann sprach er: „Wie dieser Kleine die Sünde seines Vaters auf sich nahm, so werde ich die Sünde der Welt auf mich nehmen."

Die Jünger und Heiligen Frauen fragten sich, ob dies bedeute, dass er wie dieses Kind krank werden würde. Sie fragten sich, was mit ihm geschehen würde, wenn er die Sünde der Welt auf sich nehmen würde. Und wie dies möglich wäre? Obwohl Jesus so düster war, war er doch kindlich in seinem Gebaren. Die Jünger und Heiligen Frauen erlebten sich plötzlich, als wären sie in der Gegenwart eines unschuldigen Kindes. Jesus sprach zu ihnen: „Wenn ich dies für die Menschenkinder tue, wenn ich die Sünden der Welt auf mich nehme, werden die meisten von euch nicht in der Lage sein, bei mir zu bleiben." Dann blickte er sie einzeln mit einem durchdringenden Blick an.

Petrus sagte unmittelbar: „Meister, ich will bei dir bleiben!"

Jesus wandte seinen Kopf mit einem sorgenvollen Blick zur Seite, lächelte aber Petrus zu und antwortete: „Es ist einfach für dich, jemanden zu sehen, der krank ist wegen der Sünden anderer, aber es ist nicht leicht, jemanden zu sehen, der krank ist für die ganze Menschheit."

Sie alle staunten und fragten sich was er wohl meine.

Es blieben Fragen in ihren Seelen, aber es schien, als könnten sie sie nicht aussprechen. Alle blieben für eine Weile schweigend.

Magdalena dachte an ihre eigene sündige Vergangenheit, wie schwer ihre Sünden gewesen waren. Sie fragte sich, wer wohl in ihrem Leben wegen ihrer Sünden erkrankt sei. Wer hat wohl etwas von der Finsternis für sie getragen? Sie wusste es nicht, saß aber voller Ehrfurcht vor Jesu Worten – dass er, als der Sohn des Vaters, alle Sünde der Welt auf sich nehmen würde! Sie fühlte Verehrung und Dankbarkeit im Herzen.

Sie hätte gerne zu seinen Füßen gekniet, um sie zu küssen, um ihre Dankbarkeit zu zeigen. Sie dachte über den schicksalsvollen Tag nach, als sie voller Sünden zum Haus von dem Pharisäer Simon ging, wo Jesus sie geheilt hatte. Sie hatte sich so leicht und frei gefühlt. Und sie dachte an die gar noch größere Heilung, die sie empfangen hatte, als er sie von den sieben Dämonen befreite. Hatte er ihr die Sünden abgenommen? Hatte er ihre Sünden auf sich geladen? Durch diesen Gedanken stiegen ihr Tränen in die Augen. Instinktiv bedeckte sie ihr Herz mit den Händen und blickte auf Dinah, die ihr schräg gegenüber am Tische saß.

Dinah, die Samariterin, mit Jesus am Jakobsbrunnen.

Beide kämpften darum, ihre Gefühle nicht zu zeigen.

Dinah war mit ähnlichen Gedanken beschäftigt. Sie erinnerte sich, wie die Gegenwart Jesu am Jakobsbrunnen für sie wie lebendiges

Wasser gewesen war, welches das trübe und verbotene Wasser ihrer Seele reinigte. Auch sie empfand tiefe Dankbarkeit. Sie streckte ihre Hand aus zu Magdalena und sie gaben sich die Hände.

Jesus sprach dann: „Ich werde mein Leben hingeben für die ganze Menschheit."

Magdalena neigte ihren Kopf und schluchzte. Seine Mutter, die Heilige Maria, verstand was er sagte, die übrigen verstanden es nicht. Sicher würde er den Krankheiten der Menschheit nicht erlauben, ihn zu *töten*?[13]

---

[13] Notiz: Der Rest dieser Vision bezüglich Christi Taten in Gethsemane und auf Golgatha findet sich im Anhang III.

XX

Die Heiligen Frauen bereiten eine Reise vor

Ich blickte in den großen Raum eines Gasthauses. Mehrere Heilige Frauen waren zusammen mit der Heiligen Mutter anwesend. Auf einem schweren Tisch lagen drei Tunikas, die notwendig der Reparatur bedurften. Ihre Säume waren beschmutzt und zerrissen. Einige Frauen waren bereits am Werk, nahmen sich der arg ausgefransten Gewänder an und waren froh, die Jünger auf diese Weise unterstützen zu können. Die Heilige Mutter wachte über ihrer Arbeit. Ich konnte die Aufregung und Anteilnahme in der Luft fühlen und auch das starke Band der Liebe unter den Frauen. Im Hintergrund des Raumes sangen einige Frauen beim Zubereiten der Nahrung, die für den Tag eingepackt wurde: getrocknete Feigen, gedörrter Fisch, Käse und Brot.

Magdalena kam leichtherzig und mit einem engagierten Lächeln durch die Eingangstüre. Sie bot der Heiligen Mutter eine Tasche voll Münzen an und sagte, sie würde gerne damit die kommende Reise unterstützen, um sicher zu sein, dass die zwölf Jünger, die Heiligen Frauen und andere Mitreisende reichlich Geld für das Notwendige hätten. Als sie ihr Geschenk anbot, entstand in ihr die Sorge, dass einige der Frauen denken möchten, ihr Geld sei durch unreine Mittel erworben, durch fragliches Geschäftsgebaren. Aber ihre Bedenken erwiesen sich als unberechtigt, denn die Heilige Mutter lächelte sie warmherzig an, ohne irgendwelche Anzeichen von Urteil und nahm die Münzen dankbar hin. Magdalena fühlte volle Akzeptanz.

Sie wandte sich an die Frauen, welche die Tunikas flickten und reinigten. Als sie mit ihren Fingern an dem Gewebe einer Tunika entlangfuhr, fühlte sie sich gesegnet, ein Teil der Vorbereitungen für die Reise der Jünger sein zu dürfen – denn sie wusste, dass diese Tunikas an heiligen Orten getragen worden waren und Wundertaten miterlebt hatten. Und als sie über die vielen Reisen der Jünger nachdachte, war sie traurig bei dem Bewusstsein, dass sie so viele bedeutsame Augenblicke verpasst hatte. Die Frauen hatten ihr von den wunderbaren Heilungen erzählt, die sie erlebt hatten und Magdalena wünschte sich, mehr Vertrauen gehabt zu haben, so dass sie mit Jesus all seine Taten erlebt hätte. Sie fühlte Reue für alles, was sie verpasst hatte, indem sie sich von Jesus abwandte. Trotzdem war sie glücklich, zu ihm und seiner Aufgabe zurückgekehrt zu sein und war stark in ihrem Glauben, dass sie nun wirklich zu ihm gehöre.

Dinah näherte sich ihr und berührte ihren Arm. Sie verstand das Bedauern von Magdalena. Magdalena blickte sie an und sagte: „Ich habe so viel verpasst ..."

Sie war nicht in der Lage, ihren Satz zu Ende zu sprechen und senkte ihren Blick. Als sie aber Dinahs Mitgefühl bemerkte, sagte sie nach einer Weile: „Wenn ich ihm nur von Anfang an treu gewesen und ihm wie du gefolgt wäre, Dinah. Ich weiß, dass es für dich ganz schwierig war, dein altes Leben abzulegen und die neue Aufgabe anzunehmen. Ich möchte auch gerne stark sein, stark genug, bei ihm zu bleiben, was auch immer kommen mag."

Dinahs Augen waren voller Mitgefühl für Magdalena. Sie nickte: „Ja es ist schwer und doch ist der Friede in meinem Herzen so tief, so unendlich, dass ich nicht denken könnte, mich von ihm abzuwenden und mein altes Leben wieder aufzunehmen. Und du hast diesen Frieden jetzt, Magdalena. Dieser Friede wird dein Leben sein. Nichts ist wirklich verloren. So viel wurde gefunden. *Du* bist gefunden worden, Magdalena. Er hat dich gefunden und du hast dich selbst gefunden. Ich sehe nur die Schönheit von allem – die Schönheit, wo du gewesen bist und die Schönheit, wo du jetzt bist. Es gibt kein Ende für die Schönheit und das Wunder unseres Jesus! Du bist ein Teil dieser Aufgabe!“

Eine der Frauen stellte eine Schale mit Nahrung und einen Becher Wasser in die Nähe von Magdalena. Sie fühlte sich geliebt und besonders erwärmt durch Dinahs Mitgefühl und Verständnis.

Dann erschien Johannes in der Tür und bemerkte freudig mit einem warmen Lächeln Magdalenas Ankunft. Er bemühte sich nicht, seine Begeisterung, sie zu sehen, zu verbergen. Magdalena stand auf und folgte ihm nach draußen, wo Kinder auf der Straße sich lautstark jagten. Er berichtete ihr von der kommenden Reise, die sie für einige Tage nach Norden geplant hatten. Jesus war eingeladen worden, in einer besonderen Synagoge zu sprechen und die Heiligen Frauen waren aufgefordert worden, ihn mit den Jüngern zu begleiten. Johannes berichtete Magdalena, dass eine Gruppe Frauen in dieser nördlichen Stadt gebeten hatte, sie mit den Heiligen Frauen zu besuchen, denn sie wollten von ihren Erfahrungen mit dem Meister hören.

Johannes wusste, dass Magdalena aufgeregt sein würde, diese Nachrichten zu hören. Diese Begegnung zwischen den beiden Gruppen von Frauen war durch eine Bekannte von Martha eingerichtet worden, von einer Frau, die Magdalena nicht kannte. Martha hatte die Heiligen Frauen vorbereitet, diese Gruppe zu treffen. Ich verstand, dass dieses Treffen der Frauen eine tiefe und wichtige Begegnung haben würde, weil es für größere Frauengruppen nicht üblich war, sich außerhalb von familiären oder kirchlichen Feiern zu treffen. Dieses Zusammenkommen würde als Skandal angesehen werden. Die Heiligen Frauen hatten aber keine Angst vor der Begegnung. Wegen Marthas Beziehung zu ihrer Freundin fühlten sie eine starke Verbindung zu den Frauen dieser nördlichen Stadt, so dass sie wussten, dass dies eine schicksalshafte Begegnung sein würde. Sie fingen an, sich als eine Einheit zu fühlen, die ihre Herzen zusammenband. Die Liebe Jesu Christi wirkte bereits in ihnen.

Johannes war einer, der die große Bedeutung der Rolle der Frauen in Jesus Mission fühlte; er schätzte, dass die Frauen im allgemeinen mehr auf den Geist hin ausgerichtet waren als die Männer. So hatte er es auf sich genommen, dieses Treffen durch seine Gegenwart zu beschützen.

Martha unterrichtet die Frauen

Ich wurde in der Zeit weitergeführt zu dem Treffen der Frauen. Es fand auf einem kleinen Hügel außerhalb der Stadt statt. Johannes und Andreas waren anwesend. Martha stand da, hatte sich seit einiger Zeit an die Frauen gewandt und sprach in wunderbaren Worten von Jesu Botschaft der Liebe. Sie war eine begabte Sprecherin mit artikulierter Sprache. Ich erkannte, dass es das erste Mal war, dass Martha die Rolle der Lehrerin übernommen hatte. Sie sprach aus ihrem Herzen und ihre Worte berührten alle Anwesenden.

Marthas Worte waren auch für Magdalena ein großer Segen, denn auf diese Weise konnte sie von vielen Ereignissen und Lehren Jesu hören, die sie während der langen Wochen ihrer Abwesenheit verpasst hatte. Sie sah Martha mit neuen Augen und respektierte sie in deren Fähigkeit als Lehrerin. Die Liebe zu ihrer Schwester wuchs zu neuen Höhen.

Keiner der Frauen kam es in den Sinn zu essen, so gespannt waren sie auf das, was Martha mitzuteilen hatte. Das Wunderbare an Marthas Rede war, dass sie in der Lage war, die Herzen der Frauen so vorzubereiten, dass sie Jesus ohne Ängstlichkeit aufnehmen konnten. Viele von diesen Frauen hegten tatsächlich Angst vor seiner Aufgabe, denn so viele Gerüchte waren über ihn verbreitet worden. Martha konnte sie zu einer ruhigen Haltung des Verständnisses und Vertrauens führen. Vierzig oder mehr Frauen waren bei diesem Treffen anwesend.

Nachdem Martha aufgehört hatte zu sprechen, wurden alle für eine Weile still. Eine Stimme, der bald andere folgten, begann mit einem Gesang, bis alle gemeinsam einen Psalm sangen. Marthas Freundin bat dann darum, auch einige Worte von der Heiligen Mutter hören zu dürfen, die sich freundlich erhob und vor die Gruppe trat.

Ein langes Schweigen folgte, als sie ihren Kopf neigte. Sie beschrieb dann einige Wunder, die Jesus in ihrem Beisein vollbracht hatte und richtete ihre Worte auf die Umwandlungen, die stattgefunden hatten bei jenen von Sünde Befallenen. Sie erzählte, wie sich ihr Leben gewandelt habe und was aus ihnen nach den Wundern geworden war. Sie sprach nicht so sehr von den Wundern selbst, sondern eher von den Wandlungen, die in den Herzen der Empfänger stattgefunden hatten, wie sie nun mehr sehen konnten als vorher, wie ihre Stimmen geöffnet wurden und sie wunderbare Worte sprachen, während sie vorher kaum ein Wort herausbrachten. Sie sprach von einigen, die die Herzen anderer durch das empfangene Wunder berühren konnten, wodurch sie wiederum andere verwandelten. Und es gab sogar einige, die vor dem Tode standen, vor welchem sie ein Schattenleben geführt hatten, deren Leben aber wieder hergestellt wurde und die von Jesu so wieder ins Leben geführt wurden, dass sie sich Gott weihten und hingaben. Die Heilige Mutter hatte sorgfältig all diese Wunder beobachtet und bezeugt.

Als Magdalena zuhörte, konnte sie in sich feststellen, wie sehr sie sich selbst verändert hatte, wie anders sie sich fühlte. Sie fragte sich, wohin sie ihr Weg nun führen würde und welche Ergebnisse erreicht würden durch ihre eigene Umwandlung. Aus ganzem Herzen wusste sie, dass sie ihrem Schicksal folgen würde. Sie fühlte sich eins mit denen, die durch diese Wunder berührt worden waren, die durch Jesus geheilt wurden – denn sie zählte sich selbst zu ihnen. Die Heilige Mutter sagte zu den Frauen: „Jesus wird euch lehren. Er wird euch unterrichten über die Macht der Liebe. Er wird euch die Macht der Liebe zeigen. Ihr werdet erleben, was Liebe verrichten kann. Und nachdem ihr gesehen habt, werdet ihr wissen. Auch ihr werdet die Kraft der Liebe in euch haben und ihr werdet Dinge tun, die er tut."

Dann neigte sie demütig ihren Kopf und sagte: „Ich bin hier zu euren Diensten. Wenn ihr Hilfe braucht, so seid mir willkommen, damit ich euch helfen kann."

Dann kam eine Zeit, als die Heilige Mutter sich unter einen Baum setzte und jeden empfing, der mit ihr sprechen wollte.

Martha, Magdalena und andere Frauen hören Jesus zu.

Sie hörte mit großer Anteilnahme zu, nahm sie in ihr Herz und sie wurden durch ihre Liebe ernährt. Die anderen Frauen saßen zusammen und sangen Psalmen. Ein gewaltiges Gefühl der Liebe vereinigte ihre Herzen zu einem einzigen.

Am nächsten Tag würden sie Jesus sprechen hören und er würde mit ihnen sein. Aus diesem Grund waren sie freudig erregt, und als sie an diesem Abend in ihre Häuser gingen, jubelten sie und lobpriesen Gott. Ihre Herzen waren gut vorbereitet darauf, ihn am nächsten Tag zu empfangen.

XXI

Magdalena und der alte Pharisäer

Ich sah eine große Menschenmenge, die hören wollte, was Jesus sprach. Die Heiligen Frauen hatten an der Seite einen Platz eingerichtet, um für den Mittag das Essen zu bereiten. Als Jesus ankündigte, es sei Zeit, das Mahl einzunehmen, bahnten sich die Frauen einen Weg durch die Menge und versicherten sich, dass alle gespeist wurden.

Magdalena trug ein schweres ledernes Gefäß um ihre Hüfte gebunden, um daraus Wasser für alle Durstigen zu schöpfen. Sie war voller Freude bei ihrem Tun.

Die Heiligen Frauen sangen bei der Arbeit. Sie sangen von Moses, der auf den Berg stieg, von dem brennenden Busch – und wie er selbst, als er herunterkam, auch entflammt war.

Ich bemerkte im Publikum einen älteren Mann, der am Ende der Reihe kauerte, als Magdalena dort eben dabei war zu servieren. Er war mit dem Gewand und der Kopfbedeckung eines Pharisäers gekleidet, aber seine Kleider waren schmutzig und abgetragen, sein Hut von besonderer Art. Die meisten seiner Zähne fehlten. Als Magdalena in seine Nähe kam, fühlte sie sich zu ihm hingezogen. Sie dachte, er sieht seltsam aus, doch weise und ein wenig merkwürdig, obwohl sie nicht recht wusste, wie sie zu solchen Gedanken kam. Als sie vor ihm stand, war sie plötzlich sprachlos. Etwas in seinen Augen zog ihre Aufmerksamkeit an, als diese sie durch die wettergegerbten Falten seines Gesichtes anblinzelten.

„Bitte setz dich", sagte er und wies auf den Boden neben sich.

Als Magdalena sah, dass sie am Ende der Reihe war, die sie gerade versorgte, antwortete sie: „Ich glaube, ich kann für einen Augenblick innehalten."

Der Mann rieb sich seine von Gicht geplagten Hände und versuchte den arthritischen Schmerz zu lindern. Indem er auf Jesus deutete, fragte er: „Wer ist dieser Mann?"

Magdalena blickte dorthin, wo Jesus im Gespräch mit einigen Jüngern und anderen Zuhörern auf einem großen Stein saß. Sie dachte, er sieht jünger aus. Er sah in der Nachmittagssonne so schön aus. Ihr Gesicht glättete sich, als sie ihn für einen Augenblick beobachtete. „Es ist Jesus, der Sohn Josephs."

Die Augen des alten Mannes füllten sich mit Tränen, die zu dick waren, um sein Gesicht herabzulaufen. Er rieb sich die Augen, um seine Rührung zu verbergen und antwortete fast unhörbar: „Ja ... Jesus, Sohn Josephs – der Nazarener." Er hielt inne. „Ich bin hier, weil ich einen Traum hatte. Er ist derjenige aus dem Traum." Dann erzählte er Magdalena die Geschichte, wie er hierhergekommen sei, um die Lehre des Meisters zu hören.

Am vorangegangenen Morgen war er zum Gebet in der Synagoge gewesen. Er suchte die Synagoge nur während ruhiger Zeiten auf, denn er war wie ein Ausgestoßener unter seinen Pharisäer-Brüdern. Er hatte angefangen, anders zu denken, Ideen auszusprechen, die ihnen suspekt erschienen. Er folgte einem alten Pfad der Lehre, den die Pharisäer für mythologisch hielten.

Sie vermuteten, dass er seinen Verstand verlieren würde. Und so war er in seinem hohen Alter einsam geworden.

An diesem besonderen Tag war er alleine in der Synagoge, studierte die Schriftrollen und betete. Er hörte eine Stimme, die ihn anwies, hinter den Altar zu gehen, wo ein Kasten stand, der das „Tabernakel" genannt wurde; er solle seine Hände darauf legen und beten. Als er betete, sagte die Stimme mit unwiderstehlicher Klarheit zu ihm, „Jedidiah, ich habe dein Gebet gehört. Du bist krank wegen der Krankheit der Hartherzigkeit deiner Gesetzes-Brüder. Ich habe deine Gebete gehört und werde dich heilen. Du bist ein gläubiger Diener, denn du hast diese Krankheit über viele Jahre getragen und der Tag ist nun gekommen, da du geheilt werden wirst." Als er Magdalena diese Geschichte erzählte, hielt der Mann seine Hände über seinem Herzen und weinte.

Er blickte sie väterlich an. Die Heiligen Frauen sangen noch kräftig von Moses. Indem er auf Magdalenas rote Haare blickte, sagte er nicht ohne Humor: „Du bist eine von Gottes Flammen." Dann ernster werdend sprach er: „Du bist Jesus sehr nahe, Du bist seine Botschafterin, wie Moses es war für Gott. Ich hoffe nur, dass die Menschen auf dich hören werden, wenn deine Zeit gekommen ist, die Botschaft zu überbringen."

Er blickte wieder zu Jesus hinüber und Tränen sammelten sich in den Falten unter seinen freundlichen Augen und er fuhr weiter: „Nachdem ich diese Stimme gehört hatte, zog ich mich in mein Haus zurück und legte mich hin, um auszuruhen. Dann hatte ich einen Traum."

Magdalena nickte mit dem Haupt und lächelte.

„Meine liebe Frau, die schon vor vielen Jahren gestorben war, kam zu mir. Ihr Name war Maritha. Sie hielt ein Ei in ihrer Hand und sagte: „Sieh!" und hielt es vor mich hin. Das Ei brach auseinander und reines Gold floss aus ihm heraus. Aus diesem Gold wurde ein schwarzer gewitzter und kluger Vogel geboren. Der schwarze Vogel breitete seine Schwingen weit aus. An seinen Schwingen und Füßen war Gold. Ich wollte den Vogel für mich haben, denn ich dachte, er könnte mir Geheimnisse erzählen. Aber der Vogel kümmerte sich nicht um mich. Er wollte nur mit der Sonne verschmelzen. Er flog in die Sonne. Das Licht blendete meine Augen, als ich ihn beobachtete. Ich blickte mich nach meiner Frau um und sah das Gold von der Erde aufgenommen.

Ich fühlte, dass alles verloren sei und versuchte das Gold wiederzuerlangen, aber es gelang nicht. Es war verschwunden. Dann öffnete meine Frau ihre rechte Hand und ein anderes Ei erschien. Dieses Ei war nicht besonders. Es war fleckig und grau, anders als das blasse Weiß des ersten Eis. Auch es brach auf und ein heimischer graubraun gefleckter Vogel entpuppte sich. Er war nicht stark. Es war nichts Besonderes an ihm. Er hüpfte auf den Boden und fing gleich an, Samen aufzupicken. Der Vogel fand gute Saat und fraß sie. Die Saat wuchs in seinem Bauch, bis sie zu einem leuchtenden Baum wurde!

„Maritha sagte zu mir: ‚Sieh den Baum des Lebens, der als das Schwächste unter den Größten geboren wurde. Von den Schwachen wird das Mächtige hervorgehen! An ihren Früchten sollt ihr erkennen, dass es der Baum des Lebens ist.‘ Dann sagte sie: ‚Sieh!‘ Und sie deutete in eine andere Richtung. In der Ferne sah ich die Synagoge niederbrennen und die Pharisäer und Schreiber rannten um ihr Leben. Schriftrollen brannten vom Feuer dahingerafft. Die Römer nahmen die Stadt ein. Ich wusste und sah, dass die Pharisäer und Schreiber keine Macht hatten, dem Angriff zu widerstehen, weil ihre Herzen zu hart waren. Ich floh und rannte zu den Hügeln.“

„Ein Mann erschien mir, derselbe, der euer Lehrer ist. Er sagte: ‚Jedidiah, weil dein Herz offen ist, wirst du sicher sein. Folge mir. Ich werde dein Herz heilen, denn es wurde verwundet. Es gab von anderen zu viel Missbrauch der Lehre, um das Gesetz aufrecht zu erhalten. Du sehnst dich nach der Einheit der Herzen.‘ Er gab mir einen kleinen goldenen Schlüssel in die Hand und sagte mir, es sei der Schlüssel zum Tabernakel, wo ich die Rolle der Wahrheit finden werde. Er erzählte mir, dass das wahre Tabernakel der Tempel seines Leibes sei. Er sagte: ‚Mein Leib ist der Tempel. Ich werde meinen Leib für dich opfern, damit du in mir sein kannst und ich in dir; so wirst auch du ein Tempel Gottes werden.‘ “

Indem er wieder Magdalena anblickte, sagte er: „Ich weiß nicht, was dies bedeutet, aber ich weiß, dass ich den Lehrer gefunden habe, der mich zu dem wahren Tempel führen wird.“

Magdalena dankte ihm, dass sie seinen Traum hören durfte. Sie fragte sich, ob der Traum sie vor einem bevorstehenden Angriff der Römer warnen sollte. Die Einwohner von Tarichea und Tiberias fürchteten seit Jahren einen solchen Überfall. Sie sagte ihm: „Ich will gehen und ihn dir jetzt bringen.“

Sie ging zu den Felsbrocken, wo sich Jesus aufhielt und bat ihn, mitzukommen, ihren Freund zu treffen. Jedidiahs Herz fühlte sich an, als ob es springen würde, als er die beiden nahen sah. Unfähig zu sprechen, beugte er sich vor und küsste leicht des Meisters Füße.

Jesus ergriff Jedidiahs welke Hand und sagte: „Du kennst mich, weil dein Herz vorbereitet wurde, mir zu begegnen. Du wurdest durch das Gesetz schwer belastet. Es hat das Leben von dir genommen. Aber folge mir, und du wirst neues Leben kennenlernen. Du wirst die Liebe einer neuen Gemeinschaft erleben.“ Er deutete auf die Menge, die während des Mahles miteinander kommunizierte. „Du wirst nicht mehr alleine sein.“ Er legte seine Hände auf Jedidiahs Haupt und segnete sein Herz – dass es geheilt werde von den schweren Lasten. Jedidiah fühlte sein Herz in sich brennen, seine Wärme breitete sich durch den ganzen Körper hin aus. Danach wandte sich Jesus zu Magdalena und sprach: „Sieh zu, dass Jedidiah so lange einen Platz unter uns findet, wie er es möchte.“

Jedidiah wurde ein Jünger und folgte Jesus für den Rest seiner Tage. Er lebte nur noch drei Monate, diente und liebte die anderen Jünger so, wie er es konnte. Magdalena verehrte ihn und sorgte für ihn und lauschte seinen nicht endenwollenden Geschichten und Ideen. Er starb als friedlicher, glücklicher Mann in dem Wissen, geliebt zu werden und den prophezeiten Messias gefunden zu haben.

XXII

Abendessen mit dem Hochzeitspaar von Kana

Ich reiste durch strahlendes Licht und fühlte mich zu dessen Mitte gezogen. Als ich in die Mitte kam, durchquerte ich einen Tunnel und kam im Heiligen Land heraus. In der Ferne konnte ich ein neugeborenes Kind schreien hören. Ich wusste nicht, wo ich war, als ich aus dem Licht heraustrat – es war ein unbekannter Ort.

Ich stand in der Einfahrt einer Art Werkstatt mit lauter Holzteilen und blickte in strahlendes Sonnenlicht. Vor dem Gebäude wandte sich die Straße in einer Rechtskurve und führte zu der nahen Stadt. Ich sah Magdalena, die auf jemanden zu warten schien. Sie trat nach draußen und schützte ihre Augen vor dem grellen Sonnenlicht. Jesus kam die Straße herauf, lächelte, als er sie sah und sagte: „Da bist du ja!"

Magdalenas Herz schlug schneller, als sie ihn sah. Es gab niemand anderen, mit dem Magdalena lieber ihre Zeit verbracht hätte. In seiner Gegenwart fühlte sie sich lebendig. Sie fühlte sich wirklich erkannt und gesehen. Durch die wunderbare Heilkraft Jesu war sie eine neue Person geworden und hierfür war sie tief dankbar. Sie fragte sich, wie sie je ohne ihn habe leben können und wunderte sich, dass sie ihm am Anfang so heftig hatte widerstreben können. Sie jubelte über ihre Freiheit, unbelastet von materiellen Dingen der Welt.

Jesus und Magdalena gingen die Straße entlang zu dem Haus des jungen Mannes, der in Kana geheiratet hatte. Nathaniel, wie ich ihn nennen hörte, war ein schöner junger Mann. Seit dem Wunder der

Wandlung des Wassers in Wein bei der Hochzeit, war Nathaniels Ehe besonders gesegnet und von Jesus behütet. Es war die erste Hochzeit, an der Jesus nach seiner Taufe teilnahm und das seltsame Wunder des Wandelns von Wasser in Wein hatte die Leben aller Teilnehmer des belebten Getränkes gesegnet. Es bewirkte eine Umwandlung in ihren Herzen. Und diese innere Kraft setzte sich fort. Ein Jahr oder länger hatte die Heilung in ihren Seelen gewirkt.

Nathaniel und seine Frau traten in das Sakrament der Ehe wie in ein tiefes Wirken ein, das einer gereinigten Ehe, durch das Streben nach geheiligter Einheit. Dies war der Gegenstand des Gespräches zwischen Jesus und Magdalena, als sie zu Nathaniels Haus gingen. Jesus erzählte ihr, dass er den Menschen das Ideal der wahren Ehe durch Nathaniel und seine Frau inspirieren wollte, wobei er sie als Repräsentanten der Menschheit nahm. Der Impuls, wahre Ehe zu suchen, d.h. *göttliche Einheit,* wurde in alle Teilnehmer durch den wunderbaren Wein gepflanzt. Jesus sagte, solche Hochzeiten würden zum Beweggrund, diese Art Vereinigung zu üben und zu lernen. Nathaniel und seine Frau fühlten dieses Ideal ganz tief. Da die Hochzeitsgäste das Wunder der Wandlung von Wasser in Wein erlebt hatten, nahmen sie unmittelbar eine höhere Macht wahr, sie wussten, dass sie auch in einer wunderbaren Weise verwandelt werden könnten und sie wünschten sich diese Wandlung. Der verwandelte Wein segnete sogar diejenigen, mit denen die Hochzeitsgäste später verbunden waren, denn jemand, der eine solche Wandlung erfahren hat, ist ein großer Segen auch für andere.

Was mit dem Wasser geschehen war, konnte auch mit dem individuellen Menschen geschehen. D.h. jemand kann von einem Zustand in einen anderen gehen, wobei er eine tiefe Verwandlung erfährt und „ein neues Geschöpf in Christus" wird. Aber es ist noch *mächtiger*, wenn sich zwei Seelen in einer Ehe vereinigen, denn dann gibt es ein Gefäß, in dem eine tiefe alchemistische Verwandlung stattfinden kann. Strebt ein Paar verwandelnd zu einer heiligen Einheit miteinander, dann kann wahre göttliche Einheit von ihrer Ehe ausgehen. Dann kann ihre Vereinigung andere segnen. Jesus erklärte Magdalena im Gehen auch den Unterschied zwischen falscher Ehe und wahrer Ehe.

Die beiden wurden in Nathaniels lieblichem Haus begrüßt, wo ein Mahl bereitet war und sie aufgefordert wurden, ihre Füße zu waschen und sich dann niederzusetzen. Ich stand voller Ehrfurcht vor der Reinheit der Liebe zwischen Nathaniel und seiner Frau. Ihre Liebe fühlte sich so heilig an. Ihre Ehe war wahrhaft erfüllt von einer seltenen Gnade. Sie waren beide kindlich und unschuldig. Gerade durch ihre Gegenwart fühlte Magdalena den heilenden Balsam der Liebe.

Ich bemerkte etwas, das in Jesus vor sich ging, etwas, das ich vorher noch nicht bemerkt hatte, und das nicht einfach zu beschreiben ist. Als ich Nathaniels Erzählung zuhörte, drehte ich mich an einem Punkt zu Jesus hin. Er befand sich in einer solchen Einheit mit dem Paar, dass ich sie *durch* ihn erleben konnte, ebenso wie ich sie *außerhalb* von ihm erleben konnte. Ich konnte in Empathie mit Nathaniel und seiner Frau treten, indem ich eins war mit ihnen durch Christus.

Diese Erfahrung verlief über das hinaus, was man sonst sieht oder weiß durch ein normales Bewusstsein. Es war ein mächtiges Gefühl der Liebe und des Friedens und eine Erfahrung der Gnade. Ich fühlte sie durch mein ganzes Sein. Geistig gesprochen gab es keine Trennung zwischen ihnen und Christus und keine zwischen ihnen und mir; auch gab es kein Gefühl der Trennung zwischen Christus und mir.

Magdalena erfuhr diese Einheit auch. Es war etwas, was sie früher mit anderen noch nie in einem solchen Maß erlebt hatte. Sie erlebte Nathaniel und seine Frau in einem Zustand der Einheit mit Christus, wobei sie sich weniger bewusst war der Einheit zwischen Christus und ihr selbst. Magdalena erwachte gerade für dieses außerordentliche Band zwischen dem Meister und denen, die er liebte.

Ich konnte nicht gewahr werden, in welchem Ausmaß Nathaniel und seine Frau verstanden, was da vor sich ging. Aber ich weiß ziemlich sicher, wie tief sie diese Einheit erlebten: Sie fühlten die unglaubliche

Liebe des Meisters für sie und eine tiefe Verbindung zu ihm – ebenso wie das Gefühl einer tiefen Einheit in ihrer Ehe. Wegen Christi Interesse an ihrer Ehe hatten die beiden ein unerschütterliches Vertrauen entwickelt, und ihre Ehe war mit einer besonderen Macht ausgestattet.

Das Mahl war gesegnet und in Fröhlichkeit und Verehrung eingenommen worden. Zur äußeren Erscheinung könnte man sagen, dass sie alle sich setzten und zusammen speisten, nicht mehr als das. Ja, die Mahlzeit war tatsächlich karg, aber die Liebe war unendlich und wurde von allen Anwesenden geteilt.

Nachdem sie das Haus des Paares verlassen hatten, schlugen Jesus und Magdalena einen Pfad ein, der um einen großen Hügel führte. Die Landschaft war wunderschön und wenig besiedelt. Sie war grün, von Licht durchflutet und noch leuchtender in der Abendsonne.

Noch im Gedanken an die Einheit und Liebe, die sie mit dem Paar beim Abendessen erlebt hatte, sagte Magdalena zu Jesus: „Nie zuvor habe ich diese Art der Liebe erfahren, nie zuvor begegnete mir solch eine Liebe." Jesus antwortete: „Diese Liebe ist für alle. Ich bin gekommen, um diese Liebe in die Welt zu bringen. Mein Weg ist der Weg der Liebe. Ich werde Herzen zusammenbringen und sie in Liebe vereinigen. Meine Liebe ist das Licht der Welt und dieses Licht bleibt auf allen, die in der Welt sind." Er lächelte als er auf die Sonne blickte, leuchtendes Gold gerade über dem Horizont. Alles um sie herum war überflutet von strahlendem goldenem Licht. Indem er sein Gesicht zum Licht wandte, lächelte er glückselig in der reinen Freude des auf seinem Gesicht ruhenden Sonnenlichts.

Als ich ihn beobachtete, wie er sich im Sonnenlicht wärmte, fühlte ich plötzlich seine Einheit mit der ganzen Menschheit. Ich konnte die ganze Menschheit in ihm erfahren, so wie ich das Paar von Kana in ihm erfahren hatte. Ich konnte diese Einheit ebenso leicht fühlen wie das Sonnenlicht – die Liebe ist da, um uns herum und nicht mehr gehindert in seiner Reichweite als die Strahlen der Sonne!

Jesus öffnete seine Augen und wandte sein Gesicht zu Magdalena. Er sagte, immer noch lächelnd: „Ich werde dir den Weg der Liebe beibringen und du wirst diese göttliche Vereinigung kennen. Ich und der Vater sind eins und ich bin eins mit dir, und ich bin eins mit der ganzen Menschheit."

Als er dies zu Magdalena sprach, war der Sonnenuntergang in seinem Rücken. Er bildete eine Aura um ihn. Ich sah die Sonnenstrahlen durch ihn strömen, als ob sie sein Herz durchfluteten und nach draußen strahlten. Magdalena stand in den Sonnenstrahlen, die durch ihn hindurchgingen und wurde von den Strahlen seiner Liebe berührt.

In dem Augenblick erlebte sie ihn, wie er wie die Sonne wurde. Ihr erhobener Zustand ermöglichte ihr diese Erfahrung. Er dauerte nur für den kürzesten der Augenblicke. Auch ich wärmte mich in den Strahlen der sonnerleuchteten Liebe, die durch sein Herz strömte und allem das Leben gibt. Ich erfuhr das *Leben* in seiner Liebe. Ich wusste, dass dieser Augenblick Magdalena als Vorbereitung für ihre spätere Erfahrung der göttlichen Vereinigung gegeben wurde. Nach diesem Ereignis fühlte sie ihr Herz verwandelt. Sie empfand, als ob Sonnenlicht es mit Wärme durchbohrt habe, die ihre Fähigkeit für Liebe ausdehnte.

Als die Sonne den Horizont umarmte, setzten Jesus und Magdalena ihren Weg zu dem Haus fort, in dem sich die Heilige Mutter aufhielt.

XXIII

Salbung der Braut

Ich fand mich in einem runden Raum im oberen Stockwerk von Magdalenas Schloss, wo aromatische Öle hergestellt wurden. Magdalena stand gebeugt über ihrer Arbeit; sie sortierte Kräuter. Sarah, die Ägypterin, war an ihrer Seite. Vor der Bekehrung waren Magdalenas Öle hauptsächlich zu eitlen Zwecken benutzt worden, aber seit ihrer Bekehrung hatte sie sich der ägyptischen Praxis des Gebrauchs der Öle zur Heilung und Salbung zugewandt. Gerade jetzt befragte sie einige ägyptische Schriften, an die sie sich früher nicht oft gewandt hatte. Diese alten Schriften erklärten den Gebrauch der Öle bei Ritualen wie Bestattung und Hochzeit.

Ich weiß nicht genau, wie viel Zeit verging seit der Bekehrung von Magdalena, aber die Atmosphäre hatte sich in ihrem Schloss vollkommen geändert. Es war ruhig, ohne die umtriebigen Gäste, die früher hier verkehrten. Das Schloss selbst schien die Nichtigkeiten losgelassen zu haben. Es schien kaum mehr der gleiche Ort zu sein, den ich während so mancher früheren Visionen besucht hatte.

Als ich meinen Blick auf Magdalena richtete, konnte ich sehen, dass ihre Seele eine demütige Haltung eingenommen hatte, dass sie auch die innere Leere überwunden und den Wunsch nach Besitztümern losgelassen hatte. Nicht länger nur mit sich selbst beschäftigt, konnte sie jetzt Inhalte aus der geistigen Welt empfangen. Ich bemerkte ein wachsendes Licht in ihr – das Licht des Erwachens. Von Zeit zu Zeit fühlte sie Ausbrüche der Freude und Wellen friedlichen Einverständnisses, die sie vorher nie gekannt hatte. Sie war so glücklich, dem Meister dienen zu dürfen.

Magdalena erhob ihr wunderbares Gesicht und berichtete Sarah, dass sie vorhabe, die Öle unter den Heiligen Frauen zu verteilen, damit sie diese auch für Heilungen benutzen könnten. Viele dieser Öle waren sehr kostbar. Sie war dabei, ihnen eine großzügige Gabe anzubieten.

Ich ging in der Zeit voran. Magdalena, Sarah und einige Heilige Frauen nahmen an den vorehelichen Ereignissen der Hochzeit eines hübschen jungen Mädchens teil. Sie war die Verwandte eines der zwölf Jünger. Mit Sarahs Unterstützung salbte Magdalena die Braut mit besonderen Ölen, die sie für diesen Zweck gemischt hatte, für die Hochzeit. Sie war zu ihrem Werk inspiriert durch das, was sie mit dem Brautpaar zu Kana erlebt hatte.

Unter der Inspiration von Jesus salbte sie die Braut und bereitete sie vor, mit ihrem Mann eins zu werden. Sie tat dies nicht mit vielen Worten, sondern mit der Absicht, das junge Mädchen zu befähigen, sich durch das Sakrament der Trauung zu verwandeln.

Magdalena war sowohl durch die ägyptischen Rituale der Salbung für die Hochzeit inspiriert als auch durch die jüdische Tradition der Reinigung der Braut. Sie verband diese mit dem, was sie von Jesus erhalten hatte. Als sie diesen heiligen Akt vollzog, hoffte sie ängstlich, dass er nicht durch Unangemessenheit gemindert würde. Obwohl von Seiten der Handelnden Akzeptanz, Offenheit und Wertschätzung gegeben schien, war sie ängstlich, denn sie war diejenige, welche die Ölung vollzog. So war sie sogar in der Lage, dieses Ritual mit der jüdischen Tradition zu verbinden, so dass es nicht als Angriff auf das Judentum aufgefasst wurde; und niemand bemerkte, dass es auch Wurzeln in der ägyptischen Praxis hatte.

In einem ruhigen Augenblick sah ich die Braut, die „Cheyla" hieß, nach dem rituellen Reinigungsbad in einer rein weißen Tunika, die lose von ihren Schultern hing. Ihr Kopf war wegen der Ölung unbedeckt. Magdalena ölte und heiligte Cheylas Körper mit gemischten Ölen. Ich weiß nicht, welche Öle sie verwandte, aber ich sah die Quelle zumindest eines der Öle –ein Baum mit gefiederten Blättern, möglicherweise ein Lorbeerbaum. Es war ein sehr heiliges Öl, das einen gewissen Zustand der Verehrung herbeiführte. Magdalena übermittelte die Segnungen der Reinigung und Vorbereitung, von denen die meisten nicht laut gesprochen wurden. Sie gebrauchte nur wenige Worte. Jeder Segen war mit einem besonderen Mysterium verbunden.

Brautpaar in Kana

Magdalena hoffte, dass Cheyla durch den Akt der Ölung inspiriert würde, ihre Ehe wie ein Urbild göttlicher Vereinigung anzutreten. Die Braut wurde geheiligt, um ein *Tor* zu werden zwischen der geistigen und der physischen Welt. Ihr Körper wurde vorbereitet, damit eine Anzahl Seelen durch dieses Tor gehen könnten, um in der physischen Welt geboren zu werden.

In dem ägyptischen Ritual wurde Isis als der führende Stern für die Braut angerufen. Magdalena rief nicht äußerlich Isis an, aber das Göttlich Weibliche. In Ägypten war es Sitte, dass die Braut gesegnet wurde, um ein Gefäß für Isis zu werden; und manchmal, abhängig von ihrer Blutlinie wurde sie gesegnet, Isis zu *werden*. Magdalena benutzte diese Ideen in einer symbolischen Weise für ihre Ölung, verband die ägyptischen Mysterien mit den Lehren Jesu Christi.

Beim ägyptischen Ritual der Ehe-Ölung – durch Reinigung der physischen Vereinigung auf Erden – glaubte man das Erreichen göttlicher Vereinigung zu unterstützen. Dies war sehr wichtig, weil man der Ansicht war, durch göttliche Vereinigung unsterblich zu werden.

Beim Vollzug der rituellen Braut-Ölung war Magdalena besonders inspiriert durch die Erfahrung der wunderbaren Verwandlung des Paares bei der Hochzeit zu Kana. Sie hatte gelernt, dass es eine höhere Ebene der Ehe gab, dass es eine verwandelnde Kapazität bei der Ehe gab, dass Ehe wirklich dazu genutzt werden könnte, ein höheres Ziel zu erreichen, Zu der Zeit verstand sie noch nicht, wie dies möglich sei, aber sie wusste, dass Jesus Wunder vollbringen und Wandlung initiieren konnte, und dass er ein besonderes Interesse an dem Sakrament der Ehe hatte.

Die Hochzeit des Brautpaares in Kana war so anders als alles, was sie vorher gekannt hatte. Dessen Hochzeit strahlte das Licht göttlicher Vereinigung aus. Magdalena konnte fühlen, dass Engel über dieser Ehe wachten, sie heiligten und inspirierten. Sie wollte ein Teil dieses Wirkens sein. Etwas lebte in ihr, denn auch sie sehnte sich nach göttlicher Vereinigung. Sie würde später dazu kommen, diese Übung der Ölung zu vertiefen, wenn sie öfter dazu Gelegenheit hätte, Frauen zur Vorbereitung auf die Hochzeit zu ölen. Wenn sie mit solchen Bräuten arbeitete, würde sie auch selbst Heilung erlangen, auch für ihre Vergangenheit – denn bisher war sie wegen ihrer Beziehungen noch nicht in der Lage gewesen, göttliche Vereinigung zu erfahren, aber jetzt bereitete sie sich auf ihr kommendes Wirken vor.

Magdalena würde dieses Ritual nicht für jede Braut vollzogen haben. Bei dieser Gelegenheit war es nur möglich, weil die Verlobten und ihre Familie offener und empfänglicher waren als die meisten. Magdalena hatte die Braut und ihre Familie zur Zeit ihrer Bekehrung kennengelernt und fühlte eine besondere Verbindung zu dem jungen Mädchen.

Nach der Erfahrung der Ölung dieser Braut, fühlte Magdalena ihren Ruf umso tiefer. Sie fing an, die ägyptischen Schriften über den Gebrauch der Öle vor allem in heiligen Ritualen fieberhaft zu studieren. Ab dieser Zeit trug sie immer rituelle Öle mit sich und schaute sich nach Möglichkeiten um, anderen zu dienen.

XXIV

Die Heilung des Jungen von Tiberias

Magdalena saß neben einem offenen Fenster. Sie trug eine cremefarbene Linnentunika mit einer Schlitzöffnung am Hals, die mit fingerdicken tief blauen Seidenbändern umrandet war. Nahe der Borden – zum Schmuck der Kanten der Ärmel und auch der eckigen Passe des Mieders – war fein detaillierte Stickerei in rot, blau, gold und grün zu sehen. Um ihre Taille trug sie eine blaue Seidenschärpe. Es war kein großtuerisches Gewand, aber ein hübsches. Ich betrachtete die Stickerei näher, weil sie so einmalig und aufwändig war.

Tief in Gedanken wickelte Magdalena die Haare um einen ihrer Finger. Schließlich band sie sie auf und schlug sie nach hinten. Aus ihrem Fenster konnte sie saftige grüne Felder sehen, die zur Küste abwärts führten und Fischerboote in der diesigen Ferne. Magdala hatte mehrere tausend Einwohner und lebte fast ausschließlich von der Fischerei. Es war weit und breit wegen einer besonderen Art präparierten Fischs bekannt – kleiner, Salz gepökelter Fisch, wie jener, den der Meister segnete und bei dem Wunder der Speisung der Fünftausend vermehrte.

In der nahen Stadt Tiberias gab es einen kritisch erkrankten Jungen und man erwartete, dass er nicht mehr länger leben würde. Magdalena kannte seine Familie. Sie rief Sarah zu sich und erzählte ihr von ihrer Sorge um den Jungen. Sie sagte, sie würde gerne seine Familie besuchen und schauen, was zu ihrer Unterstützung getan werden könnte.

Sie bat Sarah, einige Öle mitzunehmen, woraufhin sich die beiden auf den Weg machten.

Tiberias war halbmondförmig gebaut, alle Gebäude blickten zum See Genezareth. Es war eine wunderschöne Stadt mit Palmen und Grünpflanzen. Die Häuser und anderen Gebäude waren in Reihen auf einem Hügel gelegen, ähnlich einem Amphitheater. Auf den Dächern waren Gärten mit Kaskaden-Grün und Wein. Interessant war, dass keines der Gebäude ein anderes anblickte, so als ob alle nur auf den See blicken wollten.

Als sie ankamen, stiegen Sarah und Magdalena einige steile, flache Steinstufen hinauf, die zu der Seite eines Hügels in der Nähe einer Gruppe von Häusern führte. Dort gab es mindestens vier Reihen Häuser, vielleicht sogar mehr. Die Frauen erreichten die dritte Reihe und wandten sich einem Pfad zu. Die Stufen führten weiter nach oben zu anderen Häusern. Der Pfad führte zu einem Tor, hinter dem ein hübsches Haus stand, das von einem Hof umgeben war. Ein zweites Tor führte zur Eingangstür. Als Magdalena und Sarah sich dem zweiten Tor näherten, begrüßte sie eine hagere ältere Frau, vielleicht die Großmutter oder Urgroßmutter des kranken Jungen.

Tiberias

Der Junge lag in einem kleinen Raum im Bett, das nah auf dem Boden gemacht war. Familienmitglieder knieten um ihn herum. Er schien bewusstlos zu sein, sein Atem arbeitete und rasselte in der Brust, die sich hob und senkte, als läge ein schweres Gewicht auf ihr.

Magdalena blickte ihn an. Sie fühlte den Kummer seines bevorstehenden Todes und flehte innerlich, *Was können wir tun?* Sie wusste, dass er an der Schwelle des Todes stand.

Ängstlich und unsicher, wünschte sie, dass Jesus käme, den Jungen zu heilen. Sie kannte natürlich die Geschichte, wie Jesus das junge Mädchen vom Tode erweckt hatte. Tatsächlich gab es viele andere Geschichten, an die sie sich erinnerte, wie er Menschen an der Schwelle des Todes zum Leben zurückgerufen hatte, vor allem jene Heilung des Sohnes des königlichen Beamten. Sicher doch war dieser Junge in Gottes Sicht ebenso kostbar! Sicher verdiente auch er geheilt zu werden!

Einige dieser Berichte von Heilungen hatte sie von den zwölf Jüngern gehört; bei anderen Heilungen war sie selbst zugegen. Sie kannte seine Macht und hatte Vertrauen in Jesus. Sie atmete tief, schloss ihre Augen und beruhigte ihr Gemüt für eine Weile. Alles, was sie zu tun wusste, war, ihn mit ihren Ölen zu salben und zu beten.

Der Junge war in Stoffstreifen gewickelt; weil er so heftig gezittert hatte, waren seine Arme fest gegen die Seiten seines Körpers gebunden. Auch seine Beine waren zusammengebunden.

Als Magdalena die Öle öffnete, löste seine Mutter die Binden, so dass sie an seine Arme, Brust und Beine konnten. Magdalena nahm etwas Myrrhenöl, was die Mutter zu einem seufzenden Wehgeschrei veranlasste, denn Myrrhe wurde traditionell gebraucht, um den Körper zur Bestattung zu bereiten.

Der Duft der Myrrhe verbreitete sich durch das Haus. und der ganze Haushalt weinte, weil der Todesduft die kommende Tragik anzukündigen schien. Das Trauern hatte angefangen – eine Art von klagendem Singsang – obwohl der Junge noch nicht die Todesschwelle überschritten hatte.

Mit Tränen in den Augen sagte Magdalena zur Mutter: „Ich habe diese Öle nicht für das Begräbnis gebracht, sondern für die Heilung. Ich habe großes Vertrauen zu dem Meisterheiler Jesus."

„Aber er ist nicht hier! Ich habe auch von seinen Wunderheilungen gehört, aber er ist nicht hier!" Die Mutter schrie vor Verzweiflung.

Magdalena beendete ihre Ölung und stellte ihre Öle ab. Sie ging zur Mutter und legte ihre Arme um sie. „Ich weiß, dass dieser Junge durch den Glauben geheilt werden kann; ich habe Vertrauen in Jesus und Vertrauen in Gott. Ich habe Jesus Wunder vollbringen sehen. Es bedeutet nichts, dass er nicht bei uns ist; seine Macht zu heilen kennt keine Grenzen." Sie nahm eines der Öle. „Diese Öle können die Gesundheit wieder herstellen – das weiß ich. Und unser Glaube kann auch mächtig genug werden, um selbst einen so Kranken zu heilen."

Der Junge begann sich zu rühren. Seine Mutter dachte, sie entdecke eine Besserung in seinem Atem, was in ihr Hoffnung entfachte. Magdalenas Worte entzündeten Hoffnung auch in ihrem Herzen. Sie begann zu denken, vielleicht wäre es möglich, dass ihr Sohn diese schwere Krankheit überstehen *könnte*.

Magdalena stand auf und ging zu dem Jungen. Sie kniete neben ihm, legte ihre Hände auf seinen rechten Arm und blickte auf sein fahles Gesicht, das von verfilztem Haar eingerahmt war. Sie blickte sich nach den anderen im Raume um, wobei sie ihre lieblichen Augen auf jedem einzelnen von ihnen ruhen ließ. Ihr Herz war mit unendlicher Liebe für alle Anwesenden erfüllt. Sie fühlte in ihrem Herzen ein wachsendes Mitgefühl mit dem Jungen und seiner Familie. Sie schloss ihre Augen und stellte sich Jesus vor, als ob er gegenüber ihr an der anderen Seite des Jungen kniete. Sie konnte ihn so deutlich sehen. Sie fühlte sich selbst umhüllt in seinem Frieden und erfüllt mit seiner Liebe. Als sie auf dieses Bild in sich blickte, war es, als halte sie den Jungen in ihren Armen und bringe ihn Jesus dar, wie sie es oft bei anderen erlebt hatte – denn wo immer Jesus war, baten Menschen ihn dringend um Heilung.

Mit diesem Bild vor ihrem geistigen Auge, wie sie den Jungen hielt, bat sie einfach, dass er geheilt werden möge. Sie wusste nicht, wie dies geschehen könnte. Sie wusste nicht, ob Jesus irgendwie bei dieser Familie in Tiberias anwesend sein könnte. Sie bat einfach in dem Bewusstsein, dass, wenn es möglich wäre, es sich ereignen möge.

Dann hörte ich den Namen des Jungen – er klang wie Bartomaeus.

Friede und Liebe, die Magdalena umhüllt hielten, gingen auf alle im Raum über, so dass der Trauergesang aufhörte. Magdalena öffnete ihre Augen und blickte auf Bartomaeus. Seine Brust hob und senkte sich regelmäßiger. Er öffnete seine Augen und fing an, tief und regelmäßig zu atmen. Das Zittern hörte auf.

Seine Mutter kniete an seiner linken Seite, legte ihre Hand auf seine Brust und weinte vor Freude, als Magdalena ihren Kopf neigte und flüsterte, „Danke dir, o Gott, danke." Magdalena fühlte sich demütig und suchte keine Anerkennung oder Aufmerksamkeit für dieses Wunder. Sie sagte zur Familie: „Dies ist der Wille Gottes. Dies ist seine Gnade, dass Dein Sohn geheilt werden sollte. Lasst uns Gott lobpreisen und danken!"

Sie erhoben ihre Hände zum Himmel und sagten: „Gepriesen bist du Gott, denn Er ist zu uns gekommen in unserem Kummer. Er hat uns erhoben. Er ist mächtig und Seine Werke sind die Werke der Gerechtigkeit!"

Tränen der Freude wurden vergossen, als Magdalena und Sarah die Familie umarmten und dann Abschied nahmen.

Als sie zum Schloss zurückgingen, war Magdalena ruhig. Innerlich pries sie unentwegt Gott. Sie segnete den Namen Jesu in dem Bewusstsein, dass er ihre Bitte erhört hatte. Zu der Zeit war Jesus mit seinen zwölf Jüngern unterwegs auf einer Reise. Sie konnte es kaum abwarten, ihn wiederzusehen.

Ich sah dann, dass zu der Zeit der Heilung von Bartomaeus Jesus in einer kleinen Synagoge zu einer Gruppe von Männern sprach und für einen Augenblick plötzlich stille geworden war. Mit einem sanften Lächeln auf seinem strahlenden Gesicht hatte er gefühlt, wie Kraft von ihm ausging. Dies war die Heilkraft, die in dem Moment von Magdalena hervorgerufen worden war. Er fasste seine Lehre dann zusammen, ohne das Thema zu unterbrechen. Johannes fragte ihn später, warum er mitten im Satz angehalten habe und Jesus antwortete: „Ein Junge wurde heute geheilt." Johannes lächelte und neigte seinen Kopf. Christus konnte an vielen Plätzen gleichzeitig sein, sogar während er durch den Leib des Jesus von Nazareth wirkte. Dies war nicht das einzige Mal, dass eine Heilung auf diese Weise vollzogen wurde.

Als die beiden durch die Stadt gingen, fühlte Magdalena eine große Liebe zu allen, die sie sah und sie fragte sich, ob dies so sei, wie Jesus fühlte, wenn er immer Liebe fühlte für jedermann. Sie hätte gerne jeden gesegnet! Sie sagte zu Sarah: „Fühlst du diese Liebe?" Sarah lächelte und nickte mit ihrem Kopf. Die beiden waren von einem hellen Licht umgeben – das Licht des Christus. Magdalena wünschte sich, dass sie dieses Gefühl stets begleite.

Dann erschien Christopherus, um mich in die Gegenwart zurückzubringen. Ich bat ihn, bei mir zu bleiben bei allen verschiedenen Arten der Reisen, die ich unternehmen würde – sowohl innere wie äußere, im gewöhnlichen und in anderen Zuständen. Ich erzählte ihm, wie ich oft fühlte, dass ich sowohl dem Wechsel von Orten als auch dem Vorwärtsschreiten widerstrebe; er hatte Mitgefühl mit mir und sagte, er wolle mit mir sein.

Teil Drei

Die Auferweckung des Lazarus

Lazarus

XXV

Ein Gespräch zwischen Lazarus und Magdalena

Ich sah Lazarus in seiner Bibliothek. Er saß am Schreibtisch, sein Haupt über eine Schriftrolle gebeugt. Über dem Tisch hing ein Gitter mit Schachteln, die noch mehr Schriftrollen enthielten. Er war eifrig dabei, einen bestimmten Satz zu suchen – die Prophezeiung eines der alten Propheten, von der Lazarus glaubte, dass sie zu der gegenwärtigen Mission Jesu passte. Er suchte verzweifelt diese Stelle zu finden. Die Schriftrollen hatte er von seiner Mutter erhalten, die sie von ihrer Familie geerbt hatte.

Magdalena trat in die Bibliothek ein. Sie wollte wissen, was die Aufmerksamkeit ihres Bruders seit Stunden so in Anspruch genommen hatte. Lazarus blickte nicht auf, sondern fuhr fort, die vor ihm liegenden Rollen durchzusehen Während Magdalena auf einem runden Kissen neben dem Tisch kniete, sagte sie, „Ich möchte mit dir spreche."

„Ich versuche gerade, etwas Wichtiges zu finden", antwortete Lazarus. Er stöhnte und rollte die Rolle ein wenig zurück, dann setzte er ein Gewicht darauf, um die Stelle zu halten. Er wandte sich zu ihr und lächelte, als ihm ein flüchtiges Bild ihres früheren Lebens durch den Sinn zog. Während sie früher übertrieben gut, laut und eitel angezogen war, war die Frau, die nun vor ihm stand, durchaus angenehm, hübsch und zufrieden. Er bewunderte ihre Wandlung seitdem Jesus sie geheilt hatte. Er fragte: „Wie kann ich dir behilflich sein, Magdalena?"

Sie lächelte. „Wer ist er? Wer ist er, Lazarus? Wer ist Jesus?"

Lazarus schüttelte den Kopf. „Genau die Frage beschäftigt mich, Magdalena. Er hat uns erzählt, er sei der Sohn Gottes und dass er gekommen sei, um die Werke des Vaters zu tun, um Liebe in die Welt zu bringen. Aber es ist ein großes Geheimnis in ihm, das ich verstehen möchte. Aus diesem Grund bin ich dabei, hier die alten Prophezeiungen über das Kommen des Messias zu lesen."

„Und, hast du etwas gefunden?", fragte sie.

„Es gibt einige Dinge, die Jesaja sagte, die, wie mir scheint, auf Jesus deuten." Lazarus strich sich den Bart. „Aber ich suche nach einem bestimmten Satz, der von einem spricht, der mit der Macht Gottes ausgestattet ist, um die Dinge ins Rechte zu bringen oder den Weg zu ebnen ... aber es gibt noch mehr darüber, dessen ich mich nicht entsinne ..." Lazarus trommelte mit den Fingern auf dem Tisch.

„Was hat er zu dir gesagt, Lazarus, wer er sei?" fragte Magdalena.

„Er kommt zu mir in Träumen, Magdalena. Ich weiß nicht, wie er das macht. Aber es scheint so, dass er kommt, wenn ich schlafe, und mir Dinge zeigt, von denen ich die meisten nicht erinnere. Aber wir sprechen immer miteinander, Herz zu Herz, eher in Bildern als in Worten. Und wir sind immer an einem Ort in goldenem Licht, hell wie die Sonne. Das geschah mehrfach so. Dann bringt er mich zurück in mein Bett und geht irgendwohin davon – irgendwohin, weit weg, hinter das Reich der Sterne. Und ich möchte mit ihm gehen Magdalena! Aber ich konnte ihm nie folgen, obwohl dies mein größter Wunsch wäre. Danach werde ich zurückgelassen mit einem gewaltigen Hunger, in seine Welt zu gehen, wo auch immer sie sein mag. Es scheint, als verlöre ich den Appetit für die Dinge dieser Welt – es gibt hier auf Erden nichts mehr, das ich wünschte.

„Was glaubst du, geschieht mit dir, Lazarus? Was glaubst du, geschieht mit dir, wenn du mit ihm bist?"

„Er lehrt mich, aber ich weiß nicht, was er mir beibringt – ich erinnere mich nicht daran. Ich dachte, ich könnte vielleicht etwas von der Welt, aus der er kommt, hier in den Schriftrollen finden, denn es scheint eine Welt zu sein, die so weit von unserem gewöhnlichen Leben entfernt ist."

„Glaubst du, dass dies die Welt ist, von der in den ägyptischen Mysterien gesprochen wird? Meinst du, die Eingeweihten reisten je in jene Welt?"

Lazarus seufzte: „Ich weiß es nicht. Ich habe jene Welt nie gesucht, aber ich wünschte, ich hätte mehr über solche Dinge in Ägypten gelernt, als ich dort war."

„Wie du weißt, lieber Bruder, habe ich die Mysterien studiert und ich stand Wache, als andere in die geistigen Welten reisten. Ich hörte ihre Berichte bei ihrer Rückkehr." Magdalena seufzte auch: „O Lazarus, es gibt so viel, was wir nicht wissen. Aber wir müssen zufrieden sein, dass wir jetzt bei ihm sind – er mit uns wandert, isst und unsere Kranken heilt."

Sie lächelte bei dem Gedanken, wie menschlich er war, wie oft sie zusammen gelacht hatten – denn er hatte einen reichen Sinn für Humor. „Lazarus, ich glaube, er ist der Sohn Gottes, wie er es gesagt hat, dass er es sei. Ist es nicht wunderbar – wenn er wirklich Gottes Sohn ist – dass es ihn so freut, mit uns am Feuer zu sitzen und uns zuzuhören? Mit uns zu sprechen? Er hat uns so viele Dinge gelehrt!"

„Magdalena, erinnerst du dich, als er uns erzählte, er würde die Sünden der Welt auf sich nehmen?"

Magdalena neigte ihren Kopf. „Ja, aber ich weiß immer noch nicht, was das bedeutet."

„Ich auch nicht. Aber ich fühle, dass die Zeit gekommen ist, zu der er dies tun wird. Er wird nicht immer bei uns sein. Ich fühle, dass die Zeit gekommen ist ..."

„Lazarus, ich habe in Träumen und Visionen schreckliche Dinge gesehen – und Jesus sagte mir, dass ich die Gabe der Schauung habe. Aber die Dinge, die ich gesehen habe, erschrecken mich. Ich habe gesehen, wie er gefangen genommen wurde ... geschlagen ..." Magdalena konnte ihren Satz nicht beenden.

„Ja, ja, Magdalena, ich habe dasselbe gesehen. Aber was können wir tun? Wir können nichts tun, ihn von der Erfüllung dessen abzuhalten, wofür er kam."

Traurigkeit kam über die beiden, als sie über diese Sache nachdachten. Dann nahm Lazarus Magdalena bei den Händen und sagte: „Lass uns beten, dass wir stark sein mögen und bei ihm bleiben bei allem, was kommen mag." Lazarus betete das „Vaterunser", das ihnen von Jesus gegeben worden war. Sie beteten für Jesus – für seine Mission. Als sie geendet hatten, blickte Lazarus in Magdalenas Augen und sagte, während er noch ihre Hände hielt: „Er sagt, dass er Gottes Sohn sei, Magdalena. Der Vater wird Sorge tragen für seinen Sohn. Wir müssen bereit sein, dass der Vater Seinen Sohn umsorgt und müssen Ihm vertrauen. Du und ich haben einen bestimmten Auftrag, uns um Gottes Sohn zu kümmern."

„Lazarus, ich habe bemerkt, dass ich ihn so sehr brauche – aber vielleicht braucht er uns ebenso sehr, wie wir ihn brauchen."

Lazarus nickte mit dem Kopf. „Ich glaube, du hast recht, Magdalena – er braucht uns. Ich habe das Gefühl, dass wir noch gar nicht wissen, was er von uns braucht, wenn sich seine Mission entfaltet."

Magdalena wunderte sich, dass der Sohn Gottes Menschen brauche, und doch wusste sie, dass es wahr war. Sie wollte ihm alles geben, was sie konnte, um ihm am besten zu dienen.

„Magdalena, für eine Weile möchte ich ein kontemplatives Leben führen. Ich möchte diesen Mann tiefer verstehen. Ich möchte auf eine tiefere Weise mit ihm verbunden sein. Aber ich weiß nicht wie. Ich werde mein Geschäft verlassen. Choran kann sich für mich darum kümmern – er kennt jede Einzelheit. Ich möchte für eine Weile fortgehen."

„Wohin willst du gehen, Lazarus?" Magdalena konnte Lazarus' Schmerz empfinden.

„Ich weiß es nicht. Ich brauche eine Zeit alleine. Ich muss irgendwie meinen Hunger nach dem Göttlichen stillen. Es gibt so viele Ablenkungen. Täglich kommen Menschen an meine Tür und fragen: „Wo ist Jesus?" Ich habe Gutes getan, wie ich es konnte. Ich gab Almosen und wie du weißt, sandte ich Jeremiah und Lukas nach Bethsaida einen Unterschlupf für die Obdachlosen zu bauen. Ich bin in den Tempel gegangen, um Opfer zu bringen. Und ich habe viele zu Jesus geführt. Ich war wirklich fleißig für ihn, manches Gute zu tun und doch fehlt noch etwas. Ich hungere nach mehr. Ich hungere nach Gott. Ich hungere nach dem Himmel. Nichts in der Welt kann meinen Hunger stillen."

„Oh, ich denke, ich verstehe dich, Lazarus – aber Jesus ist mein Trost! Wenn ich bei ihm bin, fühle ich, dass ich im Himmel *bin*!" Magdalena fuhr fort: „Ich fühle meine ganze Seele im Sonnenlicht seines Geistes erwärmt. Ich könnte unentwegt zu seinen Füßen knien. Er *ist* mein Himmel. Er ist hier auf Erden und bringt den Himmel *zu* uns. Ich möchte nirgendwo hingehen, wo er nicht ist. Ich möchte immer bei ihm sein." Sie hielt inne und blickte auf den ernsten Ausdruck des edlen Gesichtes ihres Bruders. „Aber ich verstehe deinen Wunsch, Lazarus, und ich werde beten, dass dein Hunger gestillt werden möge. Ich werde beten für dich während du fort bist. Wie kann ich dir dienen, wenn du deinen Wunsch nach Einsamkeit erfüllst?"

„Bete für mich, Magdalena – das ist alles, worum ich bitte."

Und so ging Lazarus, Vorbereitungen zu treffen für die Einsamkeit, die er suchte, während Magdalena mit einem ständigen Gebet für ihn im Herzen aufbrach, um Jesus, die Heiligen Frauen und die Jünger zu treffen.

XXVI

Lazarus erkrankt

Magdalena war auf Lazarus Anwesen in Bethanien. Sie war gerade mit ihrer Dienerin Sarah und einigen anderen angekommen. Überraschenderweise lag das Anwesen dunkel und still, obwohl es mitten am Tag war. Kein Diener begrüßte sie an der Tür. Magdalena bat ihre eigenen Diener, in der Säulenhalle zu warten, während sie nach Lazarus Ausschau hielt. Sie rief seinen Namen, bekam aber keine Antwort. Als sie keine Diener im Haus fand, ging sie durch eine Hintertür, durchquerte den äußeren Garten, bis sie zu einem Feld kam, das an die Wohnungen der Diener anschloss. Sie rief laut, ob irgendjemand zuhause sei und augenblicklich erschien ein Mann aus einem der Häuser. Sein Haar war unordentlich und seine Augen trüb von einer mittäglichen Ruhe, aber er grüßte Magdalena mit einem Lächeln.

„Guten Tag, wo ist Lazarus?"

„Er hat uns einige Tage Ruhe gegeben. Er sagte, er wolle vollkommen alleine sein", antwortete der Diener.

„Ist er krank?" Magdalena runzelte die Stirne und fragte sich, was wohl mit Lazarus verkehrt sei.

„Er sagte uns tatsächlich, dass er sich nicht wohlfühle."

„Was fehlt ihm denn? Er antwortete nicht, als ich nach ihm rief", sprach Magdalena.

„Wir wissen es nicht. Wir ließen ihn alleine in seinem Gemach. Er sandte seine Familie zu einem der anderen Anwesen, so dass er alleine sein konnte, ohne sich um die anderen zu kümmern.“

„Wenn es meinem Bruder nicht gut geht, sollten seine Diener nicht ruhen. Er sollte nicht alleine gelassen werden!“ Magdalena war entrüstet.

„Wir achten nur seine Bitte.“ Jetzt fühlte sich der Diener ungemütlich.

Magdalena schüttelte den Kopf. „Irgendetwas ist nicht richtig.“ Sie wandte sich um und ging zurück zum Herrenhaus. Als sie sich zum Flügel von Lazarus aufmachte, ging sie durch einen Gang, wo noch die Ausrüstung ihrer Eltern an den Wänden hing Schwerter und Schilde, Teppiche und Kunstgegenstände. Es war das Anwesen ihrer Eltern gewesen und die Wände bewahrten viele Erinnerungen.

Sie klopfte an Lazarus Tür, lauschte nach einem Ton von innen. Als sie nichts hörte, trat sie ein. Lazarus lag auf seinem Bett mit einem friedlichen Ausdruck auf seinem fahlen Gesicht. Einen Augenblick lang dachte sie, er sei tot. Sie konnte kaum ein Heben oder Senken der Brust beobachten. Sie berührte ihn leise an der Schulter und sprach, „Lazarus, wache auf, ich bin es, Magdalena.“ Er rührte sich und blickte sie an.

„Was fehlt dir, mein Bruder?“

Fast unhörbar antwortete er, „Mein Körper ist schwach.“

Sie bedrängte ihn mit Fragen. „Hast du Schmerzen? Hast du gegessen? Bist du durstig?“

„Nein“, flüsterte er.

„Was fehlt dir?“

Er antwortete, dass er es nicht wisse. Sie fühlte seine Glieder. Sie waren steinkalt. Sie ging zu einer Truhe und zog eine wollene Decke heraus, die sie über ihn breitete. Sie rieb eine Weile seine Hände und

Füße. „Ich gehe runter, um deine Diener zu bitten, dir etwas Warmes zum Essen zu machen – eine Brühe."

Er schüttelte den Kopf und sagte, dass er nichts essen wolle.

„Du musst etwas essen. Ich werde gleich zurückkommen und dir dabei helfen."

Sie ging hinaus und rief zwei seiner Diener, dass sie für Lazarus eine Suppe bereiten sollten. Während sie arbeiteten, fragte sie die Männer, ob seine Krankheit überraschend gekommen sei. Sie antworteten, dass er seit einiger Zeit ziemlich distanziert und sehr ruhig gewesen sei, nicht so aktiv wie gewöhnlich und dass er mehr und mehr Zeit alleine verbracht habe.

Sie dachte darüber nach, was dies bedeuten könnte. Was für eine Krankheit war dies? Sie wünschte Jesus zu finden, und ihn zu bitten, zu kommen und Lazarus zu heilen. Aber sie wollte Lazarus gerade jetzt nicht alleine lassen.

Magdalena und die beiden Diener brachten die Brühe zu seinem Gemach. Aber er wollte nicht essen und sagte, sie sollten sie neben dem Bett stehen lassen, wobei er hinzufügte, dass er sie später versuchen werde. Magdalena erforschte ihn erneut mit Fragen, aber er weigerte sich zu sprechen. Da sie nicht wusste, was sie und die Diener weiter tun könnten, verließen sie schließlich den Raum.

Sie wusste, dass die Heilige Mutter und mehrere der Heiligen Frauen bald aufbrechen würden, um Jesus zu treffen – vielleicht könnten sie ihm die Nachricht bringen, dass Lazarus krank sei. Sie ging zu den Frauen und erzählte ihnen von Lazarus. Sie wollten am folgenden Morgen aufbrechen und versprachen, die Nachricht zu überbringen.

Nachdem sie mehrere Tage gegangen waren (die Entfernung war vielleicht 30 Meilen), kamen die Heilige Mutter, Maria Cleophas[14] und

[14] Maria Cleophas war die Tochter von Maria Heli, der älteren Schwester von Maria von Nazareth. Wegen des Altersunterschieds war Maria Helis zweite Tochter, Maria Cleophas nur etwa vier Jahre älter als Maria von

Maria Salome[15] zu einer Stadt in Samarien, in der Jesus lehrte. Als sie ihm von Lazarus Krankheit erzählten, lächelte Jesus und nickte mit dem Haupt.

„Lazarus ist wirklich krank, aber es ist keine Krankheit dieser Welt. Ich werde hingehen, wenn es an der Zeit ist.“

Seltsamerweise sandte er keine Rückmeldung an Magdalena, auch schickte er niemanden, um ihr beizustehen. Jesus wusste, dass Lazarus

---

Nazareth, obwohl sie ihre Nichte war. Im Laufe ihres Lebens hatte Maria Cleophas drei Ehemänner. Der erste hieß Alphaeus, der vorher schon verheiratet war und einen Sohn hatte, der bei ihnen aufwuchs. Dieser Sohn war Matthäus, der später einer der zwölf Jünger wurde. Sie bekam eine Tochter, Susanna und drei Söhne zu Alphaeus: Judas Taddeus, Simon, und Jakobus der Jüngere, alle drei wurden ein Teil des Kreises der Jünger Jesu. Ihre zweite Ehe war mit Sabas, mit dem sie einen weiteren Sohn hatte, Joses Barsabbas, der später ein Jünger wurde – aber anders als seine vier Brüder, nicht einer der zwölf. Ihr dritter Mann war ein Grieche, Jonas, der einen Sohn mitbrachte, Parmenas, der auch ein Jünger Christi wurde. Mit Jonas bekam Maria Cleophas einen Sohn, Simeon Justus, der etwa zehn Jahre alt war zur Zeit der Auferstehung Christi. Simeon Justus wurde nach dem Tod von Jakobus dem Jüngeren der zweite Bischof von Jerusalem. Zu Beginn von Jesu Wirken zog Maria Cleophas in die Nähe von Kapernaum, nahe zu dem Haus der Heiligen Jungfrau. Später lebte sie in Kana. Als Maria Cleophas elend krank mit Fieber im Haus von Petrus in Bethsaida lag, wurde sie von Christus Jesus geheilt. Sie starb fünf Jahre nach Christi Himmelfahrt.

[15] Maria Salome war eine Kusine von Maria von Nazareth und die Frau des Fischers Zebedäus. Zebedäus und Salome hatten zwei Söhne, Jakobus und Johannes, manchmal auch als die Söhne des Zebedäus erwähnt. Sie wurden Jünger Jesu – Johannes war der einzige der zwölf, der beim Tod und Begräbnis Christi zugegen war und der zusammen mit Petrus im Garten des Heiligen Grabes am Ostersonntagmorgen war. Petrus, Jakobus und Johannes waren die drei Jünger, die die Verklärung Jesu auf dem Berg Tabor miterlebten. Sie waren auch nach dem letzten Abendmahl mit Jesus im Garten von Gethsemane. Zu Beginn von Jesu Wirken lebte Maria Salome in dem Haus, das vorher das Haus der Heiligen Familie in Nazareth war: Später lebte sie in der Nähe von Kapernaum. Maria Salome wird im Matthäus Evangelium als eine der Heiligen Frauen am Fuße des Kreuzes genannt. Sie war eine der vier Marien, die unmittelbar unter dem Kreuz waren: Jungfrau Maria, Maria Magdalena, Maria Cleophas und Maria Salome.

an einer Krankheit der Seele litt, die infolge ihrer nahen Verbindung miteinander seit der Taufe aufgetreten war. Lazarus wollte sehnsüchtig wie Jesus sein und die Dinge vollbringen, die er Jesu tun sah. Christus Jesus war das höchste Ideal dessen, was Lazarus erstrebte.

In seinem Hunger nachzuahmen, was er bei dem Meister sah, war Lazarus dazu gekommen, ihm mehr und mehr zu ähneln. Er hatte angefangen, so sehr nach der geistigen Welt zu hungern, dass er den Wunsch verlor, in der physischen Welt zu leben, wie er es Magdalena erzählt hatte.

Er hatte angefangen, über die Alten Mysterien nachzudenken und versucht, Wege zu finden, sich mit der geistigen Welt zu verbinden. Er wusste keinen anderen Weg, die geistige Welt zu erreichen, als durch den Tod oder durch die Alten Mysterien.

Während die zwölf Jünger im allgemeinen mehr auf die materiellen Aspekte von Jesu Wirken zentriert waren – so wie Lehren, das Handhaben der Menge, das Gestalten geschäftiger Reiseprogramme und Achten auf viele andere logistische Einzelheiten – hatte Lazarus angefangen, das Interesse an der materiellen Welt zu verlieren. Fragen stiegen aus den Tiefen seiner Seele auf. Und umso mehr er aufwachte, desto mehr Fragen tauchten auf. Er fuhr fort, Jesus finanziell zu unterstützen, zog sich aber allmählich von den täglichen Angelegenheiten des Wirkens zurück, um alleine Zeit mit seinen Fragen zu verbringen.

Gelegentlich zog sich Lazarus in eine Höhle zurück, um zu fasten und zu beten. Nichts bemerkenswertes ereignete sich bei diesen Gelegenheiten, höchstens dass er sogar weniger interessiert war an der physischen Welt als vorher. Als er die physische Welt in dieser Weise zurückwies, wurde sein Körper bald krank.

Magdalena fühlte ihren Bruder dahinschwinden. Sie wusste, dass er ohne eine Hilfe sterben würde. Sie wartete, dass Jesus käme. Als er aber nach einigen Tagen nicht gekommen war, und auch keine Nachricht von ihm eintraf, bat sie Martha zu kommen und zu sehen, was sie tun könnte. Martha versuchte ihren Bruder zu überzeugen, dass er ihre Hilfe akzeptiere, ihn gesund zu pflegen. Auch sie war sehr verzweifelt über seinen sich verschlechternden Zustand. Die beiden Schwestern sandten durch einen Diener eine neue Nachricht an Jesus: *Lazarus Zustand verschlechtert sich, bitte komme!* Aber immer noch gab es keine Antwort. Jesus kam nicht.

Von Zeit zu Zeit fragte Magdalena Lazarus: „Was kann ich tun, damit es dir besser geht?"

„Nichts. Es gibt nichts, Magdalena. Mir wird es erst besser gehen, wenn ich in der nächsten Welt bin", lautete seine Antwort immer. Sie musste mit der kummervollen Realität fertig werden, dass er sterben wollte. Manchmal weinte sie und bat Lazarus, er möge das Leben wählen. „Was ist mit Jesus und seiner Aufgabe, ist das nicht genügend um zu bleiben? Warum willst du uns verlassen?" Aber er antwortete nur, dass er krank sei aus Sehnsucht nach Gott.

Eines Tages kam Magdalena die Idee, dass, wenn Lazarus die geistige Welt *besuchen* könnte, ihm dies vielleicht genügen würde. Sie dachte, wenn er die geistige Welt auf diese Weise erleben könnte, er vielleicht so gestärkt und erneuert würde, dass er sich wieder im Leben engagieren könnte. So schlug sie ihm eines Abends vor, dass sie für ihn einen „Tempelschlaf" einrichten würde und zeigte auf, dass sie ihn dadurch in die geistige Welt leiten könnte, was ihm zu einem besseren Verständnis seiner Aufgabe im Leben verhelfen könnte. Er stimmte zu. Obwohl es ihre eigene Idee war, machte sich Magdalena etwas ängstlich an deren Durchführung, denn sie kannte von ihren Studien in Ägypten die Gefahren solch eines Vorgehens. Aber es war ihre einzige Hoffnung.

Magdalena wunderte sich immer noch, warum Jesus nicht gekommen war, um seinen Freund zu heilen. Hatte er die Nachricht erhalten? Sie wusste, dass Lazarus Seele die Vereinigung mit dem Göttlichen so stark suchte, dass er bereit war zu sterben, um sein Ziel zu erreichen – und es schien, dass die Zeit davoneile.

Magdalena begann als Vorbereitung damit, sich vor die Seele zu stellen, was sie in Ägypten gelernt hatte, vor allem den alten Auferstehungsritus und seinen „Tempelschlaf." Dies richtete ihre Gedanken auch auf das Taufritual von Johannes dem Täufer. Hatte er nicht derart getauft, dass derjenige, der die Taufe empfing, zur geistigen Schau gebracht wurde und dabei oft zu einer neuen Sicht seines Lebens? Seine Taufe war also eine Art von „Tod" – ein Tod des früheren sündigen Ich, der zu einem neuen, geistigen Leben führte. Um diese Vision zu ermöglichen, wurde der Täufling gerade so lange unter Wasser gehalten, dass sich sein Ätherleib löste. Dieses Lösen des Ätherleibes, das einer Nahtoderfahrung ähnlich ist, führte einen Zustand herbei, der tatsächlich die Seele für die Vision öffnete.

Die Taufmethode von Johannes symbolisierte Tod und Auferstehung und entsprach in dieser Weise den alten Auferstehungsmysterien von Ägypten. Als Magdalena über diese beiden Formen der Einweihung nachdachte, verstand sie, dass es das Ziel von Johannes und Christus Jesus war, es dem „natürlichen Menschen" zu ermöglichen, in gewissem Sinne zu sterben, dies als Mittel, zur Kommunion mit dem Göttlichen zu kommen, um danach zu einem neuen Leben auferstanden zu sein. Magdalena wusste, dass Lazarus die Taufe von Johannes dem Täufer empfangen hatte, aber er hatte ihr nie preisgegeben, was er dabei erlebt hatte. Sie wusste, dass etwas Kostbares und Tiefes aus dieser Taufe hervorgegangen war, aber er hielt es in seinem Herzen behütet. Magdalena glaubte, dass sich ihres Bruders Verhalten nach der Taufe geändert habe, er schien so viel ernster und andachtsvoller. Seine Taufe hatte die Reise seiner Seele in Bewegung gesetzt und diese Reise hatte ihn jetzt zu dem Punkt geführt, wo er nur noch nach der geistigen Welt hungerte.

Ich sah dann, dass Lazarus auch bei der Taufe Jesu anwesend war. Er nahm wahr, wie die Taube herabkam und hatte die Stimme Gottes vernommen, die sprach: *Heute habe ich dich gezeugt!* Er hatte Jesus mit einem großen Licht durchstrahlt erlebt und selbst bescheiden neben dem Jordan gekniet und die Gegenwart Gottes gefühlt. In dem Augenblick wusste er, dass Jesus Christus der Sohn Gottes war. Mit der Zeit schwand dieses Wissen von Jesus manchmal und wurde für ihn unbegreiflich, während er es zu anderen Zeiten fassen und verstehen konnte.

Jesu Taufe war wirklich ein Bild seines sich nähernden Todes, Begräbnisses und der Auferstehung. Und dies galt auch für die Taufe von Lazarus. Diese Entsprechung zwischen der Taufe von Jesus und der von Lazarus ist ein großes Mysterium. Um dieses Geheimnis zu entfalten und enthüllen, müssen zuerst die rechten Fragen gestellt werden.

Und so machte Magdalena Vorbereitungen für die Einweihung, den „Tempelschlaf", von Lazarus. Sie wünschte sich einen einfacheren Weg, so etwas wie die Taufe des Johannes. Aber Johannes war gegangen und Jesus kam nicht. Sie selbst musste tun, was sie konnte, um Lazarus zu retten.

Eine erneute Botschaft wurde an Jesus gesandt, um ihn zu bitten zu kommen und bei der Einweihung des Lazarus zu helfen. Aber wie zuvor kam keine Antwort.

XXVII

Die beiden Visionen, die in diesem Kapitel zusammengefasst wurden, sind verschiedene Berichte des gleichen Ereignisses

Das Haus von Lazarus

Ich stand gerade außerhalb vom Haupteingang des Schlosses von Lazarus. Über dem Fronteingang wölbt sich ein großer, eindrucksvoller Steinbogen. Das Hauptgebäude ist quadratisch oder beinahe so und in einem für Judäa fremden Stil erbaut. Es erinnert an mittel-östliche Architektur, die ich gesehen habe. Es hatte viele schöne Details (was in der Gegend ganz unüblich war), mit schönen Steinarbeiten an der Front und rund um die Ecken des Daches. In der Ferne, links vom Haus, konnte ich durch die Bäume den Schimmer eines Sees sehen und einen Steinpfad, der in einen Garten führte, der an seinem Ende mit einer Reihe kurzer, breiter Palmen gesäumt war. Jenseits der Palmen standen andere, schlankere Bäume mit feinen Blättern, die wie jene von Eukalyptus aussahen. Alles war in ein goldenes Licht der Abendsonne getaucht. Aus dem Winkel, aus welchem das Sonnenlicht vom westlichen Horizont her strahlte, urteilte ich, dass das Haus nach Westen und etwas nördlich blickte.

An der linken Seite des Hauses unmittelbar hinter dem Garten führte ein Pfad leicht geneigt abwärts zu einem Tor. Durch das Tor führte ein weiterer Pfad zu dem Familiengrab, einem Steingebäude, das in die

Seite eines gerundeten Hügels gebaut war, ähnlich dem Haus von Lazarus.

Vorbereitungen für die Einweihung

Ich näherte mich dem Haupteingang. Ich war mir bewusst, dass sich eine bestimmte kosmische Konfiguration an jenem Abend ereignen würde – etwas, das den Mond einbezog – und dass Magdalena es für eine günstige Zeit hielt, das alte ägyptische Einweihungsritual, das sie vor so vielen Jahren gelernt hatte, zu vollziehen.

Lazarus war seit Tagen vorbereitet. Er hatte einige Tage zuvor eine Diätvorschrift begonnen und hatte auch seinen Körper mit Kräutern und Ölen gereinigt, wobei er Präparate benutzte, die Magdalena für ihn zusammengestellt hatte. Er hatte weiter einen guten Teil der Zeit in Abgeschiedenheit meditierend verbracht. Als sein Verhalten immer ernster und gedämpfter wurde, war es für Magdalena offensichtlich, dass geistige Kräfte an ihm arbeiteten.

Alle, die eine Rolle übernommen hatten, bereiteten sich selbst vor, indem sie gewisse Gebete und Rituale verrichteten, um Schutz zu erbitten. Auch der Raum, in dem die Einweihung stattfinden sollte, musste geheiligt werden. Dies geschah durch reinigende Öle und Weihrauch und durch besondere Gebete. Magdalena, Martha und einige andere mussten in den kommenden Ritualen „Hand-Hilfe" leisten. Sie mussten sich während der dreitägigen Vorbereitungszeit gegenseitig reinigen und mit verschiedenen Salbungen weihen.

Wie Jesus und Lazarus gute Freunde wurden

Lazarus war ein wunderschöner Mann. Er war von feiner physischer Gestalt und hatte auch innere Schönheit. Den größten Teil seines Lebens hatte er innerlich gekämpft, trotz der Tatsache, dass er mehr als reichlich von dem hatte, was die Welt bieten konnte: Reichtümer, die Achtung derer, die er bewunderte, Komfort, und gewöhnlich eine friedliche Umgebung. Aber er war desillusioniert von der materiellen Welt. Für das irdische Leben konnte er keine Liebe finden. In einer undeutlichen und ungewissen Art suchte er ein Ganzes, das nur in der geistigen Welt gefunden werden kann.

Dann wurde Jesus sein bester Freund und die Dinge änderten sich für ihn. Er fühlte einen tieferen Sinn in seinem Leben und wurde freiwillig ein Anwalt für Jesu Wirken. Er konnte Menschen in hohen Positionen beeinflussen und überzeugen, dass Jesus die große Gruppe von Anhängern, die er gerade anzuziehen anfing, unterrichten durfte. Zunächst wollten die Autoritäten, dass Jesus aufgehalten werde, aber Lazarus war in der Lage, ihre Angst zu besänftigen, wenigsten für eine Weile.

Als Jesus zu Beginn seines Wirkens in Bethanien eintraf, wurde er als jemand betrachtet, der ganz aus der Reihe tanzte. Er war so ganz anders als die anderen Menschen dort. Unberührt von der Welt schien ihn nichts locken zu können. In diesem frühen Stadium wollten die Leute ihm Geld geben oder ihn als eine Art Herrscher einsetzen, aber er ließ sich von solchen Versuchungen nicht verführen.

Er zeigte ein tiefes Interesse an den Menschen, aber sein Interesse war weniger auf deren Materielles oder deren äußere Natur gerichtet, als auf ihr spirituelles Wohlbefinden. Dies war vielen ungemütlich.

Wegen seines ungewöhnlichen Verhaltens stand er immer unter genauer Kontrolle, vor allem weil er auch kulturelle Grenzen überschritt. Er kümmerte sich überhaupt nicht um die „Regeln“ der Gesellschaft für die verschiedenen Rassen oder für jene, die man als „unrein“ bezeichnete.

Viele versuchten, Lazarus zu überzeugen, Abstand zu nehmen von der Verbindung zu Jesus, und wunderten sich, was dieser wohlhabende und prominente Mann in diesem sah; aber Lazarus war nicht zu überzeugen. Er fühlte sich von Jesus besser erkannt als von jedem anderen; und sein Herz hatte sich immer danach gesehnt, in einer tieferen Weise erkannt zu werden.

Und so tat Lazarus alles, was er konnte, um Zuhörer zu Jesus zu bringen. Es begann mit kleinen Gruppen, einschließlich der Heiligen Mutter, Martha zusammen mit ihrem älteren Diener, Maria Markus (die Mutter des Apostels Markus), Johanna Chusa, verschiedene Söhne von Maria Salome und einigen anderen.

Sie trafen sich zunächst privat, aber dann wuchs der Kreis. Magdalena war bei diesen frühen Treffen nicht beteiligt, denn ihre Seelenstimmung war zu der Zeit noch düster. Martha hatte versucht, Magdalena zu überzeugen, Jesus zuzuhören, aber sie hatte es nachdrücklich abgelehnt. Als sich Jesu Lehren ausdehnten, wurde Lazarus sehr eifrig, wirkte bei Männern der Autorität dahin, dass Friede im Land blieb, während er sich versicherte, dass Jesus genügend Unterstützung bekam, die er dazu brauchte, um noch mehr Menschen zu erreichen.

Magdalena kämpft mit Zweifeln

An dem Morgen des ersten Tages der Einweihungssitzungen für Lazarus – die bei Sonnenuntergang beginnen würden – saß Magdalena alleine auf einer Bank in Lazarus Garten und lauschte den Vögeln. Mit anderen Teilnehmern hatte sie gerade das „Sonnenaufgangs"-Ritual beendet. Es würde drei Tage solche vorbereitende Rituale geben, denen die Todeseinweihung folgen würde.

Magdalena trug bei ihrer Aufgabe im Vorgehen bei der Einweihung ein besonderes Gewand, das – so verstand ich – eine Bedeutung über das hinaus hatte, was ich im Augenblick erkennen konnte. Das Kleid war reinweiß und muss teuer gewesen sein, weil es in jenen Tagen sehr aufwändig war, Wolle zu einem derartigen Weiß zu bleichen. Der Stil des Kleides war ungewöhnlich für die Zeit: Die Ärmel waren an den

Handgelenken mit kleinen Kordeln zusammengezogen und der Rest des Kleides hing voll und frei in Falten, die auf den Schultern gerafft waren. Sie trug über dem Oberteil einen weißen Mantel.

Als Magdalena so tief in Gedanken versunken saß, befingerte sie die Schnüre an den Enden ihrer Ärmel. Der Haushalt von Lazarus war in Schweigen gehüllt und blieb es den ganzen Tag. Sie begann ruhig zu beten, während die Vögel in den nahen Bäumen um sie herumhüpften.

Magdalena fühlte sich unbehaglich. Sie sorgte sich um Lazarus geistigen Zustand. Seine Sehnsucht nach der Vereinigung mit der geistigen Welt schien zu sehr aus dem Gleichgewicht geraten zu sein. Als sie darüber nachdachte, wurde sie auch darüber unruhig, dass Jesus keine Antwort gesandt hatte auf ihre Einladung, an der Einweihung teilzunehmen. Sie hatte von ihm überhaupt kein Wort empfangen! Magdalena fragte sich, ob er schätze, was sie dabei waren zu tun, oder ob er es richtig fand.

Zunächst war sie sicher, die Einweihung vorzunehmen, aber jetzt wurde sie von Zweifeln gepackt. Sie war in den Garten gegangen, um ihre Ängste zu zerstreuen, weil sie dieses negative Gefühl nicht in ein so wichtiges Geschehen mitnehmen wollte.

Etwas von dem, was sie fühlte, war ihr eigener früherer Zweifel, dass Lazarus ihr vielleicht nicht voll vertrauen würde aufgrund ihrer fragwürdigen Vergangenheit. Aber dann kam ihr der Gedanke, dass Jesus ihr zutrauen würde, dies zu tun, wäre er denn sonst nicht gekommen, um selbst die Einweihung zu vollziehen? Sie fühlte sich durch die Wahrung der Verantwortung, dass alles gut ginge, überfordert.

Martha ihrerseits schien vertrauensvoll zu dem, was sie unternehmen würden. Magdalena wollte mit ihr über das sprechen, was sie empfand – war aber unsicher, ob es etwas Gutes bewirken würde.

Magdalena kämpfte mit Vorahnungen und machte den Fehler, Gott um ein Zeichen zu bitten, dass sie so fortfahren sollte. Es war ein Fehler, weil sie eher aus dem Zweifel heraus fragte, anstatt aus dem Glauben. Da sie gegenwärtig kein Zeichen empfing, entschloss sie sich, in ihr Zimmer zurückzukehren, um die Gebete und das Protokoll für das Ritual am Abend zu überprüfen.

Als sie wieder in ihrem Zimmer war, nahm Magdalena lange, schmale etwa fünfzehn Zentimeter breite und zwanzig Zentimeter lange Papyrusstücke in die Hand, auf denen Gebete verzeichnet waren. Während sie diese Gebete sprach, überkam sie erneut der Friede, und Ehrfurcht vor der Einweihung kehrte in sie zurück. Ihre Ängstlichkeit schwand dahin, als sie auf diese Weise ihre Verbindung zu der heiligen, magischen Kraft der Einweihung wieder herstellte. Im Augenblick war sie jedenfalls sicher, dass sie mit ihren Plänen fortfahren könnte.

Der erste Tag der Einweihung

Die Einweihung hatte an dem vorherigen Abend mit der Aufführung des „Sonnenunterganges“ oder des „Begräbnisses der Sonne“ begonnen. Die Anwesenden wurden gebeten, sich mit dem Sonnenuntergang oder „Begräbnis“ am Horizont zu identifizieren. Beides hatte einen äußeren und inneren Sinn.

Als draußen die Sonne unterging, „begraben“ wurde, standen sie in einem Kreis zusammen und schauten den Untergang der Sonne auch in ihrer Mitte im Einweihungsraum – aber sie nahmen dies in einer besonderen Weise wahr, als einen *Abstieg* durch die Chakren von Lazarus.

Lazarus stand in der Mitte des Kreises, er stellte die Sonne dar, *wurde* vielmehr die Sonne für die Zwecke des Rituals.

Indem sie besondere Worte der Anrufung sprachen, riefen die teilnehmenden Frauen betend die Kräfte der Sonne an, durch die Chakren des Lazarus „unterzugehen“ und sich selbst für die Nacht in seinem Wurzelchakra zu „begraben“. Sie hielten die Nacht über Wache, während Lazarus so „begraben“ schlief.

Unmittelbar vor der Morgendämmerung hatten sie das Ritual des „Sonnenaufganges" vollzogen, und vergegenwärtigten sich jetzt, wie die Sonne durch die Chakren von Lazarus in das Kronenchakra auf dem Scheitel seines Hauptes aufging. Als die Sonne sich in das Kronenchakra erhob, richteten sie irgendwie das Sonnenlicht der zunehmenden Energie als eine Gabe hinaus in die Welt.

*

Ich verstand, dass Lazarus im Verlauf eines jeden der drei Tage der Einweihung sich einer besonderen Stufe des Todes zu unterziehen habe.

Der erste Tag war dem Tod des *Ich* geweiht, dem Tod des „natürlichen Menschen."[16] Als sich die Begleiter an dem Morgen des ersten Tages mit Lazarus trafen, wurde ein Manuskript benutzt. Das Manuskript sollte Lazarus beim Eintritt in seinen natürlichen Menschen helfen, wobei er sein eigenes Ich erkennen sollte. Es bestand aus einem Dialog zwischen Lazarus und Magdalena. Magdalena sprach und Lazarus antwortete. Auf diese Weise führte das Manuskript zu einem bestimmten Verständnis seiner eigenen Ich-Kräfte.

Ich kann die Worte dieses Manuskripts nicht enthüllen, aber ich kann mehr allgemein darüber sagen, dass es mythisch eine Reise in das eigene Ich des Einzuweihenden darstellte und dass am Ende dieser Reise der Einzuweihende den „Tod" des Ich erlebte. Diese „Todes"-Erfahrung konnte ganz verschieden sein, je nach der Beschaffenheit der Seelenentwicklung; d.h. ihre Tiefe und Auswirkung hingen ganz von der Natur der besonderen eigenen Seelenkräfte des Einzuweihenden ab.

Für die Zwecke dieses ersten Tages – oder Grades – der Einweihung wurde das *Haupt* genommen, um den physischen Ort des Ich darzustellen, und deshalb waren es die Haupteskräfte, die vor allem angesprochen wurden. Am Ende der dramatischen Aktion wurde z.B.

---

[16] Der 1.Korinther 2,14 spricht davon, dass der natürliche Mensch nichts vom Geist Gottes vernimmt.

Nardenöl für die Krone des Hauptes verwandt, um die Entlassung aller negativen Aspekte des Ich zu erleichtern, die während des Prozesses möglicherweise stören könnten.

Nardenöl hat eine tiefe und seelenreinigende Qualität. Es kann dem Einzuweihenden helfen, den Menschen gewahr zu werden und dabei das eigene Ich abseits von ihm zu empfinden, als würde es von außen beobachten.

Es war keine Frage der Missachtung oder Geringschätzung des natürlichen Menschen; auf ihn wurde mit Mitgefühl geschaut. Denn nach solch einer Erfahrung, wenn sie erfolgreich verlief, wird der Einzuweihende sowohl größere Liebe für sein Ich entwickeln, wie auch die Fähigkeit erlangen, mit mehr Klarheit und Dankbarkeit auf das niedere Ich zu blicken. So ging es nicht darum, den natürlichen Menschen wie ein ungewünschtes Kleid abzulegen, sondern zu einem solch durchgreifenden Verständnis zu kommen, ihn zu *verwandeln.*

Dieses „Entlassen des Ich" wurde unternommen, um die gesamte Einweihung zu erleichtern; d.h. das Ich musste zeitweilig geopfert oder beiseitegelegt werden, damit dem Geist der benötigte „Raum" gewährt wurde, das Einweihungswerk zu vollenden.

Natürlich war es nicht möglich, das Ich vollkommen zu entlassen, denn, obwohl wir Menschen ein gewisses unmoralisches Verhalten und negative Eigenschaften überwinden können, bleiben wir durch die unreine Natur unseres *Astralleibes,* dem Sitz unserer Leidenschaften und Wünsche, für die Versuchung böser Geister anfällig. Nur sehr wenige Menschen haben ihr Ich vollkommen entlassen und den Astralleib reinigen können. Ein Beispiel ist Buddha.

Vor diesem Hintergrund können wir jetzt das Ritual des „Sonnenunterganges" am ersten Abend der Einweihung genauer beschreiben.

*

Als Lazarus in der Mitte des Kreises stand, war er sich infolge des oben beschriebenen Manuskripts und der im Laufe des Tages für ihn gesprochenen Gebete, seines natürlichen Menschen voll bewusst. Eine andere Individualität stand bei Lazarus im Kreis, die seinen natürlichen Menschen repräsentierte. Er trug ein dunkelgraues Gewand. Lazarus seinerseits war weiß gekleidet, was die Vereinigung mit seinem höheren Ich symbolisierte. Der natürliche Mensch blickte Lazarus an. Wieder wurden bestimmte Worte und Gebete gesprochen. Die Häupter der beiden, von Lazarus und demjenigen, der für seinen natürlichen Menschen dastand, wurden mit Nardenöl gesalbt. Jeder sprach bestimmte Worte zu dem anderen, die das Entlassen früherer Lebensweisen betrafen. Dies war eine tief heilsame Erfahrung für Lazarus – oder für jeden Einzuweihenden – sich ihm zu unterziehen.

Während des Rituals des „Sonnenunterganges" wurde der natürliche Mensch, der das graue Gewand trug, symbolisch „begraben." Als der natürliche Mensch auf einer nahen Steinbank zur Ruhe gebettet war, wirkte das Ritual so auf die Chakren, dass der *Ätherleib* gelockert wurde. Jeder in dem Kreis richtete seine Gedanken auf den Vorgang dieses „Sonnenunterganges" durch Lazarus Chakren. Und als sich dieser Abstieg durch die Chakren vollzog, und schließlich den tiefsten Punkt, das Wurzelchakra, erreichte, erhob sich der Ätherleib.

Das was ich hier bespreche, stellt nur den blanken Umriss dieser Einweihung dar, denn mir wurde nur ein kleiner Teil davon gezeigt.

Der zweite Tag der Einweihung

Am folgenden Morgen vor der Dämmerung war die Person, die als natürlicher Mensch da war und am Abend zuvor ein dunkelgraues Gewand getragen hatte, nun mit einem weißen Gewand gekleidet. Dies weiße Gewand symbolisierte die Reinigung, die durch das Begräbnis der Leidenschaften und Wünsche erreicht wurde. Eine andere Person hatte nun die Aufgabe eines *Engels*, der den natürlichen Menschen bei der Hand nahm und ihn aufrichtete. Dann begab sich der Engel zu dem umgebenden Kreis zur Unterstützung des Rituals der „Aufgehenden Sonne" durch die Chakren von Lazarus.

Hier sollte ich etwas Wichtiges erwähnen, das mir zum Verständnis gegeben wurde. Während des Rituals des „Sonnenaufganges" an den ersten beiden Morgen, wurde kein Ausgang für die Sonne durch das Kronenchakra hergestellt, vielmehr blieb die Sonne dort, nachdem sie auf die Höhe des Sonnen-Kronenchakra aufgestiegen war, und erleuchtete alle Chakren von der Wurzel bis zur Krone. Wir könnten sagen, dass die Sonne in jedem Chakra bewahrt wurde. Mit anderen Worten, der Initiator erlaubte der Sonne nicht, nachdem sie jedes einzelne Chakra während ihres Aufstiegs erreicht und durchdrungen hatte, einfach so fortzufahren und nacheinander jedes wieder zu verlassen. Vielmehr waren die Dinge so arrangiert, dass die Sonne in etwa in jedem Chakra anwesend blieb, sogar, als sie weiter bis zur Krone aufstieg.

Ebenso wie die Sonne nicht ihren Aufstieg während des Rituals des „Sonnenaufganges" über das Kronenchakra hinaus fortsetzte, sondern stattdessen in allen Chakren gleichzeitig anwesend blieb, so ereignete sich etwas Ähnliches mit dem „Untergang." Als die Sonne bei ihrem Abstieg durch die Chakren während des Rituals des „Sonnenunterganges" das niedrigste Chakra, oder Mondchakra, erreichte, stieg sie nicht weiter ab und ging von dort fort, sondern blieb in allen Chakren anwesend, sie blieb für die Nacht „begraben" in dem Wurzelchakra.[17]

Wenn eine Person stirbt – wirklich stirbt, und nicht im Sinne des Einweihungs-„Todes" – lässt die Sonne die niederen Chakren auf dem Weg durch sie hinter sich, wenn sie auf und ab durch die Krone fortschreitet.

*

[17] Die hier dargestellten Übungen sollten nicht nachgemacht werden. Sie könnten gefährlich werden, wenn sie unkorrekt vollzogen würden. Aus diesem Grund wird jetzt hier nicht der ganze Vollzug des Mysteriums geschildert.

Durch diese Schilderungen sind wir bereit, etwas von dem Zweck der zweiten Stufe der vorbereitenden Einweihung zu verstehen.

Den natürlichen Menschen abgeben, bedeutet, ein leeres Gefäß werden. So zentrierte sich der zweite Tag der Vorbereitung für den Einzuweihenden darauf, *Leere* entstehen zu lassen. Dieser Tag wurde von allen mit Fasten, Schweigen und in Einsamkeit verbracht. Als der Tag wieder mit dem Ritual des „Sonnenbegräbnisses" beendet wurde, behielten alle Anwesenden den Sonnenuntergang jetzt genauer in sich im Blick, so wie in einem leeren Gefäß und in tiefer innerer Stille.

Aber während dieses zweiten Rituals, dem „Begräbnis der Sonne", wurde die Sonne weiter nach unten gezogen. Sie endete nicht beim Wurzelchakra, sondern ging weiter abwärts bis zu den Füßen. Tatsächlich goss Magdalena Öl auf die Füße von Lazarus und sprach heilige Worte, um diesen Abstieg von der Sonne in die Füße zu erleichtern.

Dieser Abstieg von der Sonne über das Wurzelchakra hinaus und bis hinab zu den Füßen, symbolisierte, dass der *Stern* oder das höhere Ich eines Menschen nicht nur in den Körper gebracht wurde, sondern bis ganz hinunter zu den Füßen. Und mehr noch, es war eine Bitte, eine Anrufung, dass dies wirklich und wahrhaftig erfüllt werde – obwohl es wiederum schwierig sein dürfte, dies in der ganzen Fülle zu erlangen. Denn die Evolution der Menschheit hat jetzt noch nicht die Stufe erreicht, wo sich der Geist oder das höhere Ich vollständig in dem physischen Leib offenbaren können.

Diese Einweihung war in Wirklichkeit ein Inkraftsetzen der Hoffnung, dass die Darstellung des individuellen Sterns sich in Zukunft erfüllen möge. Es war dazu gedacht, den geistigen Raum zu schaffen, in welchem dies im zukünftigen Leben Wirklichkeit werden könnte.

Magdalena sieht den Stern von Lazarus

Als Magdalena ihre Aufgabe, die in der Ölung der Füße von Lazarus bestand, durchführte, sah sie mit ihrem geistigen Auge den „Stern von Lazarus" gerade über seinem Haupt. Sie erkannte diesen Stern. Er schien ihr vertraut. Als sie den Abstieg seines Sterns ermöglichte, diesen „Untergang der Sonne", begann sie zu weinen. Denn sie liebte Lazarus sehr und war so voller Freude, den Stern, der er war, zu sehen. Während dieser Zeit strahlte Lazarus. Jeder in dem Kreis konnte das Leuchten seines Antlitzes wahrnehmen und ich konnte sehen, dass sein Licht alle erleuchtete.

Die Worte, die während dieser Stufe der vorbereitenden Einweihung gesprochen wurden, richteten sich darauf, den eigenen Stern in die *Mitte* der Erde zu stellen, um sie zu erhellen. Die Teilnehmer stellten sich in einem Kreis, der für die Erde stand, um Lazarus. Sie hielten den Stern von Lazarus innerlich, während bestimmte Worte zu ihm gesprochen wurden. Das für diese Szene benutzte Manuskript forderte Lazarus auf, zu sprechen und die „Erde" zu antworten.

Am nächsten Morgen – dem dritten – wurde der „Aufgang des Sterns" vom Mittelpunkt der Erde aufwärts durch die himmlischen Reiche aufgeführt.

Der umgebende Kreis stand jetzt für die himmlischen Reiche. Sie wurden „Sterne" und hießen den Stern von Lazarus in ihrer Mitte willkommen. Wieder wurde ein bestimmtes Manuskript benutzt. In diesem Manuskript würden die „himmlischen Sterne" zu Lazarus sprechen und sein Stern würde antworten. Nach dem „Sonnenaufgang" (der Aufgang des Sterns von Lazarus in diesem Fall) und dem Vollzug des Gespräches zwischen dem Stern von Lazarus und den himmlischen Sternen folgte eine Zeit des Schweigens.

Während dieser Zeit der Stille war Lazarus, der noch von den „Sternen" umgeben war, offen, eine Botschaft aus den Reichen der *Engel* zu empfangen. Dies war ein sorgfältig geplanter Teil der

Einweihung, der dazu da war, den Empfang eines himmlischen Segens durch Lazarus zu ermöglichen, als Annäherung an den Höhepunkt der Tod-Einweihung. Ich hatte keinen Zugang zu der Nachricht, die er zu dieser Zeit empfing; vielleicht erhalte ich sie später.

*

Drei Nächte und drei Morgen waren die Rituale des „Unterganges" und des „Aufganges" sorgfältig vollzogen worden. Jede Nacht, wenn die Sonne ihren „Untergang" in ihm vollendet hatte, würde sich der Ätherleib von Lazarus weiter lösen. Dieser allmähliche und sanfte Prozess über drei Tage war notwendig, um seinen Leib nicht zu schockieren, wenn die Zeit kam für die volle Tod-Einweihung. Diese endgültige Einweihung konnte nur nach gründlicher Reinigung vollzogen werden, und konnte nur von denen ausgeführt werden, welche die volle Erfahrung hatten im Umgang mit heiligen Ölen und den ganz besonderen Worten, die zu dem Einzuweihenden gesprochen werden mussten. Sie gehörten zu den Dingen, die stattfanden, bevor das endgültige Ritual vollzogen werden konnte. Natürlich gibt es eine Menge mehr, was zu einem späteren Zeitpunkt über diese wichtigen Ereignisse berichtet werden könnte.

XXVIII

Lazarus im Reich der Engel

Nach der dritten Nacht war die Zeit gekommen, das letzte Ritual zu vollziehen. Dies war dazu da, den Ätherleib von Lazarus zu lösen und auf diese Weise in die geistige Welt einzuweihen – d.h. wenn alles gut verlief. Wie schon gesagt, brannten in Lazarus viele Fragen, und er hoffte, diese Einweihung würde ihm wenigstens einige der gesuchten Antworten bringen.

Lazarus wurde in einen kleinen Steinraum gebracht und ihm wurde ein besonderes Gewand gegeben; es war eine Art nahtloses Totenhemd, ganz in Weiß. Sowohl das Weiß als auch, dass es ohne Saum war, waren bezeichnend für die beiden Aspekte, die das Gewand symbolisierte, einerseits die Reinheit der Seele und andererseits das immer „Ungebrochen- sein" – d.h. sich in einem Zustand der Ganzheit zu befinden. Denn, so glaubte man, nur in einem solchen Zustand – befreit von der gefallenen Natur der Seele und auch des physischen Leibes – könne der Geist vor Gott stehen. Nur in dem Geist, frei von seinen gefallenen Gliedern könne man wahrhaft Gott „kennen."

Als Magdalena vor Lazarus stand, der jetzt in sein nahtloses weißes Gewand gekleidet war, fühlte sie sich beklemmt. Er schien irgendwie nicht bei sich und dies beunruhigte sie. Die beiden waren alleine zusammen und saßen nahe bei einem Fenster, kurz nachdem er für die Einweihungszeremonie eingekleidet war. Magdalena fragte: „Lazarus, bist du sicher, dass du die Einweihung durchmachen möchtest?" Da er ihre Besorgnis spürte, sagte er sie beruhigend: „Ja, ich bin bereit. Sei in Frieden." Aber seine Worte gingen nicht so weit, ihre Zweifel zu beruhigen.

Magdalena bedauerte wieder, dass ihre Bitte, Jesus möge anwesend sein, mit Schweigen beantwortet wurde. Sie hätte sich gewünscht, dass er das Ritual vollzogen hätte, aber er war nicht gekommen. Stattdessen blieb er bei den Jüngern und lehrte.

Der Abend begann wieder mit dem Ritual des „Sonnenunterganges," so wie es auch an den vorherigen Abenden gewesen war, außer dass bei dieser Gelegenheit ein Engelwesen angerufen wurde, Lazarus Seele sanft über die Schwelle zu tragen – während ein anderes solches Wesen herbeigerufen war, über seinen physisch-materiellen Leib zu wachen, so dass dieser während der Abwesenheit des Ätherleibes durch keine gegnerische Macht beschädigt würde.

Die Frauen begleiteten das Ritual des „Sonnenunterganges" wieder durch Gebete. Weil Lazarus schon durch die drei Tage der vorbereitenden Übungen gegangen war, wusste er wohl, wie es sich anfühlte, wenn sich der Ätherleib allmählich lockerte. An diesem speziellen Abend war die Erfahrung allerdings weit intensiver.

Ich wurde dann zur Sichtweise von Lazarus geführt. Als die Sonne anfing, durch seine Chakren abzusteigen, hob sich sein Ätherleib und ein Engel kam, ihn zu leiten. Der Engel war von überirdischer Schönheit. Nie zuvor hatte Lazarus solch ein Wesen gesehen. Es schwebte über ihm, sein Licht floss in immer wechselnden Formen wie in eine flackernde Flamme zusammen.

Der Engel nahm Lazarus bei der Hand und stieg weiter hinan. Lazarus nahm Sterne wahr und spiralförmige Galaxien im ihn umgebenden Raum. Die Atmosphäre fühlte sich sehr seltsam an. Lazarus dehnte sich in ihr aus und fühlte kaum eine Trennung zwischen sich und dieser Sternenwelt.

Der Engel sagte: *Komm.* Ein Lichtpunkt erschien und begann in Strahlen zu wachsen. Lazarus wurde zu diesem Licht gezogen und in seine glänzenden Strahlen aufgenommen. Er schien sich mit dem Engel an seiner Seite sehr schnell zu bewegen.

Die Zeit verging, aber ich weiß nicht wie viel nach „irdischem" Maß. Schließlich kam er zu einem Reich der Engel, wo unzählige Engel in einem Kreis um ihn versammelt waren. Es war, als ob er in einer flammenden Krone von Engeln wäre. Die Engel sangen den Laut „A" und von ihrem Singen, den wiederklingenden Harmonien, wurde ein Dom aus Licht über Lazarus gebildet.

Dann sah ich aus dem Dom aus Licht ein Wesen herabsteigen, das ich als Elias erkannte. Lazarus erkannte es nicht unmittelbar. Als Elias herabstieg, wirbelten seine Gewänder um ihn und seine Arme waren zu einer segnenden Gebärde ausgebreitet.

Dann sah ich das Gesicht von Johannes dem Täufer, das aus dem Wesen des Elias hervorging. Lazarus sah es auch und wusste, dass dieses Wesen Elias in Wirklichkeit der Geist Johannes des Täufers war, den er so geliebt hatte.

Ich befand mich auch in einem erhobenen Zustand der Liebe und fühlte mich gesegnet, in der Gegenwart dieses Wesens sein zu dürfen. Das Wesen war vollkommen schön. Es war umgeben von seiner „himmlischen Belohnung". Dies ist schwierig zu beschreiben, denn es kann nicht in einer materiellen Weise geschildert werden.

Als Lazarus das Wesen Johannes des Täufers wahrnahm, geriet sein Herz in Kummer über die brutale Weise, wie Johannes getötet wurde. Jetzt empfand er größeren Kummer, als er es in der Lage war, damals, zurzeit vom Tod des Johannes, zu empfinden. Denn hier in der geistigen Welt war sein Kummer unmittelbar und mächtig. Er verstand, dass ein Teil von ihm selbst gestorben war, als Johannes ermordet wurde. Und als Johannes ihm jetzt im Reich der Engel nahte, kehrte der Teil von Lazarus zurück, der mit Johannes gestorben war, und er fühlte Heilung durch seine Seele ziehen.

Lazarus Abstieg

Johannes der Täufer war einer, der in die Mysterien des Todes eingeweiht war. Wegen seiner Liebe zu Lazarus wurde er zu ihm hingezogen, als die Todes-Einweihung begann. Der Engel von Lazarus führte ihn zu Johannes dem Täufer, der ihn jetzt beim Abstieg begleiten würde.

Als der Abstieg begann, sah ich unter uns einen „See aus Licht", der, wie ich wusste, ein „Portal" zu einem anderen Reich war. Auch dies ist schwierig zu beschreiben.

Es war, als ob wir in einem Licht-erfüllten See ständen und als wir uns vorbereiteten, durch diesen See hinabzusteigen, sammelte sich auf seiner Oberfläche, sobald wir diese berührten, Licht um uns. Als wir dann unseren Abstieg begannen, waren wir rings von Licht umgeben.

Wir kamen durch viele Sphären dieses Lichtes, das, wie ich verstand, die Reiche der Engel waren, durch die wir weiter abstiegen, bis wir zuletzt zur Sphäre der Menschheit kamen, von der es viele Ebenen gab. Wir stiegen durch jede dieser Ebenen hinab.

Nachdem wir die unterste Ebene der menschlichen Sphäre erreicht hatten, ging es weiter durch die Naturreiche, von denen es auch viele gab.

Ich konnte die Natur den „Einen Gesang der Natur" singen hören. Ich weiß nicht, wieso ich wusste, dass dies der „Eine Gesang der Natur" war, aber es war ein Gesang der Erde und ganz anders als das, was ich je in der Sphärenmusik gehört hatte.

Wir passierten die vielen Ebenen der Natur und gerieten immer tiefer und tiefer, bis wir das unterste Reich erreichten. Ich fing an, eine Schwere gemischt mit Angst zu fühlen. Es wurde mir klar, dass ich den Schmerz und die Trauer der gefallenen Natur empfand.

Die goldene Sphäre der Mutter

Hier machten wir eine Pause. Wir waren an der Schwelle zur Hölle. Johannes der Täufer hielt seine Hände über das Haupt von Lazarus, woraufhin von ihnen ein strahlendes Kleid aus Licht ausging. Es war wie ausströmendes Wasser. Das Licht hüllte Lazarus vollkommen ein und sein Gewand wurde immer leuchtender. Dann sagte Johannes zu ihm, dass er ihn beim weiteren Abstieg begleiten werde, dem Abstieg in die Erde, und dass er ein „Begräbnis“ im Herzen der Mutter durchmachen werde. Das Kleid aus Licht, mit dem er ausgerüstet war, sollte ihn schützen, wenn sie weiter durch die unterirdischen Sphären kämen - in die Reiche der Finsternis.

Und so begann der Abstieg. Als wir durch die unterirdischen Sphären kamen, hörte Lazarus die Schreie der Seelen, die im Inneren der Hölle gefangen waren. Sie schrien um Hilfe. Johannes aber wurde von diesen Schreien nicht bewegt. Als Lazarus Johannes anblickte, um Trost zu erhalten, sprach dieser: „Einer, der mächtiger ist als wir beide zusammen, wird kommen, um diese Seelen zu retten. Wende deinen Blick ab von ihnen, beachte ihre Schreie nicht, sonst verlierst du dich selbst in der Finsternis!“

Eine goldene Sphäre kam in Sicht. Friede und Wärme strahlten von dieser Sphäre aus. Wir wurden in ihr goldenes Licht eingehüllt, Licht von einer anderen Qualität als das von der Sonne an der Oberfläche der Erde. Dieses Licht schien mehr Substanz an sich zu haben. Ich fühlte mich immer mehr in dieses Licht gezogen, als ob das Licht uns in seiner Mitte empfangen wollte.

Während sich das Licht der Sonne ausbreitet, sich großherzig allen anbietet, uns berührt, wo immer wir auch sein mögen, hat das Licht im Zentrum der Erde die Qualität des „Hereinsaugens“, des Umfassens. Ich fühlte das goldene Licht durch mein ganzes Wesen, als wir in es eintraten und zu seinem Mittelpunkt gezogen wurden. Lazarus und

Johannes erschienen vollkommen golden, als ob sie zu Gold geworden wären.

Dann hörte ich eine flüsternde Stimme, die sagte: „*O mein Sohn Lazarus! O mein Sohn!*"

Wesen, die im Dienste der Mutter standen, umkreisten uns. Sie gaben einen Laut von sich, der einem feinen Läuten ähnelte und dem sanften Entfalten von Schwingen. Es waren geflügelte Wesen, jedes mit vielen Flügeln. Auf ihren Antlitzen war das Lächeln der Ewigkeit. Wir waren wie eingehüllt in das süße Lächeln der Mutter, die in die Seele ihres Kindes lächelt!

Ich wurde daran erinnert, wie ich jedesmal fühlte, wenn ich meine neugeborenen Babies im Arm hielt, wie ich weder meinen Blick von ihnen wenden, noch aufhören konnte zu lächeln. Durch diese Wesen strahlte die Göttliche Mutter uns mit bedingungsloser Liebe an. Die Wesen strahlten ein Gefühl der Verehrung für uns aus: Sie waren durch unseren Besuch in ihrem Reich geehrt.

Lazarus blieb nach irdischer Zeit gemessen drei Tage im Reich der Mutter und wurde in vielen Mysterien unterrichtet, die hier jetzt nicht widergegeben werden können, obwohl manche sicher gelegentlich enthüllt werden.

Verloren in der Hölle

Als die drei Tage verstrichen waren, war für Lazarus die Zeit gekommen, aufzusteigen, um in seinen Leib zurückzukehren. Er begann seinen Anstieg voller Liebe zu der Mutter, die er in sich aufgenommen hatte. Als er aber aufwärts durch die dunklen Sphären der unterirdischen Welt kam, vergaß er die Warnungen von Johannes, seine Ohren von den Schreien der gefallenen Seelen abzuwenden.

Da er immer ein tiefes Anliegen für die Menschheit empfunden hatte, wollte er nur diese verlorenen Seelen retten. Für eine Zeit stand er selbstsicher am Abgrund der Unschlüssigkeit, fragte sich, wie er zumindest einigen wenigen dieser Seelen helfen könnte, da wurde er plötzlich in einem Tornado von Finsternis hinweggefegt.

Zuerst streckte sich nur eine Seele nach ihm aus. Aber als er diesem Schrei der einen Beachtung schenkte, gesellten sich andere dazu, bis Lazarus von ihrem Flehen überwältigt wurde.

Ihre Schreie waren seltsam, so als ob sie aus einem Sumpf kämen. Es war, als ob die Tiefen der Erde ihre Schreie schluckten. Und doch konnte Lazarus seine Ohren nicht abwenden. Die Seelen konnten sein Licht wahrnehmen und wünschten, das Licht für sich selbst zu haben.

Als Lazarus hinweggefegt war, sah ich Johannes, wie er sich nach ihm ausstreckte. Aber er fasste ins Leere, denn die dunklen Mächte waren zu mächtig geworden – Lazarus war von Finsternis umgeben und Johannes konnte ihn nicht auffinden.

Und so war Lazarus in der Hölle verloren. Er sah viele Gräuel, die Grauen des Wirkens der Finsternis der ganzen Menschheit. Holocausts und Kriege zogen an meinen geistigen Augen vorbei, ebenso wie sie von den erbärmlichen Seelen auf Lazarus projiziert wurden. Ich sah die aller degeneriertesten Wünsche sich gebärden, Wünsche, die zudem immer unerfüllt bleiben würden.

Lazarus verlor die Berührung zu der Liebe der Mutter, die er gerade kennengelernt hatte. Seine Erinnerung an Ihre Liebe war in der Finsternis schnell ausgelöscht. Ich sah ihn steif werden, in einem geistigen Grab liegen, umgeben von geistig Toten. Sein Licht wurde wie eine flackernde Kerze, die dabei war, mangels Luft auszugehen.

Beginn der Trauer

Inzwischen „oben auf“, fühlte Magdalena eine tiefe Verzweiflung in ihr Herz kriechen. Später würde sie erfahren, dass ihr geliebter Bruder in der Hölle verloren sei, aber im Augenblick wusste sie nur, dass die

Zeit weit überschritten war, in der er „auferstanden" sein sollte, denn die Dämmerung hatte längst schon den Morgenhimmel geschmückt. Ihr Herz wurde schwer und sie fühlte die Schwere, die sie abwärtszog. Sie fing an, den Bezug zu ihrem Bewusstsein zu verlieren. Sie rief nach Martha mit den Worten: „Martha, rette uns!" Dann wurde sie ohnmächtig und fiel neben den Körper von Lazarus, der erkaltete.

Alarmiert stand Martha auf und rief einen Diener, Jesus zu suchen. „Renne zu Jesus, Lazarus stirbt! Wir verlieren ihn!" Dann fiel auch sie gleich neben seinen Körper und war wie an die Erde genagelt.

Ein Engel folgte dem Diener, der gesandt war, Jesus zu holen und es schien, als ob der Diener mit beinah übernatürlicher Geschwindigkeit seinen Weg hinter sich gebracht hätte.

Der Diener verneigte sich vor Jesus und bat ihn, unmittelbar zu kommen, dabei schrie er: „Lazarus ist nahe am Tod!"

Jesus sagte ruhig zu ihm: „Alles ist gut."

Gerade in dem Augenblick sah ich in einer Vision, wie Johannes der Täufer vor Jesus erschien. Johannes sagte mit gesenktem Haupt: „Herr, ich habe Lazarus in der Hölle verloren. Er tat nicht, wie ich ihn gebeten hatte. Ich habe nicht die Kraft, ihn herauszuholen. Nur du kannst dies tun."

Jesus antwortete: „Ich sehe, dass dies wahr ist, und alles ist gut, geliebter Johannes."

Zur Überraschung von Marthas Diener wandte sich Jesus wieder den Jüngern und den anderen zu, die da versammelt waren, um weiter zu unterrichten. Einige weitere Tage vergingen, bevor Jesus Anstalten machte, nach Bethanien aufzubrechen.

In Bethanien kam Martha nach einiger Zeit wieder zu sich und war in der Lage aufzustehen. Magdalena lag immer noch neben Lazarus. Diener kamen und trugen Magdalena in ein Bett. Eine der Dienerinnen, die sich um Magdalena kümmerte, war die hübsche, zierliche Ägypterin Sarah, die ihr am nächsten stand und die sich auch jetzt damit befasste, Öle zu bereiten. Sarah hielt Wache bei Magdalena, während Martha und die anderen die Situation besprachen und entschieden, dass sie Lazarus in der Familiengruft beisetzen müssten.

Die Frauen fingen an, die Öle für die Einbalsamierung zu bereiten, obwohl sie es in ihrem Kummer kaum leisten konnten. Sie bedeckten den Leib mit besonderen Ölen, zu denen sie zerkleinerte Kräuter fügten. Dann hüllten sie Lazarus in Linnen.

Martha saß in einer Ecke und hielt das nahtlose Begräbnisgewand, das Lazarus zur Einweihung getragen hatte. Sie hielt es in äußerstem Kummer an ihr Herz. Sie fühlte sich so verwirrt. Wie konnte dies geschehen? Die drei Tage waren vorüber; er sollte bei der Morgendämmerung des dritten Tages auferstehen.

Martha näherte sich behutsam dem Körper von Lazarus. Ihr Glaube war noch ungebrochen. Sie dachte, dass dies sicher der Wille Gottes sein werde. Sie zog das Leichentuch sanft über ihn und küsste seine Stirne. Dann wickelte sie sein Haupt in Linnen.

Mittlerweile war Magdalena in der Lage aufzustehen. Sie war verwirrt und hatte vergessen, was stattgefunden hatte. Sie setzte sich in ihrem Bett auf, als Martha kam und sagte: „Magdalena, Lazarus ist von uns gegangen. Heute ist schon der vierte Tag. Er ist gegangen."

Die beiden Schwestern hielten einander in den Armen und schluchzten. Dann ging Magdalena zu seinem Körper. Indem sie über sein Herz fiel, schrie sie: „Lazarus, was hast du gemacht? Liebst du mich nicht?"

Danach wurde sein Leib zu der Gruft getragen und auf eine Steinbank in der Mitte des Grabgewölbes gelegt. Drei weitere Tage vergingen. Alle im Haushalt von Lazarus enthielten sich der Nahrung und keiner wusch sich oder wechselte die Kleider, so groß war ihre Trauer über den Tod des Freundes und Bruders, den alle so geliebt hatten!

Tiefe Traurigkeit senkte sich über das Haus. Lazarus war so sehr beliebt, dass seine Freunde und Gefährten in großer Zahl kamen, um ihm Ehre zu erweisen. Die Nachricht von seinem Tod verbreitete sich schnell. Trauernde wurden einer nach dem anderen zu der Tür der Grabstätte geführt, damit sie seinen Leib sehen konnten. Es waren so viele, dass sich eine lange Reihe bildete bis durch den Garten und hinunter zur Straße. Es gab hunderte von Trauernden.

Jesus weint

Magdalena war in einem Zustand von unermesslichem Kummer. Dazu verwirrt. Warum hatte Jesus auf ihre Bitten zu helfen nicht geantwortet? Sie fragte sich sogar, ob er wirklich der sei, der er vorgab zu sein. Denn wie konnte Jesus sie sonst verlassen nach all dem, was Lazarus für ihn getan hatte?

Martha aber blieb voller Vertrauen. Sie war so fromm. Anders als Magdalena verlor sie nie das Vertrauen in Gott, und tröstete alle, die zum Trauern kamen.

„Lazarus, Komm heraus!"

Plötzlich erschien Jesus über dem Hügel. Die Nachricht verbreitete sich schnell bis zum Haus. Als Martha die Nachricht empfing, schwoll ihr Herz und sie rannte gleich aus dem Haus. Als sie Jesus sah, schien es ihr, als sei er von einem Halo umgeben. Sie fiel zu seinen Füßen nieder und rief aus: „Meister, unser Bruder ist tot und Magdalena kommt um vor Kummer. Komm, dass du mit uns trauerst. Magdalena braucht dich."

Und so suchten sie Magdalena auf. Als sie Jesus sah, fiel sie zu Boden, weinte bitterlich und rief „Meister, wärest du gekommen, so wäre mein Bruder nicht gestorben!" Jesus begann auch zu weinen. Er zog Magdalena an sich und hielt sie in seinen Armen. Er nahm ihren tiefen Kummer in sein Herz und weinte mit ihr.

Sie gingen zu der Grabstätte. Jesus hielt seine Arme um Magdalena, um sie aufrecht zu halten. Er sagte: „Ich liebe Lazarus!" Die Menge folgte ihnen.

Die Gruft war geschlossen, denn man dachte, der Leichnam würde sich jetzt zersetzen. Jesus bat, die Türe zu öffnen. Nach einigem Protest wurde die Türe geöffnet. Eine Hand auf dem Herzen, streckte Jesus die andere aus und rief laut: „Lazarus komm heraus!"

In diesem Augenblick sah ich ins unterirdische Reich, wo Lazarus gefesselt unter den Gräueln lag. Plötzlich erschien ein Stern über ihm. Keine andere Seele in der Unterwelt konnte den Stern sehen, nur Lazarus erblickte ihn. Er durchdrang allmählich die Finsternis. Und dann hörte er seinen Namen. Aber nicht nur das, er hörte seinen wahren Namen, der nicht enthüllt werden kann, denn es ist der Name, der auf dem weißen Stein geschrieben steht.*[18]

So wurde Lazarus herausgerufen. Nur mit seinem wahren Namen kann man aus den Tiefen der Hölle herausgerufen werden. Ich hörte den wahren Namen von Lazarus nicht, weil ich dies nicht kann. Nur die Person, der der wahre Name zu eigen ist, kann ihn hören.

So erhob sich Lazarus aus dem Grab der gefallenen Menschheit. Er wurde von dem Licht des Sterns hinangezogen.

Direkt an der Schwelle zur Unterwelt wartete Johannes der Täufer, um ihn zu empfangen. Ein Teil des Wesens von Johannes verband sich dann mit Lazarus.

Und als Lazarus weiterreiste, geschützt von dem Licht seines eigenen Sterns, erhielt er in sich auch den Abdruck von Christi Stern. Auf diese Weise kam Christi Stern in Lazarus. Dieser Abdruck von Christi Stern wirkte in ihm durch seine weiteren Inkarnationen, in denen sein eigener Stern immer strahlender wurde.

Auf diese Weise kam Lazarus in seinen Körper zurück. Die Nachricht von dem Wunder seiner Auferweckung verbreitete sich schnell und rief im ganzen Land Ehrfurcht und Bewunderung hervor, erweckte aber auch Angst und harte Gegner. Dies war wahrlich der Beginn des Endes von Jesu sterblichem Leben.

Die Einweihung des Lazarus war das erstmalige Geschehen, das den Bereich einer individuellen Seele betraf und welches gleichzeitig die archetypische Entwicklung der ganzen Menschheit betrifft. Als Lazarus diese Einweihung durchmachte – die zu seinem physischen Tod führte und dann zu der Rettung aus der Hölle durch Christus – wurde damit eine Saat für die ganze Menschheit gelegt. Dies ist die Geschichte von uns allen: dass wir absteigen und uns verlieren, um am Ende wieder aufgerufen zu werden von dem Einen, der unseren wahren Namen kennt und uns über das erhebt, was uns in den Tod zieht.

---

[18] Offenbarung 2, 17

Christopherus kam am Ende der Vision zu mir. Er dankte mir, dass ich diese Vision von Lazarus gebracht habe. Ich hörte wiederum die Natur den „Einen Gesang der Natur" singen, als ich den Fluss überquerte. Und als ich später den Naturwesen das Licht dieser Erfahrung brachte, war das goldene Licht der Mutter überall um uns. Ich lobte Gott. Amen.

Die Auferweckung des Lazarus

XXIX

Magdalena lag auf dem Bett in ihrem Zimmer im Hause des Lazarus. Der Raum hatte Steinwände und war einfach dekoriert. Das Bett war mit naturfarbenen Linnen bezogen. Magdalena schlief, aber nicht in einer gewöhnlichen Weise. Sie war viel weiter von ihrem Körper entfernt als bei einem normalen Schlaf.

Magdalena von einem Engel geführt

Auf geistigem Wege konnte ich sehen, wohin sie gegangen war. Sie war in eine dunkle Leere getrieben, getrennt von ihrem Leib. Es war, als ob sie der Leere unterlegen sei und ertränke, verwirrt und unfähig zu sagen, was dran war, als ob sie in einer geistig erstickenden Atmosphäre gefangen sei, in der sie keine Hoffnung in ihre Seele „einatmen“ konnte.

In dem Augenblick sah sie ein Licht auf sich zukommen. Ein Engel näherte sich mit ausgestreckter Hand und sagte: *„Komm.“* Als der Engel sprach, wachte Magdalenas Seele auf, beflügelte sich und wurde aus der Leere gezogen.

Dann verstand ich: Magdalena hatte während des Teiles der Einweihung, in dem er in den tod-ähnlichen Schlaf eintrat, über dem Körper von Lazarus gewacht und wartete den richtigen Zeitpunkt ab, um ihn zurückzubringen und aufzuwecken. Als sich die Zeit nahte, prüfte sie seinen Puls und wurde alarmiert, als sie entdeckte, dass er sich verlangsamte. Sie fühlte sein Gesicht, es war kalt. Sein Atem war unbeständig, verlangsamte sich stetig und hörte dann ganz auf. Sein Puls schwand dahin. Sie wusste, dass etwas völlig schief gelaufen war, dass ihre größte Sorge, die sie vor der Einweihung plagte, eintraf. Panik ergriff ihr Herz. All ihre Kraft schwand dahin, so als ob sie aus ihrem Herzen ausflösse und sie fiel neben Lazarus Körper ohnmächtig nieder.

Sie fand sich in einem dunklen leeren Raum und dann an einem seltsamen Platz, er sah aus wie der trübe Grund eines Morastes. Der Versuch, sich dort zu bewegen, war wie der Ansatz, in einem Sumpf zu schwimmen. Ich sah, dass sie umgarnt wurde.

Zunächst schien es, dass sie umgarnt wurde von schilfähnlichen Gebilden, als ich aber näher kam, sah ich, dass sie in einem geistigen Morast von *Seelen* umgarnt war. Ich hörte einen schrecklichen Laut, der von diesen Seelen widerhallte! Es war ein langsames Heulen, als ob es aus sumpfigem Modder käme – ein anschwellendes und abfallendes, schreckliches, unmenschliches, sirenenähnliches Geräusch. Es war ein Laut völliger Hoffnungslosigkeit und Verzweiflung.

Dann entdeckte ich in dem Sumpf gefangener Seelen hier und da ein kleines Flackern von Licht. Auch Magdalena nahm dieses Licht wahr. Sie richtete ihren Blick darauf und bewegte sich darauf zu.

Verschiedene Male verlor sie ihren Weg. Sie dachte, sie bewege sich auf das Licht zu, aber plötzlich bemerkte sie, dass sie von der Markierung abkam und daran vorbeiging.

Sie musste ihren Blick aufrecht halten, um die Richtung zum Licht hin nicht zu verlieren. Als sie so handelte, wirkte das Licht wie ein Magnet, obwohl ihre Bewegung noch großer Anstrengung bedurfte. Wenn sie aber den Blick nicht fest geradeaus richtete, wurde er von dem Licht abgelenkt. Und genau das ereignete sich jetzt durch den mächtigen und ablenkenden Sog, der von den gefangenen Seelen auf sie ausgeübt wurde.

Als Magdalena schließlich nahe genug kam, bemerkte sie, dass das Licht, das sie suchte, Lazarus war. Aber gerade dann bewegten sie sich aneinander vorbei in entgegengesetzten Richtungen, als ob sie auseinanderfielen.

Lazarus wusste nicht, dass Magdalena da war, denn gerade, als sie nach ihm gerufen hatte, wurde er in einem Wirbelwind fortgerissen. Als er vorbeiraste, war es Magdalena, als würde ihr das Herz aus der Brust gerissen, und sie wirbelte mit umso größerer Kraft an den jagenden Außenrand des Wirbelwindes, der ihn in seinem Griff hielt. In dieser Gewalt gefangen, konnte sie nicht näher zu ihm kommen. Bald war er wieder nur ein entfernter Lichtfunke. Es war, als ob er in der Mitte einer Spiralgalaxie wäre und sie ein Stern an deren äußerem Rand. Nur die beiden leuchteten wie Sterne, die anderen Gestalten im Wirbelwind gaben fast kein Licht ab.

Es war der Zug und Sog der Liebe zwischen ihnen, der Magdalena an ihrem Platz hielt. Aber das Licht von Lazarus schien zu verlöschen. Als er aus ihrem Gesichtsfeld entschwand, versuchte Magdalena verzweifelt zu verstehen, wo sie sich befanden und was vorging, wobei sie die ganze Zeit verzweifelt versuchte, nahe bei dem Lichtfunken zu bleiben, von dem sie nun wusste, dass es ihr geliebter Bruder war. Die Anziehungskraft zwischen ihnen wurde schwächer. Obwohl sie in das Loch ihrer Angst fiel, konnte sie doch ihre Liebe zu ihm aufrechterhalten. Aber sie konnte nicht seine Liebe zu ihr fühlen, weil sie durch die Schuld, die sie für seinen Tod empfand, daran gehindert wurde. So sehr liebte sie ihren teuren Lazarus.

Zu dieser Zeit war es, als Magdalena Lazarus aus dem Gesichtsfeld verloren hatte und sie in die Finsternis eintrat, in der ich sie zu Beginn der Vision fand.

Sie konnte weder göttliche noch menschliche Liebe spüren, und da in dieser höllischen Region Liebe die treibende Kraft der Bewegung ist, war sie wie gelähmt. Sie nahm das Klagen der Seelen wahr, die irgendwo in der Nähe gefangen waren, aber sie selbst war nicht mit in den Morast jener gefangenen Seelen versunken. Sie wusste, dass sie, wenn sie sich ihnen nicht ergeben würde, geschützt sein würde.

Ihre Liebe zu Lazarus hatte sie zu diesem Ort gebracht, da sie aber die Verbindung zu seiner Liebe verloren hatte, schien sie nun ebenso verloren zu sein wie er.

Ich weiß nicht, wie lange sie in dieser Leere gefangen war, ihr erschien es aber eine Ewigkeit. Schließlich erschien der Engel und sagte: „*Komm.*“ Magdalena wollte nicht fort, sie wollte Lazarus nicht zurücklassen. Aber der Engel versicherte ihr, dass alles gut werden würde und so folgte sie ihm.

Eine Vision der kosmischen Mutter

Magdalena bewegte sich schnell durch die Sternenwelt, mit dem Engel an ihrer Seite kamen sie an Sternen vorbei. Sie verlangsamten und kamen zu nebeligen Schleiern von grünem Licht, das tief heilend auf Magdalenas Seele wirkte. Nachdem sie diese Schleier durchdrungen hatten, wurden sie in eine glühend goldene Sphäre gezogen, die eine Art Ruhezone darstellte.

Magdalena fühlte unmittelbar eine Beruhigung ihrer Seele. Eine wunderbare Mutter strahlte goldenes Licht in die Mitte dieser Sphäre. Sie trug ein leuchtendes Gewand. Schleier umgaben ihr Antlitz. Und in ihren Armen lag ein Kind. Voller Demut und Verehrung kniete Magdalena neben ihr nieder und blickte in das glückselige Gesicht des Kindes. Die Mutter fragte sie: „*Weißt du, wer dies ist?*“

Magdalena antwortete: „Dies ist der Messias, der Eine, der uns retten wird.“ Die Mutter nickte mit dem Kopf.

Magdalena betrachtete mit Verwunderung, wie sich Bilder aus dem Leben Jesu vor ihr entfalteten. Vor allem ein Bild nahm sie gefangen: Sie sah ein großes Licht, das den Schoß dieser Kosmischen Mutter verließ und in Jesus eintrat, als er das Alter geistiger Reife erlangte.

Als ich aus dem Gesichtspunkt der Kosmischen Mutter blickte, verstand ich, dass sie den richtigen Zeitpunkt abwarten musste, die richtige Aufreihung der Sterne, bevor sie Christus in den Leib Jesu senden konnte bei seiner Taufe durch Johannes den Täufer. Ich beobachtete, wie Johannes Jesus unter Wasser hielt und damit eine ätherische Öffnung schuf, durch die Christus in diesen Leib einziehen konnte.

Hieraus verstand Magdalena, dass ein großer Stern in Jesus eingetreten war. Sie wusste, dass der ganze Himmel anwesend und mit ihm in völliger Harmonie war, als die bestimmte Zeit für den Christus gekommen war, dass der ganze Himmel gemeinsam daran gearbeitet hatte, dass er in diesen menschlichen Körper einziehen konnte.

Magdalena sah, wie alles von *oben* ermöglicht wurde, wie in Bezug auf dieses Ereignis alle Dinge nach dem Willen des Vaters ausgeführt wurden.

Dann erinnerte sie sich wieder an Lazarus. Bilder von seiner Todes-Einweihung tauchten vor ihr auf. Die Einweihung war zwar gut verlaufen, aber Magdalena sah nun, dass sie durch Kräfte *von unten* beeinflusst war, so dass die darin Beteiligten ihre *eigenen* Willenskräfte, ihre *eigene* Kraft benutzten, um sie zu vollziehen.

Ihr wurde auch gezeigt, dass es zwar in früheren Zeiten angemessen war, Einweihungen in dieser Weise zu vollziehen, dass aber jetzt die Zeit gekommen war, wo diese alten Methoden der Einweihung sterben mussten. Magdalena wurde beigebracht, dass Christus *selbst* in Zukunft die neue Einweihung sein würde. Dass er, unser Erretter, zwischen dem Oben und dem Unten als der große Einweihende stehen würde. Dass er eine neue Einweihung einführen würde – eine neue Art für Menschen, das Göttliche kennenzulernen – bei der es nicht länger nötig sei, den Körper in einem todähnlichen Schlaf zu verlassen.

Als Magdalena bei der Kosmischen Mutter kniete, wurde ihr gesagt, dass die Quelle ihrer Zweifel aus ihrer eigenen tiefen Wahrnehmung stamme, dass die alte Einweihung zu Ende gehen müsste. Die Mutter lehrte Magdalena, kein Bedauern zu empfinden über das Vollziehen der Einweihung und versicherte ihr, dass es zu einem höheren Guten geschehen sei, zugunsten von Lazarus Seele, und dass sie am Ende den Zielen Gottes dienen würde.

Magdalena wurde gezeigt, wie die neue Einweihung durch das Opfer Christi entstehen würde. Als sie bei der Kosmischen Mutter kniete, strömten ihr Bilder aus einer Sphäre von Licht zu, die ihr eine Vision von dem gewährten, was kommen würde.

Auf diese Weise erfuhr sie seine gesamte Passion von oben. Aber all diese Bilder wurden dann in einen Schleier des Vergessens gehüllt und in ihr Herz gelegt, so dass, wenn die Zeit kommen würde, sie die Stärke besitzen würde, mit Jesus durch die Passion zu gehen, selbst ohne eine volle Erinnerung des himmlischen Ziels seines Opfers zu haben. Denn es war wichtig, dass sie mit ihrer *Menschlichkeit* in die Passion eintrete. Sie musste voll bewusst mit Jesus Christus durch die Einweihung gehen, in ihrem ganzen Menschentum, durch seine Passion.

Die Kosmische Mutter und Magdalena trauerten über das, was kommen würde. Sie trugen zusammen den Kummer in einer Sphäre von Licht, als sich die Ereignisse vor ihren Augen entfalteten, die Christi Leiden und Kreuzigung bewirken würden. Magdalena konnte sehen und tief erleben, wie alle zeitlichen Ereignisse in einer großen ewigen Runde gehalten werden. Schließlich schwand die Vision der Passion dahin und ließ Magdalena betrübt und weinend zurück.

Dann erinnerte sie sich: *Lazarus ist tot!*

Die Mutter versicherte ihr, dass der Stern von Lazarus hervorgerufen, und dass er zum Leben zurückkehren würde; dass dies wie in der Vision sein würde, wo sie Christi Stern in Jesus eintreten gesehen habe. Dies würde nicht durch die alte Einweihung geschehen, sondern durch Christus, durch die neue Einweihung, die er dabei war zu vollbringen. Sie sagte zu Magdalena, *Wache auf und erhebe dich! Denn du wirst die Glorie von Gottes Kraft auf Lazarus wirkend erleben!*

Der Stern von Lazarus

Mit diesen Worten der Mutter kam Magdalena wieder zu sich selbst, reiste mit dem Engel zurück zu ihrem Leib, der auf dem Bett lag. Als sie erwachte, hatte sie keine Erinnerung an das, was sich zugetragen hatte.

Martha kam zu ihr, neigte sich über sie und sagte: „Magdalena, Lazarus ist tot. Erinnerst du dich?" Daraufhin erinnerte sich Magdalena, wie sie mit Lazarus zusammen gewesen war, als er die Schwelle überschritt. Martha fuhr fort: „Wir haben nach Jesus gesandt. Er wird kommen und mit uns trauern. Er wird uns trösten. Sicher ist dies Gottes Wille."

Magdalena weinte, während eine Dienerin ihr Gesicht wusch und ihre verhedderten Haare kämmte. Sie konnte ihre Tränen nicht zurückhalten. Jeder im Haus, auch die Diener weinten und trauerten – denn Lazarus war von allen sehr geliebt. Magdalena bat dann Martha, sie zu seinem Körper zu führen.

In meiner inneren Sicht sah ich einen Engel zu Lazarus Haupt stehen und einen anderen zu seinen Füßen. Der an seinem Haupt stand im himmlischen Reich und wachte über seinem Geist, während der zu seinen Füßen auf der Erde stand. Ich sah einen Lichtbogen, der die beiden Engel verband, als sie über Lazarus wachten.

Ein schweres Gewicht lag auf Magdalenas Brust, als sie zu Lazarus Leib ging. Ihre Hände waren an ihr Herz gepresst; Tränen strömten ihr die Backen herunter. Als sie ihn in Linnen gewickelt antraf, wusste sie, dass er wirklich tot war, weinte untröstlich an seinem Körper und rief: „Lazarus! Was hast du getan? Liebst du mich nicht?"

Nachdem sie eine Weile in ihre Hände geschluchzt hatte, hob sie ihren Kopf und flehte, „Erinnere dich an meine Liebe zu dir, wenn du in dein Reich kommst, so dass ich auch mit dir sein kann! Denk an mich, Lazarus. vergib mir, denn ich wusste nicht, dass dies eintreten würde. Nie wieder werde ich solch eine Einweihung vollziehen Diese Arbeit ist gemacht, wir werden einen neuen Weg finden müssen." Ich fühlte, dass sie diese letzten Worte mehr zu den Anwesenden sprach als zum Wohle von Lazarus Geist.

Jesus geht im Abendlicht nach Bethanien

Lazarus wurde in die Familiengruft gelegt. Es war ein höhlenartiger Raum, der in die Seite eines Hügels gegraben war und einen gemeißelten Steineingang hatte. Alle, die ihn liebten, kamen, um seinen Leib zu sehen.

Magdalena zog sich in ihren Raum zurück. Sie nahm die Papyrusrollen mit heiligen Gebeten und voller Tränen hielt sie sie über die Flamme ihrer Laterne und brannte sie zu Asche. Sie war bekümmert nicht nur wegen des Todes ihres Bruders, sondern auch über den Verlust dessen, was sie für eine tief bedeutsame Einweihung gehalten hatte. Sie stellte die letzten Jahre ihres Lebens und die geistige Arbeit, die sie ausgeführt hatte, infrage. Wie konnte es nur solch ein Ende nehmen? Ihre Gedanken plagten sie, als sie auf ihrem Bett lag und den Verlust von Lazarus bejammerte.

Einige Zeit verging, bevor sie Martha rufen hörte, „Magdalena, Jesus ist gekommen."

Magdalena war enttäuscht, dass er nicht früher gekommen war, aber auch noch mehr entmutigt über ihre eigene Machtlosigkeit. Sie sah es als ihren Fehler an, dass Lazarus gestorben war – und sie wusste, dass, wäre Jesus bei der Einweihung anwesend gewesen, Lazarus nicht gestorben wäre. Sie war gedemütigt.

Zu diesem Zeitpunkt erinnerte sie sich nicht an die Vision während ihrer Ohnmacht.

Sie erhob sich von ihrem Bett und ging schweren Herzens nach draußen, um Jesus zu treffen. Einige der Trauernden im Haus dachten, sie gehe zur Gruft, um zu trauern, so folgten sie ihr, in der Absicht, mit ihr zu trauern. Sie ging aber nicht zur Gruft. Sie trennte sich von der kleinen Menschenmenge, die ihr folgte und ging in den Garten hinab, wo sie Jesus traf, als er gerade die Straße hoch kam. Sie brach in bittere Tränen aus, fiel zu seinen Füßen und rief „Herr, wärest du gekommen, so wäre mein Bruder nicht gestorben."

Jesus richtete sie auf. Er blickte ihr in die Augen und sagte: „Magdalena, ich liebe Lazarus. Zweifle nicht an meiner Liebe für ihn und auch nicht an meiner Liebe zu dir. Bring mich zu ihm."

Sie gingen zur Gruft, die Menge folgte. Jesus bat, das Grab zu öffnen. Martha entgegnete, dass sich Lazarus Leichnam sicher schon zersetze. Auch andere fügten ihre Widersprüche an. Jesus sagte aber, dass er gekommen sei, um das Wirken des Vaters zu tun, dass er gekommen sei, um seines Vaters Ruhm zu offenbaren und forderte erneut, dass die Gruft geöffnet werde.

Er stand sehr aufrecht, seine Augen waren auf das Grab gerichtet, Tränen rannen seine Wangen herunter. Er blickte auf keinen in der Menge. Er war sehr ernst und von konzentrierter Aufmerksamkeit. Als die Gruft geöffnet war, schritt er wie im Traum vor und rief mit lauter Stimme: „Lazarus, komm heraus!"

Seine Stimme öffnete sofort Magdalenas geistige Augen. Sie wurde zu der Seele von Lazarus in die Tiefen gezogen, wobei sie sich nun schwach erinnerte, wie sie abgestiegen war, um ihn zu suchen. Jetzt verstand sie es wegen des überwältigenden Kummers, den sie erlebt hatte als er starb, ein Teil von ihr war bei ihm in den Tiefen geblieben. Es war, als ob ein Teil von ihr mit Lazarus gestorben sei.

Und jetzt, als Christus rief: „Lazarus, komm heraus!" wurde dieser Teil ihrer Seele auch mit herausgerufen. Sie erhob sich mit Lazarus aus den Tiefen und fühlte sich selbst erneuert.

In dem Augenblick erhielt sie eine wunderbare Gabe: eine Vision, zunächst vom Stern von Lazarus, der *abstieg,* um Lazarus aus den Tiefen herauszuheben, und dann von dem Licht seines Sternes, das *anstieg*, um in seinen Leib im Grab zurückzukehren – alles auf das Gebot Christi Jesu hin.

Die Erinnerung an ihre Vision während sie mit der Kosmischen Mutter war, blitzte jetzt vor Magdalenas innerem Auge auf. Sie sah wieder den Stern Christi bei der Taufe im Jordan in den Leib von Jesus eintreten.

Als diese Erinnerung die Augen ihres Verständnisses durchdrang, blickte sie auf Jesus und sah ihn in einer neuen Weise. Ihre Seele wurde erhoben, herausgezogen, um Christus in Jesus zu bezeugen. Sie verstand, dass sie ihm am nächsten stand und beobachtete, wie Christus *selbst* dem Stern von Lazarus befahl, Lazarus Leib zu beziehen.

Dies war ein viel tieferes Verständnis als alles, was sie vorher erfahren hatte. Es ging über alle Wunder hinaus, die sie ihn vollbringen gesehen hatte. Sie erfuhr eine tiefe Heilung: Der Teil von ihr, der mit Lazarus in den Tiefen der lieblosen geistigen Leere erstarrt war, wurde wieder aufgehoben, wurde „erinnert" durch die große Liebe und das Licht, das von Christus ausging.

Sie konnte nun den Stern von Lazarus in dessen Leib sehen. Sie sah Lazarus jetzt auch in einer neuen Weise und sie stand ehrfürchtig vor der Schönheit seines Geistes.

„Ich bin die Einweihung"

Und so wurde Lazarus auferweckt, voll wieder hergestellt in seinem Körper. Aber es wurden nicht nur seine Gesundheit und seine Fähigkeiten wieder hergestellt. Er hatte auch den Stern seines höheren Ich empfangen, den Teil, den er so sehnlichst durch die Todes-Einweihung erwünscht hatte. Natürlich umgibt ein großes Mysterium *alle* Veränderungen, die sich mit Lazarus bei seiner Auferweckung einstellten.

Lazarus ruhte. Die Menge zerstreute sich. Magdalena und Jesus waren alleine im Garten. Magdalena erzählte Jesus die Geschichte von der Einweihung des Lazarus – wie sie großen Zweifel erlebt hatte und das Ganze abbrechen wollte.

Sie erzählte Jesus, wie ihr Zweifel zunahm, als kein Wort von ihm kam, dass sie dann aber trotzdem gefühlt habe, dass sie sich auf ihre eigenen Quellen verlassen könnte – obwohl sie nun einsehe, dass sie vielleicht über das hinaus gegangen sei, was passend war, indem sie mehr auf sich als auf Gott vertraute.

Sie gab zu, dass sie wisse, dass es falsch sei, von einem Gefühl des Zweifels auszugehen, dass sie gegen ihre eigene Intuition gehandelt habe, weil sie keinen anderen Weg der Hilfe für Lazarus sah.

Jesus hörte ihr mitfühlend zu und sagte dann: „Magdalena, es ist gut. Das Wirken Gottes ist offenbar geworden. Und du weißt nun mit Gewissheit, wer ich bin; du weißt, ich bin die Einweihung, ich bringe die neue Einweihung auf die Erde. Was bei Lazarus vollführt wurde, ist nur ein Vorausschatten dessen, was ich tun werde, und was von meinen Jüngern noch vollzogen werden wird."

Als er sprach, tauchte eine andere Szene ihrer Vision in Gegenwart der Mutter in ihr auf, nämlich, dass das Opfer Jesu zum Heil der ganzen Menschheit vollbracht würde.

Sie hatte solche Bilder zuvor schon gesehen, hatte sie aber immer beiseitegeschoben. Sie ergriff Jesu Hand und küsste sie, Tränen strömten über ihr Gesicht. Er wischte ihre Tränen ab und sagte: „Magdalena, dies muss so sein. Aus diesem Grund bin ich gekommen."

Er zog sie an sein Herz und streichelte schweigend ihren Kopf.

Er sagte, Magdalena, ich werde dir die neue Einweihung bringen, die du nach und nach auch anderen bringen kannst. Genauso wie du mit der alten Einweihung gearbeitet hast, so wirst du jetzt mit der neuen wirken. Du wirst das Licht von dem, was ich tun werde, anderen bringen, damit sie mich auch kennenlernen. Und du wirst in dieser Arbeit deinen Platz haben. Fürchte nicht, was in der Zukunft liegt. Bleibe bei mir und du wirst sehen, was ich für die Kinder der Menschheit tun werde. Ich werde der ganzen Menschheit den Weg öffnen, dass sie ihre Sterne empfangen, ebenso wie du es für Lazarus erlebt hast. Ich wünsche, dass du durch all das, was kommen wird, bei mir bleibst. Du sollst meine Zeugin sein."

Magdalena antwortete: “Ja, Meister, ich will mit dir sein, selbst bis an das Ende!“

Christopherus kam, um mich über den Fluss zu tragen. Als wir reisten, verließ mich die Finsternis des Zweifels. Ich verstand, wie Zweifel uns in so vielen Dingen hindert, und fühlte die Bedeutung, in Vertrauen zu wandeln. Ich sah, wie Zweifel zu Stolz führen kann, und wie Stolz uns daran hindert, Führung zu empfangen. Christopherus setzte mich vor den Baum des Lebens in der „Welt, die ich bin“ und empfahl mir, für eine Weile auszuruhen. Er ermutigte mich, zu diesem Platz zu kommen, wenn ich Ruhe brauche.

XXX

Wieder hergestellt durch die sieben Atem

Ich reiste durch Licht und kam schließlich zu einer Straße im Heiligen Land. Sie war an beiden Seiten – so scheint mir - mit Granatapfelbäumen gesäumt. Weiter oben standen Feigen- und Dattelbäume. Ich erkannte den Weg, der zu dem Anwesen von Lazarus führte, denn es hatte sich dort schon so viel zugetragen. Magdalena war oft auf dieser Straße gegangen, um Jesus zu begegnen, der häufig hier gegangen war. Als ich mich dem Haus von Lazarus näherte, bemerkte ich, wie die Atmosphäre mit der tiefen Stille der Heiligkeit erfüllt war.

Ich wurde gewahr, dass ich an die Gruft von Lazarus kam, gerade nachdem er auferweckt war. Als er aus der Grabstätte hervorkam, brach aus der versammelten Menge Jubel und Lobpreis aus. Einige wenige flohen aus Angst, aber die meisten fielen auf ihre Knie, weinten und priesen Gott. Auch Jesus weinte.

Wohl wissend, dass Lazarus Heilung jetzt noch nicht vollkommen war, hob Jesus seine Hand zu der Menge und bat, dass alle in ihre Häuser zurückkehren und Lazarus in Frieden lassen mögen.

Die Massen wollten nicht gehen. Die Menschen standen noch eine Weile umher, um zu sehen, was weiter geschehen würde.

Jesus, Magdalena und Martha nahmen Lazarus zusammen mit seinen Jüngern ins Haus und ließen die Menge hinter sich. Die Schwestern waren geschockt. Sie weinten in ihre Schleier und konnten den Anblick des wandelnden Lazarus kaum ertragen.

Die volle Wiederherstellung seines Körpers war da noch nicht erreicht, und so bewegte er sich in einer traumwandlerischen Weise, als wäre er noch nicht ganz bei sich. Ich erfuhr, wie seine physische Wiederbelebung zuerst die dichtesten strukturellen Teile, die Knochen ergriff. Dann floss sie in die festeren Gewebe, von wo sie weiter ausstrahlte in die Organe und die Haut. Die Lebenskraft schien von innen nach außen zu wirken. Lunge, Herz und Kreislauf wurden zuletzt wieder hergestellt. Alles, was angefangen hatte, sich aufzulösen, wurde in glühendes Leben verwandelt. Seine Haut schien von überirdischer Strahlkraft. Magdalena konnte kaum aufhören zu weinen, es schien ihr, als ob vor ihren Augen Lazarus immer schöner würde.

Die Auferweckung des Lazarus war vielmehr ein *Prozess* als eine augenblickliche Wiederherstellung, denn sein Wesen hatte viele Veränderungen erfahren, während es in der geistigen Welt weilte. Der physische Leib musste zuerst verwandelt werden, um seinen zurückkehrenden Geist wieder aufzunehmen.

In einer geheimnisvollen Weise war Lazarus ein zusammengesetztes Wesen geworden. Er trug den Abdruck des Ätherleibes von Johannes dem Täufer – als hätten sich ihre Seelen vermischt. Und Christus hatte Lazarus auch sein Leben gegeben, was ich als den „Stern Christi“ sah.

Es gibt viele Geheimnisse bezüglich der geistigen Zusammensetzung des Wesens von Lazarus nach seiner Wiederbelebung. Als Lazarus auferweckt wurde, gab es tatsächlich eine Herausforderung, alles, was er jetzt war – das große Wesen, das aus ihm geworden war – zurück in seinen Körper zu bringen.

Als sie sicher ins Haus zurückgekehrt waren, kniete Lazarus auf dem Boden vor Jesus. Mit meinem geistigen Blick konnte ich sehen, dass „Christi Stern“, das Leben und Licht Christi, Lazarus erleuchtete.

Jesus beseitigte die restliche Dunkelheit in Lazarus Seele, Dunkelheit, die noch von seinem Aufenthalt in der Hölle an ihm lastete, als er dort verloren gegangen war. Als Christus diese Dunkelheit hervorholte, stieß Lazarus sie in einer Art Ausatmung aus, die ihn veranlasste zu japsen. Hätte Christus nicht so gehandelt, so wäre ein Teil von Lazarus Seele heruntergezogen oder an die unterirdischen Sphären „gekettet" geblieben.

Dann gab Jesus Lazarus den Atem des Lebens – die sieben Atem der Sphären der Engel. Siebenmal atmete er auf Lazarus hin.

Als dieser den siebten Atem empfing, wurde Lazarus wie ein *menschlicher Engel.* Sein Wesen wurde hoch zu der Ebene der Engel erhoben.

Danach betete Jesus und bot dem Vater Lobpreis und Ehre. Er besiegelte seine Taten durch sein Wort an den Vater. Dann wies er Lazarus an zu ruhen und sich wenigstens für zwölf Stunden ruhig zu verhalten. Während dieser Zeit würden gewisse vitale Kreisläufe und Rhythmen im physischen Körper ins Gleichgewicht kommen, so dass Lazarus dann die wundersamen Geheimnisse, die sich in seinem Geist zugetragen hatten, erinnern konnte.

Draußen war die Menge noch in Ekstase, aber im Hause des Lazarus war alles in den süßesten Balsam des Friedens gehüllt.

Jesus und seine Jünger nahmen mit den beiden Schwestern eine Mahlzeit ein. Lazarus war in der Lage, etwas Brühe zu nippen. Nach dem Mahl zog er sich zurück, um zu ruhen, und die Jünger verzogen sich ebenfalls. Als Jesus nun mit Magdalena und Martha alleine war, nahm er sie in seine Arme und hielt sie für einen Augenblick. Magdalena dachte, er scheint erschöpft zu sein. Nie zuvor hatte sie ihn so weinen gesehen, wie in dem Augenblick, als er sich zu dem Grab von Lazarus wandte. Auch sie war schwach, hatte sie doch während der letzten Tage kaum Nahrung zu sich genommen.

Aber sie fühlte sich jetzt in den Armen von Jesu getröstet. Sie konnte sich kaum besinnen, was stattgefunden hatte, nachdem sie in Ohnmacht gefallen war. Da gab es flüchtige Eindrücke, aber Magdalena war zu schwach, um mehr zu ergründen, und so erlaubte sie einfach Jesu Wärme, sie zu trösten. Fragen durchzogen ihr Gemüt, denn sie wusste nicht, wie sie mit dem beunruhigenden Gedanken umgehen sollte, dass *es ihr Fehler war, das Lazarus gestorben war,* aber sie wusste, dass sie warten musste, bis sich die Dinge mehr gesetzt hätten.

Als sich die Menge schließlich verzogen hatte, zog sich Jesus alleine in den Garten zurück, um zu ruhen. Er kniete unter einem Baum. In der Vision nahm er teil an der Todeserfahrung der Menschheit. Er fühlte den ganzen Kummer der Menschheit von Urzeiten an – allen Schmerz, den der Tod mit sich gebracht hatte. Während seines Lebens hatte Jesus den Tod und seine Wirkungen beobachtet. Er war dabei, als verschiedene Menschen die Schwelle des Todes überschritten. Sein lieber Vater war gegangen – und auch viele andere geliebte Menschen. Und jetzt hatte er gerade in einer ganz besonderen Weise den Tod seines Freundes Lazarus erlebt.

Der Todesengel erscheint Christus

Es sollte deutlich sein, dass Christus bei der Taufe im Jordan in den Leib von Jesus einzog. Vor dieser Inkarnation hatte Christus nie den Tod erfahren, wie die Menschen ihn erleben. Während seines Wirkens hat Christus Jesus mehrere Menschen vom Grabe zurückgebracht. Aber jetzt war es sein *liebster Freund* Lazarus, der gestorben war – *Christus selbst hatte seinen geliebten Freund an das Reich des Todes verloren.* Seine Liebe zu Lazarus war so groß, dass er *selbst* über seinen Tod Schmerz erlitt! Christus *selbst* war in eine Vision des Todes eingetreten und fühlte, was es bedeutete zu sterben – er nahm allen dazugehörigen Schmerz und Kummer in die Tiefen seines Wesens auf. In der Vorausschau alles dessen, was er später in Gethsemane durchmachen würde, weinte Christus über den Tod.

Als er so in dem Garten beschäftigt war, erschien ihm ein großes und mächtiges Wesen - ein Wesen, das wir den „Todesengel“ nennen würden. Dies ist das Wesen, das auf Erden den Tod endlos fortsetzt. Der Todesengel versuchte ihn und sagte: „Du hast die Leiden der Menschheit erlitten, die durch den Tod hervorgebracht werden. Tod ist die Quelle des größten Kummers und Leidens, das die Menschheit kennt. Du hast dies Leiden ertragen. Aber ich bin mächtiger als du! Selbst du wirst mich nicht überwinden. Ja, du hast einige Seelen aus dem Grab zurückgeholt, aber du kannst dies nicht für alle tun. Ich werde Macht über dich haben und dich am Ende beanspruchen!"

Dann schickte das Wesen Bilder zu Christus von seinem eigenen kommenden Tod, Bilder, die wie ein unerträgliches Gewicht auf ihm lasteten und ihm großen Schmerz bereiteten. Christus kämpfte gegen diese Visionen an, bis er schließlich ausrufen konnte: „Nein! Ich bin gekommen, um meines Vaters Willen zu vollbringen und werde alle Versuchungen der Menschheit überwinden – selbst den Tod!"

Hierauf antwortete das Wesen: „Du wirst Mensch werden und am Ende machtlos dastehen, wie alle Menschen. Du bist hergekommen, um Mensch zu werden – wie willst du dann in der Lage sein, den Tod zu überwinden? Kann irgendein Mensch über den Tod triumphieren? Du steigst herab. Du wirst mehr und mehr Mensch. Wie willst du dich durchsetzen?"

Christus antwortete: „Ich kann alle Dinge tun durch die Stärke und Kraft meines Vaters! Ich bin in diese Welt gekommen, um die Herzen der Menschheit zum Vater zu wenden, damit sie seine Macht und Liebe kennenlernen. Ich bin gekommen, um über die Finsternis, Krankheit, Sünde, Leiden und Tod zu triumphieren – um all dies in Liebe und Licht zu verwandeln, um ihnen den Weg zu zeigen. Ich werde nicht von dem vor mir liegenden Pfad abweichen, denn dieser Weg ist vom Vater bestimmt."

Dann verließ ihn das Wesen, denn Christus würde ihm nicht weiter Gehör schenken.

Nun sah Christus in der Vision das Opfer, das er für die Menschheit bringen würde: er würde leiden und sein Leben als Sühne für alle Sünden hingeben. Er würde sterben und wieder auferstehen. Er hatte dies schon vorher gesehen, aber nun erblickte er seine zukünftigen Taten deutlicher.

Als Magdalena Jesus nach seiner Erfahrung im Garten wiedersah, dachte sie, er sieht verändert aus. Sein Antlitz trug die Last des Schmerzes und ihr Herz sehnte sich nach ihm. Seitdem sie wusste, dass ihre Zeit mit ihm kurz sei (er würde am nächsten Morgen nach Galiläa aufbrechen), fragte sie ihn, ob sie mit ihm über das sprechen könnte, was vorgegangen war.[19]

Jesus sieht Visionen seiner kommenden Passion

An jenem Abend lehrte Jesus im Haushalt von Lazarus. Später sprach er zu seinem inneren Kreis und sagte, dass der Tempel seines Leibes zerstört werden würde und dass er ihn wieder aufrichten werde.

[19] Dieses Gespräch wird in Kapitel XXIX berichtet.

Aber sie konnten seine Worte nicht verstehen. Während seines Wirkens würde er noch oft diese Worte wiederholen, aber sie blieben für das Verständnis seiner Jünger immer dunkel.

Das Treffen des Synedriums

XXXI

Als die Vision begann, sah ich zuerst Vater Pio,[20] *der mich mit einem leuchtenden Lächeln empfing, sein Antlitz war mit Blumen umgeben. Ich war so glücklich, ihn wiederzusehen – meinen „geistigen Vater."*

Ich war im Heiligen Land und konnte Jerusalem in der Ferne sehen. Eine bedrohliche schwarze Wolke hing über der Stadt. Als ich näher kam, fühlte ich mich durch die Wolke der Finsternis krank. Ich wollte mich entfernen, aber ich wusste, dass es einen Grund hatte, dass ich da war und so blieb ich.

Die Auferweckung von Lazarus verursacht einen Aufruhr

Ich fand mich in einer Halle, in der sich Mitglieder des Sanhedrin versammelten. Innerhalb eines Tages hatten sie die Neuigkeit gehört, dass Lazarus von Bethanien von dem bekannten Lehrer Jesus *vom Tod auferweckt worden sei!* Furcht ergriff ihre Herzen. Sie waren wütend. Die Atmosphäre war finster vor Furcht und Zorn, als sie wetterten, dass dieses Wunder eine Tat Satans sei. Die Finsternis breitete sich weiter aus, als sie üble Pläne besprachen. Die Engel verbargen ihr Antlitz und weinten. Dies war der Augenblick, als entschieden wurde, dass man

[20] Der Heilige Pio von Pietrelcina (1887 - 1968) erschien der Autorin zuerst bei dem Fall von 2009 und bot ihr Führung und Hilfe an.

sich Jesu entledigen, sein Wirken zu einem Ende kommen müsse, dass hierfür die einzige Lösung sei, ihn gefangen zu nehmen und zu töten!

Meine Aufmerksamkeit wurde auf ein besonderes Mitglied des Rates gezogen. Es war ein kleiner und feingliedriger Mann. Er stand an der Seite und hatte sein Haupt geneigt. Insgeheim wunderte er sich über das seltsame Ding, das sich ereignet hatte. Ich hörte seinen Namen, der etwa so wie „Joram" lautete.

Joram horchte auf jedes Wort des Rates, aber die ganze Zeit hielt er seinen Kopf geneigt, weil sein eigenes Herz lauter zu ihm sprach als die Stimmen des Rates. Sein Herz war gerührt und in Aufruhr.

Seit Jahren hatte er Dämonen unter dem Volk am Werk erlebt, aber nie hatte er von irgendjemandem gehört, dass er von einem Dämon vom Tode erweckt worden ist! Er dachte: „Was hätte ein Dämon wohl für einen Grund, jemanden vom Tode zu erwecken?" Er schüttelte seinen Kopf. Er hatte von Jesus gehört, dass er Dämonen austreibe. Wäre Jesus tatsächlich unter dem Einfluss eines Dämons, warum würde er Dämonen aus anderen vertreiben? Das machte keinen Sinn.

Joram konnte nicht leugnen, dass er in Ehrfurcht vor diesem letzten Wunder stand, aber seine einzelne Stimme und die niedrige Stellung konnten nichts gelten gegenüber der Einigkeit der Gruppe. Der Rat entwickelte weitere Pläne, Jesus zu ergreifen und ihn den Römern zur Hinrichtung auszuliefern. Ihre Strategien zogen auch Lazarus mit ein und beabsichtigten, ihn festzusetzen und auf irgendeine Weise zum Schweigen zu bringen – notfalls durch den Tod.

Nach diesem Treffen wurde jeder, den man belauscht hatte und der von Lazarus gesprochen hatte, zur Befragung hereingebracht. Die meisten von ihnen waren bei der Bestattung und Auferweckung von Lazarus anwesend gewesen. Sie hatten mit der Familie getrauert und waren zahlreich in der Menge, die dabei war, als Christus Jesus Lazarus aus der Gruft rief. Mit Jubel und Verwunderung hatten sie Lazarus Grundstück verlassen und waren unmittelbar nach Jerusalem oder einer benachbarten Stadt gegangen, um die Nachricht zu verbreiten. Es spielte keine Rolle, wem sie begegneten – ob aufnehmend oder ablehnend – alle erzählten genau, was sie gesehen oder gehört hatten.

So stark war ihr Glaube, nachdem sie solch ein Wunder gesehen hatten, dass sie mit Begeisterung Gottes Macht bezeugten, sogar angesichts der Drohung, eingesperrt zu werden. Aber zu dieser Zeit wurden sie nicht inhaftiert, denn die jüdischen Behörden wollten nicht noch einen größeren Wirbel verursachen. Sie wollten auch nicht, dass ein Wort darüber herausdringe, dass sie Pläne schmiedeten, Jesus ein für allemal zu stoppen. So wurden solche Zeugen nur einfach ausgefragt und wieder freigelassen – mit der Warnung nicht mehr über das Wunder zu sprechen, falls sie es dennoch täten, würden sie schärfer verurteilt. Trotz dieser Warnung gingen sie unerschrocken aus dem Haus und sprachen zu jedem, der es hören wollte, von diesem Wunder.

So begann die Verschwörung, Jesus von Nazareth auszuschalten.

Magdalena lauscht dem Herzen des Lazarus

Ich verließ das Treffen des Sanhedrin und reiste zum Anwesen von Lazarus, wo ich ihn in seinem Zimmer ruhend fand. Es war der Tag nach der Auferweckung und Jesus war früh am Morgen aufgebrochen, um seine Lehren fortzusetzen, wobei er die Gegend von Jerusalem mied und sich nördlich nach Galiläa bewegte in dem vollen Bewusstsein, dass die Autorität des Rates bald hinter ihm her sein würde. Magdalena blieb bei Lazarus, sie glühte vor Dankbarkeit, dass ihr der Bruder wiedergegeben war.

Sie wollte ihren Kopf auf sein Herz legen und konnte sich kaum vorstellen, dass sein Herz wieder schlug. Er erlaubte ihr, ihren Kopf dort ruhen zu lassen, solange sie es wolle. Auch ich konnte sein Herz schlagen hören! Sein heiliges, heiliges Herz! Als Magdalena seinem Herzschlag lauschte, konnte sie entdecken, dass sein Ton und

Rhythmus völlig im Einklang mit dem Ton und Rhythmus des Herzens von Christus Jesus waren!

Ich verstand, dass, als Christus Lazarus auferweckte, er ihm sein Leben gab. Dieses Geheimnis verbirgt sich in dem Wort: „Ich bin die Auferstehung und das Leben!" Diese Worte können buchstäblich genommen werden – denn wenn wir auferstanden sind, wird Christus wirklich das Leben in uns sein. Er wird unser Lebensblut, wohnt vollkommen in uns. Bei der Auferstehung nehmen wir seinen Lebensleib an, der dann unser Auferstehungsleib wird. Dies ist ein Geheimnis, das zu Zeiten von Lazarus Auferweckung noch nicht ganz verstanden wurde. Nach seiner Rückkehr ins Leben war sein Körper nicht einfach ein wiederbelebter physischer Leib, obwohl er als solcher erschien. Er hatte vielmehr einen Auferstehungsleib, obwohl er nicht auf der gleichen Ebene der Glorie war wie der von Christi nach seiner Auferstehung.

Als Lazarus in seinem Auferstehungsleib lebte, fand er, dass er die Fähigkeit hatte, die Grenzen zwischen der physischen und der geistigen Welt zu überschreiten. Sein Leib wurde ein Gefährt, das ihn befähigte, nach seinem Willen in die geistige Welt zu reisen, während er gleichzeitig physisch anwesend blieb in der physischen Welt und wie jeder andere Mensch aussah. Diese Fähigkeit zeigte sich nicht unmittelbar. Es kostete ihn einige Zeit, sich an diesen veränderten Leib zu gewöhnen und mit ihm umgehen zu können, so dass er ihn in immer edlerer Weise benutzen konnte. Ich konnte einen „Stern" in ihm sehen. Dieser „Stern" seines Leibes war das „Fahrzeug" für solche Reisen. Dies zu erklären ist schon eine Herausforderung.

Am Anfang, gleich nach der Auferweckung war es nötig, dass Lazarus sich an seine neue Lebensweise anpasste. Er brauchte keine Nahrung, aber er aß gelegentlich zur Gesellschaft mit anderen und auch einfach aus der Freude am Essen. Auch Schlaf brauchte er nicht viel.

In den ersten Tagen, nachdem Lazarus ins Leben zurückgekehrt war, horchte Magdalena wenn immer es möglich war, an seinem Herzen.

Als sie einmal ihren Kopf an seiner Brust ruhen hatte, war plötzlich ein lautes Klopfen am Eingang des Schlosses zu hören. Von Furcht ergriffen, stand Magdalena auf, ging zur Tür von Lazarus Zimmer und rief seinen Diener, der unmittelbar erschien, sein Gesicht war voller Angst.

„Ruf alle erreichbaren Diener zusammen. Geht zur Tür und sagt denen da draußen, dass Lazarus fort sei!" Magdalenas Stimme war angestrengt und eindringlich. Der Buttler drehte sich um, rannte die Treppe hinab und rief im Laufen Namen von bestimmten Dienern.

Magdalena verriegelte die Zimmertür und wandte sich zu Lazarus zurück. Aber sie sah nur leeres Bettzeug – *wohin war er gegangen?*

Sie traute ihren Augen nicht. Lazarus war fort! Dann kam ein seltsamer Friede über sie, die Zeit schien still zu stehen. Es war, als könnte sie irgendwie Lazarus in sich fühlen – ihr Körper kribbelte, lebendig strahlend. Sie konnte seine Gedanken in ihrem Herzen hören, als ob er zu ihr spräche: *Magdalena, alles ist gut. Geh und verstecke dich, ich werde bei dir sein.*

Magdalena entfernte sich sofort über die Hintertreppe, die zu den Räumen der Diener führte. Von dort eilte sie durch einen Gang, der zum gekühlten Vorrat ging und dann hinaus durch eine Hintertür. Während der Flucht hielt sie ihre Hand über dem Herzen, denn sie spürte immer noch Lazarus in ihrem eigenen Herzen.

Sie rannte weiter durch die Gärten und Ställe und kam schließlich zu kleinen Werkstätten. Vorbei an ihnen rannte sie weiter, bis sie zu einem bewaldeten, von Bethanien abgelegenen Gebiet kam.

Die Stimmen des Pöbels hatten in der Ferne abgenommen. Magdalena verbarg sich in den Hügeln hinter einigen Felsen, die mit dickem Laub bedeckt waren. Sie war erschöpft, aber wunderbare Liebe füllte ihr ganzes Wesen aus – die Liebe ihres Bruders Lazarus. Sie ruhte dort in Vereinigung mit ihm, bis sie schließlich eindöste.

Um Lazarus zu empfangen, musste sich Magdalenas Wesen „ausdehnen." Deshalb brauchte sie Schlaf, so dass sie sich zusammenziehen und ihren normalen Zustand wiedererlangen konnte. (Dies ist schwierig zu erklären.) Als sie schlief, trennte sich Lazarus Seele von der ihrigen.

Magdalena wachte einige Stunden später auf. Sie setzte sich auf, fühlte sich benommen und wartete, dass ihre Stärke zurückkehre. Sie fragte sich, was sie nun tun solle und wohin sie gehen könne. Während sie darüber nachdachte, kam Lazarus matt den Hügel hinauf. Noch war ihm sein neuer Körper ungewohnt und erschien schwach. Er lächelte sie an, als er sich neben sie ins Gras setzte.

„Lazarus, was ist passiert? Du warst plötzlich aus meinem Gesichtsfeld verschwunden, aber ich fühlte dich in meinem Herzen!" Magdalena hätte gerne seinen Arm berührt, um sich zu vergewissern, dass er physisch da war, aber sie hielt sich zurück.

Lazarus wusste nicht, dass er „verschwunden" war. Er wusste nur, dass es, als er den Pöbel hörte, sein Impuls war, Magdalena zu ergreifen und mit ihr in Sicherheit zu rennen. Er erlebte das so, dass er vom Bett aufgestanden war, zu Magdalena an der Tür ging und sie die Hintertreppe hinunterleitete. Er erzählte Magdalena, dass er sich selbst erlebt habe, wie er mit ihr aus dem Haus rannte.

Magdalena wusste nicht, was sie sagen sollte. Schließlich meinte sie: „Lazarus, ich habe dich nicht gesehen, aber ich *fühlte* dich in meinem Herzen."

„Dies ist ein Geheimnis." Lazarus spitzte den Mund und schloss die Augen. „Vielleicht werden wir dies später verstehen."

Magdalena war sprachlos und voller Ehrfurcht. Sie schwiegen eine Weile. Dann sagte Lazarus: „Magdalena, ich muss fliehen. Sie sind hinter mir her. Meine Gegenwart ist eine Gefahr für die Jünger." Er hielt Magdalenas Hände auf sein Herz. „Geh zurück und verbreite, dass ich fortgegangen sei. Durch die Gnade Gottes möge ich in den Herzen der Jünger wohnen! Vielleicht kann mein Geist nah bleiben, selbst wenn ich fortgehe."

Als sie diesen Worten lauschte, füllten Tränen Magdalenas Augen. Jede Linie seines schönen Antlitzes nahm sie mit ihrem Blick auf. Etwas war verändert in ihm, aber sie wusste nicht, was es war. Seine Haut glühte und er schien sorglos; seine Augen waren klar und hell. „Lazarus, du siehst so verändert aus."

Er schloss sie in seine Arme und sie lauschte noch einmal seinem Herzen, dessen Rhythmus sie beruhigte. Ich war voller Begeisterung, als ich seinen Herzschlag vernahm. *Dies ist der Herzschlag des geliebten Christus.* Lazarus Herz schlug in vollem Einklang mit dem Herzen Christi.

Lazarus war durch die Liebe Christi geistig wiedergeboren – es war die Liebe des Heilandes, die ihn aus dem Grab zurückgebracht hatte. Durch Christi Liebe zu ihm konnte er sehen, dass er in der physischen Welt noch Aufgaben zu erfüllen habe. Obwohl es aber der Wille von Christus Jesus war, dass Lazarus zurückkehre, würde dies alleine noch nicht ausgereicht haben, um ihn zurückzurufen. Im Zusammenhang mit der Liebe Christi war aber Lazarus eigener Wille zu einem solchen Grad erwacht, dass er selbst in die physische Welt zurückkehren wollte.

Christus würde nie eine Person gegen deren Willen auferwecken. Auferstehung kann nur stattfinden, durch die Verbindung des göttlichen mit dem menschlichen Willen, die zusammen als *heilige Magie* wirken. Jeder von uns wird seinen eigenen Auferstehungsleib erhalten, wenn wir darauf vorbereitet sind, das heißt, wenn unser eigener Wille wahrhaft im Einklang ist mit dem göttlichen Willen.

Christus Jesus liebte Lazarus und Lazarus liebte Christus Jesus. Ihre Verbindung in der physischen Welt war wirklich herzinniglich – so tief, dass Jesus Tränen der Freude weinte.

Denn Lazarus hatte *ihn* über den Tod hinaus gewählt. Lazarus erkannte, dass Christus das Leben und Licht der Menschheit *ist* und er erwählte das *Leben.*

Lazarus Einweihung erfüllte den Zweck der alten Todes-Mysterien. Das Vollziehen der Alten Mysterien war nicht länger mehr angebracht, denn Christus ist jetzt der große Initiator, der uns vom Tod unseres alten Ichs zu neu erwecktem Leben führt - einem Leben in *ihm*. Da er die Auferstehung und das Leben ist, können wir sagen: *Nicht ich, sondern Christus in mir.*

Jedes Mal, wenn ein Teil von uns stirbt, wie ein alter Glaube oder ein Teil unseres niederen Ich, haben wir die Gelegenheit, wieder zu neuem Leben hergestellt zu werden. Können wir schließlich völlig in Christus sterben, dann werden wir auferweckt werden.

Gerade dies ereignete sich mit Lazarus. Er starb in Christus. Sein eigener Wunsch war, wie Christus zu sein, sich ganz mit Christus zu vereinigen und im Geiste zu wohnen. Als Lazarus zu neuem Leben erweckt war, war Christus in ihm, in einer ununterbrochenen Kommunion mit seiner Seele.

Magdalena wusste, dass ihr Bruder verwandelt war. Sie verstand den Wandel nicht, aber sie wusste, dass etwas Unergründliches zwischen den beiden stattgefunden hatte; und sie behielt dies in ihrem Herzen, im Bewusstsein, dass sie es keinem anderen mitteilen konnte.

Mit einem scharfen Stein schnitt sie eine Locke von ihrem Haar, verflocht sie in ein kleines Andenken und gab es Lazarus als ein Zeichen, dass ein Teil von ihr immer bei ihm bleiben würde. Sie sagte: „Ich muss gehen, bevor es zu dunkel wird, um meinen Weg zu finden." Sie legte kurz ihre Hand auf sein Herz und küsste dann seine Füße. Nachdem sie in seine leuchtenden Augen geblickt hatte, wandte sie sich, floh zum Schloss zurück und betrat es wieder über den Hintereingang.

Lazarus blieb eine Zeitlang in der Wildnis. Später kehrte er zu seinem Anwesen zurück und verbarg sich in den Kellerräumen. Nur wenige wussten, dass er da war. Aber er konnte auf eine geistige Weise in Verbindung mit den Jüngern leben, am meisten mit Johannes

Zebedäus, zu dem er ein nahes und besonderes Verhältnis hatte, ebenso wie mit seiner Schwester Magdalena.

Bethanien aus der Sicht über das Tal Jehosaphat.

XXXII

Ich schaute einen wunderschönen Engel in strahlend weißem Licht. Wir reisten zusammen zum Heiligen Land. Ich schwebte über den Plätzen, wo Jesus gewandelt war, und ich weinte, als ich den sanften Schritt seiner Füße auf dem Boden fühlte und hörte. Es war, als ob der besondere Boden sich an ihn erinnere. Ich folgte dem Engel zu den Orten von Jesu letzten Stunden und erinnerte mich an alles, was an ihnen passiert war: Der Prozess, die Geißelung und die Dornenkrönung, die Kreuztragung, Kreuzigung und Grablegung. Ich hatte Kummer wegen seiner Leiden – und ungeheure Dankbarkeit für seine Taten, die für ewig meinem Herzen eingeprägt wurden.

Zu einem anderen Zeitpunkt fand ich Magdalena. Sie war im Schloss von Lazarus ein paar Tage nachdem er vom Tode auferweckt worden war. Es war kurz nachdem er sich in die Verborgenheit begeben hatte. Um der Menge zu entgehen, war Jesus nach Galiläa gegangen. Immer noch kam sowohl neugieriger als auch ärgerlicher Pöbel zum Schloss, um zu erkunden, wo Lazarus und Jesus sich aufhielten.

Von allen großen und erstaunlichen Wundern, die Jesus vollbracht hatte, war die Auferweckung des Lazarus das größte, und so zog es viele an, die selbst das Wunder von dem Mann, der vom Tode auferweckt war, zu sehen wünschten. Magdalena unterrichtete die Diener, dass sie der Menge sagen sollten, Lazarus wäre fortgegangen.

Magdalenas Herz war mit Jesus und Lazarus. Sie dachte unentwegt an sie und sorgte sich um ihr Wohlergehen. Als Magdalena aus einem Fenster im Obergeschoss von Lazarus Schloss die Menge umherstreunen sah, wusste sie, dass auch sie bald gehen müsse.

Lazarus erscheint Magdalena

In der Nacht, bevor sie das Anwesen von Lazarus verließ, lag Magdalena im Bett, dachte an ihren geliebten Bruder und fragte sich, wo er sich wohl aufhalte. Hatte er einen sicheren Hafen gefunden? Ihre Seele wurde beim Gedanken an ihn durchwärmt und sie hätte gern die jüngsten Veränderungen in ihm verstanden. Die Hände über dem Herzen lächelte sie, als sie die letzten geheimnisvollen Ereignisse vor ihrer Seele vorbeiziehen sah.

Dann sah sie plötzlich, wie sich ein Licht in der Mitte des Raumes sammelte, das sich zu einer menschlichen Gestalt formte. Sie nahm zu ihrer großen Freude bald wahr, dass es Lazarus war! Er erschien wie ein Engel in sanft leuchtendem Licht. Er konnte auf diese Weise erscheinen, weil er in seinem Auferstehungsleib war – einem Lichtleib.

„Lazarus!", rief Magdalena aus. Als ob sie mit ihm nur einen Augenblick sprechen könnte, stieß sie ihre drängendsten Fragen hervor. „Was soll ich machen? Wohin soll ich gehen?" Sie war besorgt um die Sicherheit von Lazarus und Jesus – und jetzt fürchtete sie auch um ihr eigenes Leben.

Als Antwort auf ihre Sorge sagte Lazarus: „Magdalena, dies musste so sein, es war von Gott so angeordnet. Die Herrlichkeit Gottes hat sich mir offenbart. Fürchte nicht die Veränderung, die sich in mir vollzogen hat. Eines Tages wirst du sie verstehen. Jetzt kann ich dir noch nicht erklären, was sich ereignete, ich weiß nur, dass ich in vergangenen Zeiten nicht die geistige Welt betreten konnte, und nun kann ich es. Ich kann dich auf diese Weise besuchen, weil ich *durch Liebe reisen kann.* Die Liebe zwischen uns, Magdalena, stammt von vor der Schöpfung. Wo immer du bist, kann ich gehen, wegen des Bandes der Liebe zwischen uns. Wir brauchen nicht getrennt zu sein."

Seine Worte waren für sie wie ein Licht in ihrer Seele und sie jubelte. Dann fragte sie: „Lazarus, was siehst du jetzt? Was siehst du jetzt, das du vorher nicht sehen konntest? Dein Hunger nach der geistigen Welt war so groß, dass du fast den Tod fandest, um dorthin zu gelangen. Kannst Du mir erzählen, was du jetzt siehst?"

„Früher konnte ich Liebe empfinden, aber jetzt *sehe* ich Liebe. Liebe ist eine Welt für sich. Sie ist eine Wohnstatt, in der man wohnen kann. Ich kann die Liebe zwischen Menschen *sehen.* Ich kann die Liebe der Engel *sehen* und auch die Liebe, die die Erde umgibt. Alles wird von der Umarmung der Liebe gehalten.

Etwas ereignete sich für mich, als ich getauft wurde – und auch als ich starb – und jetzt ist das, was ich vorher nur vereinzelt in Bruchstücken erinnern konnte, mir als Ganzes im hellen Bewusstsein gegenwärtig."

Das Licht um Lazarus schimmerte.

Er fuhr fort: „Maria, er *ist* der Sohn *Gottes*! Ich sehe es jetzt. Vorher konnte ich nur den *Glauben* an ihn haben, jetzt *sehe* ich und *weiß! Er ist der Sohn Gottes,* der in einem menschlichen Leibe wohnt!"

Er schwieg, damit sie seine Worte recht aufnehmen könne. Dann sagte er: „Ich kann nicht auf physische Art bei ihm sein. Es wäre eine Gefahr für seine Aufgabe und auch für seine Jünger. Aber du kannst mit ihm sein, Magdalena. Du kannst bei ihm sein und für ihn sorgen. Er braucht dich. Er wird dich bis ans Ende brauchen – wenn er die großen Taten für die ganze Menschheit vollbringt. Ich werde im Geiste mit ihm sein und du wirst als Person mit ihm sein."

„Lazarus, was meinst du hiermit? Was wird Jesus tun?" „Das kann ich Dir jetzt nicht sagen, Magdalena. Selbst wenn er der Sohn Gottes ist, wird er dich brauchen – *einen Menschen* – der ihn durch das trägt, was er tun wird", antwortete Lazarus.

Magdalenas Stimme war fest: „Ich werde ihn nie verlassen, selbst wenn sie versuchen, mich zu töten!"

Lazarus sprach: „Wenn die Dinge schwierig werden, werde ich dich stärken. Ich kann dir einen Teil meines Wesens leihen, um dich zu tragen. Trotzdem wird es sehr schwierig sein. Du musst ohne Unterlass beten."

Sie konnte diese Worte von ihm ertragen, weil sie solche Liebe von ihm spürte. Weil sie empfand, dass ihr Gespräch zum Ende kommen würde, fragte sie: „Wann werde ich dich wiedersehen, mein Bruder?"

„Du wirst mich sehen, Magdalena, das verspreche ich dir. Wir werden uns wieder begegnen." Lazarus war dabei, sich zurückzuziehen, das Licht näher zu seiner Gestalt versammelnd.

„Danke, lieber Lazarus! Ich liebe dich!"

Als er sich aus ihrer Vision zurückzog, streckte Magdalena ihre Hände aus, als ob sie ihn berühren wollte, Tränen liefen über ihre Wangen: „Lazarus!"

Seine Stimme war nur noch ein Flüstern: „Leb wohl, Magdalena!"

Am nächsten Tag verließ Magdalena das Schloss von Lazarus in Bethanien und ging, um die anderen Heiligen Frauen zu treffen. Auch sie hielten sich in diesen Tagen abgesondert und hofften, dass sich der Tumult beruhigen würde. Sie waren neugierig zu hören, was mit Lazarus geschehen war. Martha und ihre Dienerin sowie auch Joanna waren anwesend, zusammen mit Maria Cleophas, Susannah, Salome, Dinah, Maria Salome, der Witwe von Nain, der Heiligen Mutter und Magdalenas Magd Sarah. Magdalena wurde durch die Stärke der Frauen getröstet. Sie verstanden, dass sie und Martha ebenfalls in der kurzen Zeit viel durchgemacht hatten. Tatsächlich hatten die beiden Schwestern die tödliche Erkrankung und das *Sterben* von Lazarus miterlebt und bald danach wie er von den Toten auferweckt wurde und zum Leben zurückkehrte – um ihn wieder zu *verlieren,* weil er sich verbergen musste. Magdalena war fast überwältigt durch all diese Erlebnisse.

Die Frauen hatten von Jesus Nachricht erhalten, dass er noch in Galiläa lehren würde, und dass er plane, bald in fremde Länder aufzubrechen. Magdalena war froh, die Nachricht zu hören, dass es ihm gut gehe, aber ihr Herz sank, als sie vernahm, dass er Galiläa verlassen würde, um weiter zu reisen. Sie hoffte, ihn noch zu sehen, bevor er seine Reise anträte, obwohl sie verstand, dass er für eine Weile fort gehen musste. Sie wusste, dass sie dem Vater vertrauen musste, der sich um ihn kümmern werde.

Die Frauen wussten, dass sich Magdalena verausgabt hatte und so gewährten sie ihr für eine Weile Ruhe. Sie umsorgten sie liebend, rieben sie mit Ölen ein und überließen sie dann wieder der Ruhe. Ihr Herz war voller Freude aber auch voll Kummer. Freude, weil Lazarus wieder lebte; und Kummer, weil Lazarus gegangen und Jesus in Galiläa war. Und dann gab es die bedrohliche Zukunft – das entmutigende Nichtwissen – das meist ihre Gedanken beschäftigte.

In der Mitte ihrer stillen Kontemplation dachte Magdalena über Jesus nach und war sicher, dass er das tat, was er tun müsste. Als aber die Nacht kam, fühlte sie sich einsam und fragte sich: *Bin ich zu schwach, um das zu tragen, was die Zukunft bringt? Ich wünschte, Jesus könnte mir erklären was geschieht.*

Plötzlich war sie überwältigt von Liebe zu ihm und ich hörte ihre Gedanken als sie weinte: *Ich liebe ihn! Sollte ich ihn so lieben? Lazarus erzählte mir, dass er der Sohn Gottes ist. Ich weiß, dass es wahr ist! O mein Herr!*

Die Erkenntnis, dass sie die nächststehende Begleiterin von *Gottes Sohn* war, flog auf schnellen Schwingen zu ihr – *Ich liebe Gottes Sohn! Er ist mein liebster Freund!*

Magdalenas Gedanken eilten durch mich und brachten reichlich Tränen hervor, als ich ihre ungeheure Liebe zum Meister fühlte:

Ich habe immer gewusst, dass er der Sohn Gottes ist – aber ich war ängstlich, es für mich zuzulassen. Mein Herz ist durch diese Liebe verwundet. Diese Liebe ist die Wunde, die nie heilt! Und doch will ich mein Herz nie wieder verschließen. Es muss offen bleiben. Ich will ihn in alle Ewigkeit lieben. Er ist meine Hoffnung und meine Freude! Er stellte meinen Bruder für mich wieder her und er stellte für mich meine Seele wieder her. Er führte mich mit seiner eigenen Hand aus der Hölle. Er befreite mich von sieben Dämonen und rettete meine Seele. O mein Herr! Du bist mein Licht und mein Leben! Wohin du auch gehst, ich will dir folgen. O mein Herr! Du bist mein König. Du magst in diesem Leben nie in der Lage sein, dein Königtum zu beanspruchen, aber du bist mein König! Ich kenne dich jetzt. Ich kenne dich. Du hast mich schon immer gekannt und jetzt kenne ich dich.

Gespräch zwischen Magdalena und der Witwe von Nain

Am folgenden Tag ruhte Magdalena im Garten, wandte ihr Gesicht zur Sonne, deren Wärme sie badete, während sie dachte, wie genau dieselbe Sonne auch auf Jesu Gesicht scheine ... irgendwo. In dem Augenblick kam die Witwe von Nain [21] in den Garten. Als sie Magdalena sah, sagte sie: „Magdalena, ich wollte mit dir sprechen."

Magdalena blickte auf und lächelte, ihre grünen Augen spiegelten die Farbe der Olivenblätter über ihrem Kopf. „Ja, ich wollte auch mit dir sprechen. Ich würde gerne mehr über deine Erfahrung hören – als dein Sohn von Jesus vom Tode auferweckt wurde."

Die Witwe fuhr fort, „Du und ich, wir haben jetzt etwas Kostbares gemeinsam, denn wir haben beide um den Verlust einer geliebten Person getrauert – und dann wurden auf geheimnisvolle Weise uns unsere Lieben zurückgegeben."

---

[21] Diese Frau, deren Name Maroni war, war eine wohlhabende Witwe aus der Stadt Nain. Sie war die Schwester der Frau des Apostels Jakobus und die Mutter des Jünglings zu Nain, der im Alter von zwölf Jahren durch Jesus Christus vom Tode auferweckt worden war. Dies wunderbare Ereignis, das sich vor den Toren der Stadt Nain abspielte, wird in Lukas 7, 11-17 beschrieben. Der Name des Jungen war Martialis. Er wurde später ein Jünger und war einer der Gruppe der Jünger, die den Apostel Petrus nach Rom begleiteten. Maroni spendete fleißig für die Gemeinschaft der Jünger und war als Helferin im Kreis der Heiligen Frauen tätig. Sie war auch die Tochter des Bruders vom Schwiegervater des Apostels Petrus und war so eine Kusine der Frau des Petrus.

Die Augen der Witwe tanzten im Licht. „Ich werde nie mehr die gleiche sein, Magdalena. Vor diesem Ereignis hatte ich keinen großen Glauben – aber das störte Jesus nicht. Er wusste, dass ich große Liebe habe, die Art der Liebe, die selbst jemanden bitten kann, das Grab zu verlassen! Das war für Jesus genug. Er sagte mir, dass er durch meine Liebe das Wunder vollbringen konnte. Von der anderen Seite des Schleiers fühlte mein Sohn meine Liebe zu ihm – und durch diese Liebe konnte Jesus ihn zurückrufen. Und jetzt ist mein Glaube an Gottes Macht vollkommen – denn jetzt kenne ich Gottes Macht, Magdalena. Ich fühle Gottes Liebe, seine mächtige, majestätische Liebe! Es gibt nichts, das seine Liebe – in uns – nicht tun kann."

Magdalena nickte zustimmend mit dem Kopf, als die Witwe fortfuhr, „Mein Sohn ist ein veränderter Mann. Er hat ein Ziel jetzt, das er nie zuvor kannte. Du solltest ihn sehen! Die Art, wie er Menschen berührt und wie er jeden liebt, dem er begegnet. Er hat so vielen aus den Tiefen geholfen und ihnen Hoffnung gegeben. Es ist ein Licht um ihn. All dies habe ich mit Verwunderung und Ehrfurcht beobachtet. Er hat mir noch nicht alles erzählt, was er erlebt hat, als er in der geistigen Welt war, aber eines Tages wird er es tun. Magdalena, mein Sohn *lebt!* Ich bin so voller Demut durch diesen Segen!"

Mit strahlendem Gesicht lauschte Magdalena den Worten der Witwe und sagte, „Auch ich bin voller Ehrfurcht. Ich kann es kaum begreifen, was sich alles zutrug. Ich denke, ich habe in den wenigen letzten Wochen jede mögliche Gemütsregung durchgemacht. Was sind das für große Wunder – meinen Bruder wieder zu haben und dein Sohn ist dem Leben zurückgegeben! Auch Lazarus ist eine veränderte Person, obwohl ich jetzt noch nicht sagen kann, in welcher Weise es so ist. Er wurde nicht nur durch dieses unfassbare Wunder vom Tode auferweckt, sondern das Wunder der Auferstehung lebt in ihm fort. Das Wunder, das er ist, setzt sich fort." Magdalena antwortete etwas rätselhaft.

Die Witwe nickte mit dem Kopf. „Ja, ja, auch mein Sohn ist weiter ein Wunder."

Dann sagte Magdalena: „Es gibt so viel, was ich aussprechen möchte, aber im Augenblick muss ich schweigen." Die Witwe nickte verständnisvoll mit dem Kopf. Dann erzählte ihr Magdalena: „Lazarus hält sich verborgen."

„Ja, auch mein Sohn muss jetzt sehr vorsichtig sein." Sie schwieg und betrachtete Magdalenas Gesicht. „Magdalena, du bist froh, es ist wahr, aber du scheinst auch melancholisch zu sein, obwohl ein so großes Wunder stattfand."

Magdalena neigte ihren Kopf. „Die Dinge ändern sich. Ich weiß nicht, was kommen wird, aber die Dinge ändern sich. Darum bin ich traurig. Aber ich bin aus vielen Gründen auch froh."

Die Witwe schlang ihre Arme um Magdalena und drückte sie einen Augenblick an sich. „O Magdalena, ich fühle, dass dein Herz gebrochen ist. Ist es so?"

„Ja, es ist gebrochen, aber es ist gleichzeitig auch gesund. Es ist gleichzeitig gebrochen und gesund." Tränen liefen ihr über die Backen.

Salome kam in den Garten und brachte Magdalena und der Witwe von Nain die Nachricht, dass die anderen Frauen sich zum Essen und Gespräch sammeln wollten, wenn Magdalena dazu geneigt sei. Magdalena stimmte zu und dankte auch der Witwe für ihre Worte.

Die Drei trafen die anderen Frauen bei Tisch. Als Magdalena den Raum betrat, blickte die Heilige Mutter voller Mitgefühl auf sie. Der süßeste Ausdruck von Liebe kam in ihre Augen; sie konnte Magdalenas Herz fühlen und unmittelbar verstehen.

Die Frauen wollten gerne von Magdalena und Martha von den Erfahrungen rund um die Erweckung von Lazarus hören – und von allem, was sich in den Tagen seitdem zugetragen hatte. Magdalena erzählte ihnen alles, was sie konnte, aber es gab gewisse Dinge, die sie jetzt noch nicht sagen konnte. Diese Dinge behielt sie in ihrem Herzen.

Als Magdalena und Martha zu Ende gesprochen hatten, priesen die Frauen Gott. Sie waren voller Bewunderung und Ehrfurcht. Sie sangen ein Lied zusammen. Magdalenas Herz wurde leichter, als sie den wunderbaren Frieden und die Wärme ihrer Liebe spürte. Sie erhielt Stärke von ihnen, dem entgegenzusehen, was auch immer kommen möge.

Als sie sich an dem Abend zurückzog, betete sie für eine jede der Heiligen Frauen. Sie war ihnen wirklich dankbar und auch für ihre Liebe.

XXXIII

Unter den Sternen

Als ich in der Zeit zurückreiste, sah ich die „Farben der Welt" von meiner Aura abfallen, als ob ich einen schweren Mantel verbrannter, schmutziger Farben abwerfen würde. Als dies sich fortsetzte, wurden sie durch lichte Farben ersetzt: grün, rosa, violett, blau und golden. Es fühlte sich wunderbar an, für eine Weile den anwidernden Eindruck der Welt abzustreifen. Vor mir konnte ich einen Lichtpunkt erblicken in der Zeit, in der ich diesen Tag besuchen wollte.

Unter mir lag die Sphäre der Illusionen mit ihrem kalten inneren Herzen von Abstraktion und Tod. Sie wogte mit verführerischer, saugender Kraft und in ihr waren unzählige verwirrende Elemente. Je weiter ich von dieser Sphäre zurückwich, umso leichter fühlte ich mich. Manchmal pausierte ich auf meiner Reise und schwebte unter den Sternen, hatte mit ihnen Gemeinschaft in himmlischer Freude.

Als ich im Heiligen Land ankam, fand ich mich dabei, die Konstellationen zu betrachten. Das heißt, ich sah sie durch Magdalena, die auf ihrem Rücken lag und die Unmengen glitzernder Sterne betrachtete, welche die tief violette Nacht schmückten.

Magdalena war nach Galiläa gekommen, um Jesus zu finden. Sie musste ihn bei Nacht ausfindig machen und sich nur in der Dunkelheit mit ihm treffen, denn auch sie wurde jetzt verfolgt. Ihr rotes Haar war ein verräterisches Zeichen dafür, dass sie die Schwester dessen war, der vom Tod auferweckt wurde. In den letzten Tagen war sie nur nach Sonnenuntergang unterwegs gewesen.

Unter den Sternen hatte sie über die letzten Ereignisse nachgedacht. Sie fand, dass sie immer und immer wieder zu jenem bestimmten Augenblick zurückkehrte, in dem Jesus ihren Bruder Lazarus auferweckt hatte, der schon seit *acht* Tagen tot war!

Nicht nur Lazarus wurde so auferweckt, auch Magdalena fühlte sich wacher und lebendiger als je zuvor. In ihrem Herzen gab es ein Rumoren, das anzeigte, dass ein Wandel bevorstand. Ja, sie wusste, dass nie alles gleich bleiben würde.

Sie blickte zu dem Feuer, das einige Schritte entfernt war, wo Jesus mit Johannes Zebedäus tief im Gespräch war. Jetzt stand Johannes auf und bewegte sich zu Magdalena, denn sie war jetzt an der Reihe, mit dem Meister zu sprechen. Er ging dann, um die anderen zu treffen, die auf einem nahegelegenen Hirtenfeld kampierten. Indem Magdalena den Schleier um ihren Kopf wickelte, stand sie auf und ging hinüber zu Jesus. Seine Augen funkelten im Feuerschein.

„Wie geht es Lazarus, Magdalena?" Jesus wollte eher wissen, wie *sie* sich mit der Veränderung in Lazarus abgefunden habe, als von seinem Wohlergehen zu erfahren, denn er war natürlich mehr als eingeweiht über die Veränderungen in Lazarus. Er wusste, dass Magdalena tief und dauerhaft von dem Wunder berührt war.

„Es geht ihm gut. Er verbirgt sich, aber er hat ... mich besucht." Sie wusste, dass Jesus verstehen würde, was sie meinte.

Nachdem er sie veranlasst hatte, sich neben ihn zu setzen, blickte Jesus ins Feuer und lachte freundlich. „Lazarus war so interessiert an den Mysterien – und jetzt ist er selbst ein Mysterium *geworden!*"

Magdalena lächelte über Jesus Humor und stimmte zu, dass Lazarus wirklich *sehr* geheimnisvoll sei. Ihr Herz erwärmte sich, als sie an die Weisheit und das Licht dachte, die jetzt von Lazarus ausgingen. Sie war wirklich ausgefüllt von dem unfassbaren Geheimnis, das mit ihrem Bruder eins geworden war.

Jesus war glücklich, wieder mit Magdalena zusammensein zu können und war in fröhlicher Stimmung. Er küsste sie auf die Stirne und sagte: „Die Auferweckung von Lazarus ist ein Geheimnis – aber ich werde dir ein noch größeres Geheimnis zeigen."

„Ich bin nicht so sicher, dass ich noch mehr Geheimnisse ertragen kann! Ich bin noch dabei, mein Gleichgewicht wieder herzustellen nach diesem Wunder." Sie sog tief die Luft ein.

Jesus Antlitz nahm einen ernsten Ausdruck an. „Du wirst nie wieder die gleiche sein, Magdalena. Deine größte Aufgabe wird bald beginnen." Er hielt inne, bemerkte ihren nachdenklichen Ausdruck und wusste, dass sie über die Zukunft beunruhigt war. „Geliebte, sorge dich nicht."

Magdalena blickte auf zu den Sternen. „Herr, aus welcher Welt kommst du?"

Er antwortete, „Ich habe dir gesagt, dass der Vater und ich eins sind. Ich komme aus meines Vaters Haus."

„Ist das Haus deines Vaters unter den Sternen?"

Lächelnd, fast lachend, antwortete er: „Ja, ich komme von den Sternen. Aber du auch, Magdalena. Ich erinnere mich nur an das vor dieser Welt und du weißt noch nicht, wer du bist."

Sie nickte zustimmend mit dem Kopf. „Es ist wahr. Ich weiß nicht, wer ich bin. In meinem kurzen Leben habe ich sogar schon durch viele falsche Identitäten gelebt. Ich musste sie alle wegschaffen und nicht ohne großen Schmerz. Jetzt ist meine einzige Identität, deine Jüngerin zu sein und dieser Weg ist unsicher. Der Weg vor mir scheint dunkel, ungewohnt und einsam. Obwohl du mein geliebter Freund bist, fühle ich mich trotzdem ziemlich alleine. Ich habe keine Freude mehr an meinen früheren Freunden."

Sie bedauerte nicht den Verlust ihrer Freunde, aber ihr Herz sehnte sich nach ihnen. Sie hätte gerne mit ihnen Jesu Evangelium der Liebe geteilt.

Sie fuhr fort: „Ich weiß noch nicht einmal, wie ich dir dienen soll. Ich weiß nur, dass es mein Weg ist, es zu tun."

„Du wirst mir dienen, auf Weisen, die du dir jetzt noch nicht einmal vorstellen kannst."

Die Nacht schien in Rhythmen zu stöhnen mit dem Gesang der Grillen und dem Knistern des Feuers. Jesus betrachtete den Nachthimmel und sagte dann in seiner liebenswerten Weise: „Die Sterne hören uns zu." Magdalena war bei diesem Gedanken voller Freude.

Jesus nahm seinen Mantel, schlug ihn um ihre Schultern, legte dann seine Arme um sie und sagte: „Deine Heimat ist in den Sternen. Gleichgültig was geschieht, denke daran." Sie lehnte ihren Kopf gegen seine Brust. Sie schwiegen für eine Weile.

Dann sang Jesus ruhig ein Kinderlied – eins, das fast alle jüdischen Kinder kannten. Sobald Magdalena den ersten Satz hörte, tauchte eine Erinnerung in ihr auf. Sie war vielleicht drei oder vier Jahre alt. Maria und Joseph von Nazareth besuchten Magdalenas Eltern in ihrem Schloss in Bethanien. Es entstand ein lebendiges Bild von dem neugierigen kleinen Jungen Jesus – er war ein wenig älter als Magdalena. Die beiden spielten in den Gärten – sie spielten die damals üblichen Spiele. Und eines Abends, als sie sich unter den Sternen amüsierten, hatten sie ein Lied gesungen, das beide kannten, das gleiche Lied, das Jesus jetzt angestimmt hatte:

O, es gibt einen hellen Stern in den Himmeln!
Der Stern ist derjenige, dem ich folgen will
Ich will ihm zum Gelobten Land folgen.

O, es gibt einen hellen Stern in den Himmeln!
Dieser Stern ist mein wahres Licht –
Ich will ihm zum Gelobten Land folgen.

„Ich erinnere mich, wie wir dies Lied einst zusammen sangen ...", sagte Magdalena, als Jesus sie fest umschlungen hielt, „ich war damals so ahnungslos."

Er lachte. „Ja, das Feuer, das du bist, war nur ein Funken als du jung warst."

„Ich erinnere mich auch an deine Mutter. Sie war die schönste Frau, die ich je gesehen hatte – sie war so viel jünger als meine Mutter. Ich dachte, sie wäre ein Engel. Erinnerst du dich, wie sie im Garten mit uns tanzte? Martha und Lazarus waren auch mit dabei."

Sie blickte auf Jesus. „Ich kann sie in dir erblicken. Ich kann ihre Liebe in dir empfinden." Sie stöhnte und blickte zur Erde und fügte hinzu: „Alles war damals so einfach." Nach einigen Minuten fragte sie: „Haben wir das Gelobte Land gefunden?"

„Das Gelobte Land ist da, wo alle Versprechen erfüllt werden."

„Ich habe Gottes Versprechen an sein Volk gelernt; und wenn es solch einen Platz gibt, muss er großartig sein – ein Platz, wo es keinen Kummer, Schmerz oder Tod gibt. Und keine Trennung von denen, die wir lieben."

Jesus sagte, „Du kannst *jetzt* in dem Gelobten Land leben – in deinem Herzen, Magdalena. Du kannst die Versprechen des Vaters ergreifen und sie *in dir* erfüllt sehen. Du kannst auch anderen helfen, dies ebenfalls zu tun. Und wenn du es tust, wird es eine Gemeinschaft von Herzen geben, die wie eins leben. Wo diese Gemeinschaft wohnt, wird immer Gnade und Liebe sein."

Er wandte sich zu ihr, nahm ihre rechte Hand, legte sie über sein Herz und hielt seine linke Hand über ihrer rechten. Und dann nahm sie seine rechte Hand und legte sie über ihr Herz mit ihrer linken Hand darüber.

Ihre Herzen schlugen unisono. „Ich werde die kommenden Monate immer bei dir sein und du wirst sehen, wie dies sein kann."

Jesus hielt dann ihre Hände in seinem Schoß und blickte in ihre Augen. Er nahm alles wahr, was sie gewesen war, zurück bis zur Schöpfung. Er konnte ihre vielfältigen Leben sehen und die vielen Facetten ihrer Seele.

Ich konnte sie auch in dieser Art sehen, wenn natürlich nicht in dem Maße wie er es konnte. Magdalenas Wesen war wirklich wunderschön anzusehen und großartig reich an irdischer Erfahrung. Sie ist unzweifelhaft ein echt königliches Wesen. Es war, als ob Jesus in seiner Anschauung zurückreiste durch die Zeit, alles erinnerte, was sie war, bis er schließlich zu dem Stern ihres Geistes kam. Als er das reine Licht ihres höheren Wesens wahrnahm, fühlte sich Magdalena zunehmend inspiriert von jenem Licht.

Gerade dann näherte sich Johannes leise und respektvoll und als Jesus ihn zu sprechen aufforderte, sagte er: „Bevor wir den Abend beschließen, würde Petrus gerne die morgige Reise besprechen."

Jesus nickte. „Ja, ich werde jetzt kommen. Sag allen, dass sie sich versammeln."

Johannes dankte Jesus und Magdalena und ging zu den anderen zurück.

Jesus sagte zu Magdalena: „Wir werden wieder alle zusammen reisen und dann muss ich andere Menschen besuchen. Ich werde mit den drei Söhnen der Hirten ins Heidenland gehen. Wenn ich zurückkomme, werden wir, du und ich, unser Werk zusammen beginnen." Hiermit meinte er, eine „neue Arbeit", die sie anpacken würden.

„Dank dir, mein Herr." Magdalena küsste seine Hand und stand auf, um die Heiligen Frauen zu treffen, während er zu den Jüngern ging. Als sie alle zum Gespräch versammelt waren, sah ich einen Dom aus Licht über der Gruppe und wusste, dass Engel sie beschützten.

Christus erschien dann im Ätherischen, sprach unmittelbar zu mir und gab mir die Botschaft für alle, die zu diesem Buch kommen:

O Kind des Lichtes!

Ich kam auf die Erde, um meine Schöpfung zu besuchen.

Mein Herz ist erfüllt von Mitgefühl und Dank für alle.

Ich sehe jeden von euch, so kostbar und einzig in euren Individualitäten!

Ich sandte euch vor mir her, in diese Welt herab, um den Weg für mein Kommen vorzubereiten.

Und jetzt komme ich, um euch zu sammeln.

Ich werde euch den Weg durch die Trübsal zeigen und euch in das Gelobte Land bringen.

Seid wahr und treu und habt acht auf mich.

Ich werde die Versprechen erfüllen, die ich der Menschheit gegeben habe.

Ich bin immer bei euch, selbst bis ans Ende der Zeit.

Meine Liebe ist immer um euch,

O Kind des Lichtes!

Jesus durch ein Gitter blickend

Teil Vier

Anhänge

Weinberg mit Beobachtungsturm in der Nähe von Bethanien

Anhang I

Obwohl die folgenden Visionen sich nur beiläufig auf Magdalena beziehen, sind sie hier aufgenommen, weil sie einen Hintergrund für ihre Kindheit und das frühe Familienleben bieten. Es sind Visionen von Magdalenas Schwester, der „Stillen Maria", die der Geschichte weitgehend unbekannt ist. Diese Schwester verdient es, ehrfurchtsvoll in die Annalen der Geschichte gebracht zu werden, in Anerkennung ihrer Bedeutung im Leben Jesu Christi und in den Leben seiner ergebenen Diener, Magdalena und Lazarus. Eine volle Anerkennung ihres Schicksals sowohl im Leben wie auch nach dem Tod, bleibt immer noch ein verhülltes Geheimnis. Wir können dankbar sein für ihre Gegenwart in der bemerkenswerten Familie der sie angehörte, von der jedes Mitglied eine wesentliche Rolle bei der Entfaltung des Wirkens Jesu Christi und bei der Gründung der frühen Kirche spielte.

Ein Tanz für Jesus

Ich blickte auf das hübsche Gesicht einer goldhaarigen weiblichen Seele, die von pfirsich-goldenem Licht umgeben war. Diese Seele schien mir so vertraut zu sein. Sie gestikulierte nach unten, zu jemandem, der unter uns stand und ich sah sofort, dass es das Schloss von Lazarus war, auf das sie zeigte. Dann war ich plötzlich da.

In einem Raum hinten im Schloss, saß eine stämmige Frau, eine Magd, die ein fest gewickeltes Kind wiegte. Sie versuchte, es zu beruhigen, denn das Kind war erregt und schrie.

Die Mutter des Kindes konnte solches Geschrei nicht ertragen und hatte es mit einer Magd in entferntere Räume des Schlosses verbannt.

Sie hatte schon mehrere Kinder früh verloren und konnte den Gedanken nicht ertragen, dass dieses Kleine mit dem gleichen vorzeitigen Ende auch jenen anderen folgen könnte. Und so hatte sie arrangiert, dass die Kleine im entfernten Teil des Schlosses versorgt würde.

Dann sah ich den kleinen Lazarus. Er war vielleicht vier oder fünf Jahre alt. Ich sah auch seine Schwester Martha, die etwa zwei Jahre alt zu sein schien. Das kränkliche, so verzweifelt schreiende Baby war ihre jüngere Schwester.

Ich sah, dass der Vater die meiste Zeit von zu Hause weg war. Er war sehr vermögend, da er aus adeligem Blut stammte. Er hatte dunkelolive Haut, während seine Frau hellhäutiger war. Martha und ihre kleine Schwester hatten die helle Haut der Mutter geerbt. Lazarus sah seinem Vater ähnlich.

Als ich in engeren Kontakt zu dem kleinen Baby kam, sah ich, dass ihre zarte Seele nicht in der Lage war, in der harten Realität der physischen Welt zu leben. Es war, als ob ihre Haut zu dünn sei, und sie nicht schützen konnte innerhalb der Grenzen von Raum und Zeit. Für sie war die Wahrnehmung der äußeren Welt ein unentwegter Angriff auf ihre Sinne, so dass sie ums Gedeihen kämpfen musste.

Während ihres ersten Lebensjahres jammerte sie die meiste Zeit. Allmählich hörte das Schreien auf, als sie aber in das Alter kam, in dem Kinder normalerweise anfangen zu sprechen, verweigerte sie es, dies zu tun. Sie hatte die Fähigkeit, lehnte ihren Gebrauch aber ab.

Obwohl sie an gewissen wichtigen Ereignissen im Laufe des Jahres mit dem Rest der Familie zusammentraf, vermied sie ihre Gesellschaft, zog es vor, alleine in dem kleinen Garten vor ihrem Zimmer zu bleiben, wo sie zu unsichtbaren Wesen flüsterte, aber selten laut zu anderen sprach.

Manchmal kommunizierte sie mit Gesten, aber es war schwierig, sie zu verstehen. Sie entfremdete sich zusehends von der Familie, denn sie schienen sie nicht erreichen zu können.

Sie konnte einfach nicht mit der physischen Welt in Beziehung treten, oder mit irgendjemandem, der in ihr lebte.

Als sie neun oder zehn Jahre alt war, starben ihre Eltern. Sie konnte ihre Geister sehen und ihnen folgen und flüsterte manchmal im Garten mit ihnen.

Die Magd fand sie oft auf dem Rücken liegend und in einem katatonischen Zustand in den Himmel blicken, für längere Zeit nicht einmal blinzelnd. Oder sie fand sie mit dem Gesicht zum Gras gewendet und sie dachte, sie sei tot. Während dieser Zwischenspiele hielt sich aber das junge Mädchen in der geistigen Welt auf, ungehindert durch die Windungen der Sterblichkeit. Sie hatte sowohl wunderbare als auch schreckliche Visionen, aber keine von ihnen würde sie ihrer Magd oder ihrer Familie mitteilen.

Oft rannte sie hin und her, gestikulierte wild und führte auf, was sie in der Vision sah. Es spielte keine Rolle, wie oft die Magd dies miterlebte, sie war immer ängstlich und überwältigt von dem seltsamen Benehmen und war dankbar erleichtert, wenn sich das Gesicht des Kindes schließlich zu einem erhabenen Ausdruck beruhigte, wenn ihr Körper erschlaffte – völlig verausgabt von der Intensität ihrer Erfahrung – und es in einen tiefen Schlummer fiel, ein Schlummer, der manchmal Tage dauerte.

Die Mutter der Stillen Maria (denn so wurde das Kind genannt) hatte keine Ausgaben gescheut, für ihre Tochter Heiler aufzusuchen. Aber sie würde nicht über Sitten und Gebräuche hinausgehen, die ihrem Volk angemessen erschienen, denn sie waren strenge, gesetzestreue Juden. Der Vater des Kindes war offener und hielt auch draußen nach alternativen Methoden der Heilung Ausschau, aber die Mutter würde diese nicht zulassen. Bevor sie starben, kamen sie zu der Frage, ob ihr Kind nicht vielleicht besessen sei, aber Stolz hielt sie davon ab, den Gedanken länger zu bewegen. Am Ende waren sie zu der Ansicht gekommen, dass in dem Verstand des Kindes etwas verkehrt sei und trauerten über seinen Verlust.

Ich hörte, dass der hebräische Name dieses Kindes Miriam bat Zarah (Maria, die Tochter der Zarah) sein sollte. Ihre Mutter hatte immer die Namen Martha und Miriam[22] geliebt und hoffte, sie zu gebrauchen, wenn sie zwei kleine Mädchen hätte. Aber keine zwei Mädchen, denen sie diese beiden Namen hätte geben können, hatten bisher überlebt. Als ihr erstes überlebendes Mädchen geboren wurde, nannte sie es Martha, in der Hoffnung, dass noch ein anderes kleines Mädchen geboren würde, um den Namen Miriam zu tragen.

Als das hier besprochene Kind geboren wurde, und überlebte, bekam es diesen Namen. Als es aber später leider deutlich wurde, dass dieses zweite kleine Mädchen nie in einer normalen Weise zugänglich sein würde, wurde es bekannt unter dem hebräischen Namen „Miriam, die nicht spricht“ oder „Stille Maria“, wie sie von Anna Katharina Emmerich genannt wurde. Und als die Mutter später noch ein anderes Mädchen nach der Stillen Maria geboren hatte, wurde auch ihr der Name Miriam gegeben. Dieses spätere Kind wurde später gelegentlich als Maria Magdalena bekannt oder einfacher „Magdalena“.

Man fürchtete, dass die jüngere Maria (Magdalena) „schlechte“ Sitten annehmen würde von ihrer älteren rätselhaften Schwester, der Stillen, so unternahm die Familie alles, um die Mädchen getrennt voneinander zu halten. Sie wollten nicht, dass Magdalena „Anfälle machte“ wie die Stille Maria.

Es war traurig, die Stille Maria in solcher Isolation leben zu sehen, aber die Familie wusste sich nicht anders zu helfen. Sie versicherten sich, dass sie alles hatte, was sie brauchte und alles, von dem die Familie dachte, dass es sie glücklich mache und sie bestimmten mehrere Bedienstete, für sie zu sorgen.

Nach dem Tod der Eltern kümmerten sich Verwandte und Angestellte um die Erziehung der anderen Kinder, aber die Stille Maria wurde mehr und mehr sich selbst überlassen. In späteren Jahren zog

---

22 „Maria“ ist der gewöhnliche deutsche Name von Miriam und wird deshalb im Folgenden hier benutzt.

Magdalena in ihr eigenes Schloss und sah ihre seltsame ältere Schwester selten. Sie dachte auch nicht sehr oft an sie. Die Stille Maria lebte so viel alleine und verbrachte umso mehr Zeit in visionären Zuständen.

Als ich in der Zeit vorrückte bis gerade vor die Taufe von Jesu im Jordan, wunderte ich mich über den großen Kontrast zwischen den beiden Schwestern mit Namen Maria. Maria Magdalena war zu dieser Zeit tief verwurzelt in der materiellen Welt, kümmerte sich wenig um geistige Dinge, während sich die Stille Maria fast vollkommen von der materiellen Welt gelöst hatte und die meiste Zeit im Geiste lebte. Jede dieser beiden extremen Lebensweisen hätte mit gleicher Berechtigung als verrückt angesehen werden können. Aber nach Art der Welt betrachteten nicht viele Maria Magdalena als verrückt, während die meisten übereinkamen, dass die Stille Maria es war.

Vor seiner Taufe im Jordan hatte Jesus Lazarus in seinem Schloss getroffen. Ich verstand, dass Lazarus und seine Familie schon lange Zeit miteinander bekannt waren, ja, dass Lazarus, als er aufwuchs, Jesus gekannt habe.

Zu jener Zeit reiste Jesus sehr ausgedehnt und lehrte alle, die es hören wollten. Er wurde von vielen geliebt. Obwohl die meisten ihn etwas seltsam fanden, hörten sie doch gerne seinen weisen Worten zu. Bis dahin hatte er noch nicht viel geheilt. Er fing gerade an, die Entfaltung seiner Mission zu fühlen und wollte mit Lazarus darüber sprechen.

Es hatte einige Gespräche zwischen Jesus und seiner Mutter gegeben, in denen er ihr erzählt hatte, dass seine Zeit gekommen sei, wenn er seine Mission, für die er zur Welt gekommen war, ausleben wollte, Aber er war sich noch nicht völlig im Klaren, was dies nach sich ziehen würde, oder besser, wem er sich da unterziehen würde.

Als Jesus in dem Schloss ankam, warteten Lazarus, Martha und verschiedene ihrer Freunde in einem der vielen Gärten. In dem schwachen Licht der Dämmerung begann er von einigen Erfahrungen seiner letzten Reisen zu berichten. Als er so sprach, hielt er plötzlich inne. Er dachte, er höre Stöhnen und Laute vom Weinen nebenan. Das Stöhnen hörte auf, so fuhr er fort ... aber dann hörte er es wieder. Niemand sonst schien die von Schmerz geplagten Laute zu vernehmen.

Nun war der Garten, in dem sie sich trafen, auf der gleichen Seite des Anwesens wie der Garten der Stillen Maria, obwohl die beiden Gärten durch mehrere Steinmauern getrennt waren.

Jesus empfand Mitleid in seinem Herzen aufsteigen. Immer wieder schwieg er, um zu hören und fuhr dann in seiner Rede weiter fort. Als das Gespräch beendet war, kam Lazarus zu Jesus und fragte, warum er so abgelenkt gewesen wäre. Jesus antwortete: „Ich hörte aus der Richtung eine Seele weinen“, und er wies auf den Garten der Stillen Maria.

„Es ist nichts“, antwortete Lazarus und berührte den Ellbogen von Jesus, um ihn zu Tisch zu bitten, wo ein wunderbares Mahl bereitet war, „komm, lass uns essen.“

Als die anderen zu dem warm erleuchteten Speisesaal gingen, hielt Jesus in Gedanken vertieft am Eingang inne. „Geh und beachte deine Gäste, Lazarus. Ich faste heute Abend.“ Er wandte sich von dem Saal ab und während er zu jener Gegend ging, hörte er wieder das Weinen. Ein Diener stand in der Diele bereit. Jesus bat ihn, ihm den Weg zu dem Flügel zu zeigen, woher das Weinen komme. Der Diener führte ihn zu einer Tür in einem dunklen Durchgang. An der Tür hing eine Kordel. Der Diener zog daran und innen erklang eine Glocke. Langsam krachte die ältere Magd der Stillen Maria die Tür auf, spähte hinaus und war sehr überrascht, Jesus vor ihr stehen zu sehen.

„Ich hörte jemanden weinen und würde gerne sehen, wer so leidet“, sagte Jesus.

„Maria spricht nicht und empfängt auch keine Besucher“, war die ausdrückliche Antwort. Die Magd fürchtete Marias Schreianfälle und war nicht geneigt, dass die Gegenwart Jesu sie wieder auslösen würde.

„Geh und berichte Maria, dass ich, Yeshua ben Yosef (Jesus, Sohn von Joseph), hier bin und sie frage, ob sie mich sehen wolle“, Jesus ließ nicht locker, er hatte ein großes Verlangen, sie zu sehen. Er wusste, dass Lazarus und Martha eine mental labile Schwester hatten, aber er hatte sie nie gesehen. Sie brachten sie selten zu einem Gespräch mit.

Die ältere Magd trottete langsam in den Garten und gab Maria sanft ein Zeichen. Sie bewegte sich nicht von ihrem Platz unter einem alten Baum. So ging sie zu Maria, hob freundlich ihren Kopf und sagte: „Maria, da ist ein Mann mit Namen Jesus, der dich zu sehen wünscht. Soll ich ihn einlassen?“

Marias Tränen gezeichnetes Gesicht nickte ein einfaches „Ja.“ Überrascht stand die Magd auf, trottete langsam zurück zur Tür und erlaubte Jesus einzutreten. Sie führte ihn durch den Hauptraum in den Garten.

Ich bemerkte, dass die drei ersten Räume mit gezogenen Vorhängen sehr dunkel gehalten wurden. Ein Diener stand im Hauptraum bereit und wurde kaum je gebeten, etwas zu tun, während ein anderer Diener, dessen einzige Aufgabe es war, Musik zu spielen, im Schatten des Säulengangs nahe am Garten saß. Diese beiden waren zusammen mit der Magd die einzigen Gefährten der Stillen Maria. Die Magd war Marias Hauptwärterin, denn nur ihr würde Maria erlauben, z.B. ihr Haar zu kämmen, oder sie anzuziehen.

Als Jesus den Garten betrat, fand er die Stille Maria am Fuße des alten Baumes auf dem Boden liegend, ihr Kopf gegen eine der knorrigen Wurzeln gelehnt. Er kniete einige Schritte hinter ihr nieder. Sie weinte, hielt sich am Baum und erhob sich immer wieder auf ihre Knie, um in die Zweige zu blicken. Ihr Gesicht und Haare waren nass von Tränen. Dann fiel sie wieder nach vorne, hielt sich am Baum und stöhnte. Die Magd blickte auf Jesus und zog ihre Schultern, als ob sie sagen wollte: “Siehst du nun?“

Die Stille Maria fiel auf der rechten Seite des Baumes zu Boden und begann zu zittern. Das Zittern wurde mit der Zeit immer heftiger. Sie krabbelte zu einem großen Stein und presste ihre Wange auf seine glatte Oberfläche, ihre Tränen flossen darüber. Plötzlich stand sie auf, ihr Gesicht voller Verwunderung und Ehrfurcht, erhob ihre Hände in einer Geste kosmischer Verehrung, als ob sie ein großes Licht im Himmel wahrnehme. Einige Augenblicke war sie ganz still. Als Jesus die Strahlen um ihr Gesicht wahrnahm, stand er auf und bewegte sich ein wenig näher zu ihr.

Als die Vision endete, ging die Stille Maria zu Jesus, fiel zu seinen Füßen nieder und weinte wieder. Er nahm sie bei der Hand und zog ihre kleine, hagere Gestalt zu einer schweren, behauenen Bank in der Nähe und setzte sie auf die dort bereitgelegten Kissen. Sie zog sich selbst zusammen wie ein kleiner Vogel im Nest mit gefalteten Flügeln.

„Ich habe gehört, dass du nicht sprichst, aber wenn es der Wille des Vaters ist, so sprich bitte zu mir, und erzähle mir, was du gesehen hast." Jesus sprach mit einer sanften, gemäßigten Stimme.

Die Stille Maria sprach nicht in vollen Sätzen und konnte kaum artikulieren, was sie gesehen hatte. Sie erzählte Jesus in den einfachsten Sätzen, kaum lauter als ein Geflüster und mit gesenktem Kopf, was ihm bevorstand.

Sie erzählte ihm, dass Gott kommen und in ihm sein werde, dass der Gott in ihm mächtige Wunder vollbringen werde, dass er sowohl geliebt als auch gehasst werden würde, und dass er schreckliche Dinge leiden müsse. Sie sagte, dass ihm zwölf Männer folgen und seine Botschaft in die Welt tragen würden. Sie erzählte ihm, dass er in einem Garten leiden und in großer Qual bluten würde und er fast ums Leben kommen würde durch den Bösen, der danach strebe, ihn zu hindern.

Und dann berichtete sie ihm von seinem Tod – welche Art Tod er erleiden müsse, und dass er nach seinem Tod aus dem Grab in vollem glorreichen Licht auferstehen würde.

Am Ende von all diesem sagte sie, sie würde nicht mehr leben, um irgendetwas von diesen kommenden Dingen zu sehen. Denn sie würde bald diese Welt verlassen, um mit den Engeln zu sein. Jesu Augen waren geschlossen, als er all dem intensiv zuhörte, was die Stille Maria sagte, ein paar Tränen liefen über seine Wangen.

Die Stille Maria schwieg wieder, sie weigerte sich weiterzusprechen, ihr lichter Moment war verronnen. Jesus saß in tiefer Kontemplation. Plötzlich sprang die Stille Maria auf und lief zu den Schatten der Säulenhalle, wo sie den alten Musiker weckte, der dort auf einem alten Stuhl sein Mittagsschläfchen gehalten hatte.

Sie schob ihm sein Saiteninstrument auf den Schoß. Der Diener füllte dann pflichtgemäß den Garten mit trällernden Melodien, als die Stille Maria in einem Zustand der Vision anfing, mit jubelnden Engeln zu tanzen, die gerade dabei waren, die Auferstehung zu verkünden.

In ihrem lose hängenden und fließenden weißen Kleid ohne Schärpe, Mantel oder Schleier – ihr Haar hing lang und frei – sah sie selbst wirklich wie ein Engel aus. Ihre Arme waren hoch erhoben in einer Geste der Ehrfurcht, als ob sie den Himmel in ihr Wesen aufnehmen wollte. Sie machte große kreisende Bewegungen um den Garten, manchmal langsam, manchmal mit großer Inbrunst. Ich konnte die Farben des Regenbogens sehen, die aus jeder Geste ihres Tanzes strömten.

Jesu Herz war voller Staunen. In einer geheimnisvollen Weise hatte diese besondere Seele ihm das Reich der Engel geöffnet und ein tiefer Eindruck von dem Tanz der Engel wurde seiner Seele vermittelt. Ab dieser Zeit tanzte Jesus manchmal diese engelgleiche Art der Bewegung mit seinen engsten Begleitern.

Infolge dieser Erfahrung, die Jesus mit der Stillen Maria teilte – das heißt, das Bezeugen seiner eigenen Passion durch sie, wie auch die anderen Worte, die sie sprach – wurde ihm bewusst, dass seine Zeit gekommen war, zur Taufe zu Johannes zu gehen.

Ich wurde wieder in der Zeit weitergeführt – zum Fuß des Kreuzes auf dem Golgatha Hügel. Ich sah die Seele der Stillen Maria in der geistigen Welt gegenwärtig. Sie hatte jede Tat von Jesu Wirken und seiner Passion von der geistigen Welt aus beobachtet und auch durch die Perspektiven von Lazarus, Martha und Magdalena!

Ich wollte mehr über diese Seele wissen und verstand dann, welch eine bedeutsame Individualität sie ist, denn sie konnte die Passion Christi beobachten, bevor sie stattfand. Und als Zeuge aus der geistigen Welt von *allem,* das er tat, blieb sie ihm innig verbunden. Sie ist jemand, der die Realität seiner Taten für die Erde in zukünftige Zeiten bringen konnte, entweder indem sie andere geistig inspirierte, oder indem sie während ihrer eigenen folgenden Leben in Erinnerung bringt, was sie während der Zeit Christi sah. Ihre Aufgabe ist es, das Mysterium von Golgatha ans Licht zu bringen. Auch sah ich, dass sie jemand ist, der gerne tanzt!

Jesus besucht die Stille Maria noch einmal

Ich sah ein kleines, etwa sechsjähriges Mädchen, das auf einem kalten, harten Boden kniete. Seine Hände waren gegen die Brust gepresst und der Kopf geneigt. Es kämpfte gegen unsichtbare böse Geister, betete still und inbrünstig, sein Haar war verfilzt und hob sich dunkel vom weißen Nachtkleid ab. Es wünschte verzweifelt seine Mutter, wusste aber, dass es sie nicht haben könnte. Ich konnte seinen Schmerz fühlen, alleine zu sein. Seine Magd schlief tief und bemerkte nicht, dass die Kleine die ganze Nacht so litt.

Ich sah bald, dass dies die kleine Stille Maria war, die ich vorher schon gesehen hatte. Ich sah, dass sie damit kämpfte, den Unterschied zwischen Vergangenheit, Gegenwart und Zukunft zu verstehen und dass es manchmal in ihrem scheinbaren Geplapper um zukünftige Ereignisse ging, die sie gesehen hatte, wobei sie selbst nicht verstand, dass sie die Zukunft sah.

Sie ließ sich mit keinem auf ein Gespräch ein, sprach aber gelegentlich unzusammenhängende Sätze aus, was alles sehr beunruhigend für ihre Eltern war. Bei einer Gelegenheit zum Beispiel, deutete sie plötzlich auf Lazarus und sagte: „Er ... tot." Nachdem die Mutter der Stillen Maria so viele kleine Kinder durch den Tod verloren hatte, konnte sie solche Qual nicht ertragen. Es schien ihr, dass ein böser Geist sich durch ihre Tochter über sie lustig machte. Die Stille Maria war beharrlich, dass Lazarus „tot" war, und wollte nicht aufhören, diese Worte zu wiederholen. Auch andere Worte sprach sie, die für ihre Mutter beängstigend waren. Solcherlei ereignete sich immer wieder, bis ihre Mutter die Stille Maria nicht länger in ihrer Nähe ertragen konnte. Und so kam es, wie wir schon erwähnten, dass die Stille Maria mit ihrer Magd abseits geschickt wurde, um getrennt von der übrigen Familie zu leben.

Die Stille Maria litt sehr in ihrer Seele. Es war hart für ein solch junges Mädchen wie sie, Dinge zu sehen, die so schmerzvoll zu ertragen waren. Oft prägten sich die Dinge, die sie in der Vision sah, bis in ihren physischen Leib ein: Beulen und Risse zum Beispiel traten ohne einen ersichtlichen Grund plötzlich auf. Als ich in ihre missliche Lage eintrat, fühlte ich große Traurigkeit und Kummer, in dem Bewusstsein, dass es für sie unmöglich war, mit der Familie zu kommunizieren. Die Stille Maria war alleine und wurde vollkommen missverstanden.

Ich ging in der Zeit voran, bis die Stille Maria älter war und ihr Leben sich dem Ende neigte. Sie lag mit dem Rücken auf dem Boden, blickte in den Himmel und sah in der Vision einen Kreis von Engeln. Ihre Aura war ein sanftes pfirsichgoldenes Licht.[23]

---

[23] Oft sehe ich diese Farbe des Lichtes um Seelen, die zwar empfangen, aber noch ungeboren sind und auch in Verbindung mit früheren Inkarnationen. In einer therapeutischen Situation bei jemandem, dessen Seele ein Thema enthüllt, das aus einer früheren Inkarnation stammt, erscheint diese gleiche Farbe häufig in der Aura. Aber vielleicht gibt es insgesamt einen ganz anderen

Die Engel in dieser Weise zu sehen, war nichts Außergewöhnliches oder Neues für sie. Es war ihre Art der Kommunikation mit ihnen. Gleichzeitig beherbergte sie eine große Traurigkeit in ihrer Seele, weil sie sogar während der Gegenwart der Engel unfähig war, das, was sie sah, ihren Mitmenschen mitzuteilen.

Es ist schwer, die Art ihrer Gedanken zu beschreiben, denn sie dachte nicht wie gewöhnliche Menschen. Meistens akzeptierte sie sich und ihr Leben, es fehlte ihr aber die Fähigkeit, anderen etwas mitzuteilen, und ihnen die Gabe ihrer Visionen mitzugeben, verursachte einen gewissen Schmerz in ihrer Seele. Als ich in die Traurigkeit ihrer Seele eintrat war meine eigene Kehle in so großem Schmerz, dass ich kaum sprechen konnte. Ich denke, dies war so, weil ich ihre Qual fühlte, nicht sprechen zu können.[24]

Aber vielleicht gibt es insgesamt einen ganz anderen Grund, warum ich diese Farbe als die dominante Farbe in der Aura der Stillen Maria sehe.

Jesus besucht die Stille Maria nach seiner Taufe

Nachdem Jesus getauft war, besuchte er die Stille Maria wieder. Wie zuvor war sie in ihrem Garten, als er sie aufsuchte und als er ankam, sah sie unmittelbar die Strahlen um ihn. Sie konnte Christus in ihm sehen – der Sohn Gottes war ihrer Sicht nicht verborgen.

Grund, warum ich diese Farbe als die dominante Farbe in der Aura der Stillen Maria sehe.

[24] Dieses Halsweh kann auch nur mein eigener Schmerz gewesen sein, denn ich weiß, dass ich mit der Angst vor dem Sprechen kämpfe, oder davor, meine Visionen zu veröffentlichen. Ich fühlte mich wie ein Sandkorn in einer Austernmuschel, das durch großen Schmerz zu einer Perle wird – und was geschieht, wenn die Muschel nie geöffnet wird und keiner an der Perle Anteil nimmt? Als ich in den Schmerz der Stillen Maria eintrat, fühlte ich den gleichen Schmerz in meiner eigenen Seele aufsteigen.

Als sie ihn sah, dachte sie: Ah! O mein Freund! Indem sie vor ihm kniete, presste sie ihre Stirn voller Verehrung auf den Boden und war so überwältigt, dass sie sich alleine nicht aufrichten konnte. Sie war schwach, auch aus dem Grund, weil sie seit Tagen kaum etwas gegessen hatte. Sie flüsterte: „Der in die Welt Gekommene!"

Jesus hob sie sanft auf, als sei sie ein Kind – und sie war wirklich kaum größer als ein Kind – und trug sie zu dem großen alten Baum. Dort saß er und wiegte sie in seinem Schoß. Furchtsam betastete sie seine Wange. Er trat mit ihr in ein tiefes Schweigen ein. Sie küsste seine Hände, berührte sein Haar und weinte.

Als er sie so hielt, floss heilende Kraft von ihm, und die Wärme, die so in sie strömte, brachten sie mehr in die Gegenwart. Sie dachte bei sich, dass es vielleicht erlaubt sei, Mensch zu sein – wenn man sah, dass selbst Gott Mensch sein wollte. Denn sie wusste, dass Gott nun in Jesus war. Immer war es für sie eine große Herausforderung, in ihrem Körper zu bleiben; tatsächlich hatte sie ihr ganzes Leben damit gekämpft, Mensch zu sein.

Als Jesus sehen konnte, dass sie anwesender und wacher war, sagte er zu ihr: „Dank dir, dass du mit mir hier bist."

So sprach Christus unmittelbar zu dem Wesen, das sie war in Anerkennung dessen, dass sie mit ihm zur Inkarnation gekommen war. Das war nicht nur der Mann Jesus, der zur Stillen Maria sprach, denn sie konnte Christus selbst in ihrem Inneren erklingen hören. Er sprach intime Worte zu ihr und erklärte ihr, warum sie so lebe, wie sie war und was ihr Leben mit seinem Auftrag zu tun habe.

Zu der Zeit wusste die Stille Maria, dass sie nicht mehr viel länger leben würde, dass sie bald gerufen würde, um von der anderen Seite der Schwelle zu wirken. Ich sah, dass sie nach ihrem Tod Christus überall hin folgte, wohin er auch ging, wie ein Band des Regenbogenlichtes, das immer um ihn strömte – ihr süßes, wohlwollendes Gesicht erschien wie das eines neugierigen Kindes, ihn immer beobachtend.

Nach dem zweiten Besuch, dieser wunderbaren Zeit der Kommunion mit der Stillen Maria, erzählte Jesus seiner Mutter von ihr. Die beiden machten sich dann zusammen auf, um sie zu besuchen.[25]

Bei dieser Gelegenheit konnte die Stille Maria das Jesuskind mit der Heiligen Mutter sehen. Aber sie konnte nicht darüber sprechen, da sie es nur in der Vision sah, obwohl es in goldenes Licht getaucht war und überirdisch aussah. Sie realisierte nicht, dass sie das Jesuskind sah, wie es aussah, als es wirklich ein Kind war. Eine Erinnerung an es schwebte so stark um die Heilige Mutter und die Stille Maria, dass sie in der Lage waren, mit dieser Erinnerung so umzugehen, als ob es ein lebendiges Kind wäre.

Der Stillen Maria schien die Heilige Mutter, die in Dunkelblau und Burgunderrot gekleidet war, schlank und hoheitsvoll. Das kleine Jesuskind, das etwa drei Jahre alt zu sein schien, hing an den Röcken der Mutter und wickelte sich spielend in sie ein.

Die Stille Maria hatte sich gegen einen großen Stein gelehnt, als sie aber die Heilige Mutter sah, war sie aufgestanden und verneigte sich vor ihr wie vor einer Königin. Sie kannte diese Dame von irgendwoher, von einer anderen Zeit oder einem anderen Ort, vielleicht sogar von einem höheren und besseren Platz; und sie wusste auch, dass diese Dame sie kannte.

Ich verstand, dass es bezeichnend war, dass beide Maria hießen. Die Heilige Mutter war auch eine Maria des Schweigens. Diese beiden Marien konnten sich in ihrem Schweigen „unterhalten“. Wegen des Schweigens ihrer Seele hatte die Heilige Mutter solch ein überragendes Mitgefühl – denn „laute“ Seelen können nicht wirklich Mitgefühl empfinden. Ebenso war es mit der Stillen Maria. Ihre Zuneigung war vollkommen. Es war ihre Gabe, die Gedanken und Empfindungen anderer zu fühlen.

---

[25] Die Heilige Mutter kam später noch einmal alleine, um die Stille Maria zu sehen.

Die Heilige Mutter legte den Kopf der Stillen Maria sanft in ihren Schoß und wusch ihr Gesicht mit parfümiertem Wasser, wozu sie ihren eigenen Schleier benutzte. Aus einem Korb nahm sie einige hübsch geschnitzte Kämme, führte einen durch das verwirrte Haar der Stillen Maria, schob es aus ihrem Gesicht zurück und sicherte es mit anderen. Sie tat dies mit langsamen und anmutigen Bewegungen. Sie sprach nicht, als sie ihre Freundin pflegte. Sie wusch die Hände der Stillen Maria und steckte ihr Blumen in die Haare, anerkannte sie voller Liebe – nicht aus Mitleid, sondern aus reiner und gewisser Kenntnis ihres Wesens. Während sie ihre Hände sanft über die Augen der Stillen Maria legte, segnete sie sie und bat, dass während ihres Aufenthaltes auf der Erde kein Böses Macht über sie bekommen möge. Und ihr Segen erwies sich als wirksam, denn die Stille Maria litt bis zum Ende ihres Lebens nicht mehr unter den Dämonen.

Die Heilige Mutter nahm einige Früchte aus ihrem Korb und presste den Saft aus, den sie dann der Stillen Maria gab. Wenn die Letztere nicht mehr trinken konnte, gab die Heilige Mutter ihr Fruchtstückchen.

Während dieser ganzen Zeit, sah die Stille Maria das Jesuskind in der Nähe spielen. Einmal dachte sie sogar, es würde an ihr hochklettern und sein kleines Gesicht ganz gegen ihres pressen und dabei sie anlächeln. Die Stille Maria konnte einen Licht-Halo um ihre beiden Besucher sehen.

Die Heilige Mutter gab der Stillen Maria auch ein wenig Honig auf einem goldenen Löffel, was ein Lächeln auf ihre Lippen brachte, denn sie hatte im Himmel Honig gesehen. Sie wusste, dass es die Nahrung der Engel sei, das reine goldene Licht der Liebe und sie konnte sich nicht vorstellen, wie diese Dame an den himmlischen Honig gekommen sei. Als sie den Honig probierte, gewann sie ein wenig Kraft. Danach verließ sie die Heilige Mutter, wobei die Stille Maria sich unsicher war über die Art und Weise, wie sie dies tat.

Die Magd, die eingeschlafen war, wachte auf und sagte, als sie die Stille Maria sah: „O, Maria, ich sehe, du hast deine Haare gemacht. Und du bist so sauber!“ Sie lobte Maria und sagte, dass sie wie eine kleine Königin aussehe, wenn sie in dieser Weise sauber sei.

Jesus kam zum letzten Mal, um die Stille Maria zu sehen und konnte wieder mit ihr sprechen. Sie erzählte ihm mehr Dinge, die auf ihn zukommen würden. Ihre gemeinsame Zeit war herzinniglich. Die Stille Maria würde für immer die Zeit, die sie mit Gott in ihrem Garten verbracht hatte, wertschätzen.

Der Tod der Stillen Maria

An dem Tag, an dem die Stille Maria starb, war das Schloss von Lazarus voller Aktivität mit vielen Besuchern. Die Ärzte hätten gesagt, die Stille Maria starb an einer Krankheit und es war wahr, dass sie sehr krank war. Aber in Wirklichkeit starb sie einfach, weil es ihre Zeit war zu gehen. Ihre Aufgabe in der physischen Welt war vollendet und die Zeit war für sie gekommen, ihre Arbeit der geistigen Welt zu übertragen. Aus diesem Grund fingen ihre Leibesglieder an, den Dienst zu versagen.

Als sie bewusstlos wurde, wurde sie in Weiß gekleidet und auf ein kleines Bett im Garten gelegt, wo einige Menschen kamen, um Abschied zu nehmen und um ihren bevorstehenden Tod zu trauern. Familienmitglieder, denen sie nie begegnet war, kamen um sie zu sehen. Während dieses Tages, als Menschen kamen, um sie zu sehen, nahm die Stille Maria alles wahr, was von außen ihren Leib durchsickerte. Ihre Gedanken liefen manchmal so:

Sie kannten mich nicht; sie wussten nicht, warum ich da war. Ich war nur ein Nachkömmling, denn kaum jemand besuchte mich oder betrachtete mich ... aber ich habe keine Verbitterung. Ich weiß, dass ich hier war als eine Bahn der Liebe, und um Jesus auf seinen Weg vorzubereiten.

Ich sah es durch die Inkarnation mit Jesus und dadurch, dass ich eine so tiefe Verbindung zu ihm habe. Die Stille Maria war in der Lage, ihm intim zu folgen als sein Apostel im Geiste – als jemand, der alles wahrnahm, was Jesus tat.

Als die Stille Maria über die Schwelle ging, war die Heilige Mutter bei ihr, eine Hand auf ihrem Kopf, die andere über ihrem Herzen. Sie segnete sie und betete ständig für sie, als die Stille Maria aus der physischen in die geistige Welt ging.

Und dann wurde alles so sonnenklar für die Seele der Stillen Maria. Sie jubelte über das Leben, das sie gelebt hatte. Sie wurde in die Brust eines Engels aufgenommen. Wohin sie auch immer danach reiste, und was auch immer sie sah, sie erlebte es aus der Brust des Engels.

Ihre Seele enthält die Erfahrung von allem was Christus Jesus tat, denn sie sah alles.

Die Mutter Maria bereitete zusammen mit den Heiligen Frauen, einschließlich Martha, den Leib der Stillen Maria zum Begräbnis. Sie wurde in der Familiengruft beigesetzt, in dem gleichen Grab, aus dem Lazarus später vom Tod zum Leben erweckt wurde. Im Geiste „stand" sie da, am Eingang des Grabes, an der Seite von Christus Jesus, als er Lazarus hervor rief. Und es war gerade so, wie sie es als kleines Mädchen gesehen hatte, als sie auf Lazarus deutete, und immer und immer wieder sagte: „Er ... tot."

Jesus Christus und die Stille Maria blieben miteinander in Verbindung. Sie brachte Seelen zu ihm, sowohl die Verstorbenen als auch die Lebenden. Sie war so glücklich mit ihm zu sein, mit ihm zu wirken von der anderen Seite.

Anhang II

Der anfängliche Teil dieser Vision findet sich in Kapitel XIII.

Die Wandlung von Wasser in Wein

Ich wandelte einen Gartenweg entlang, als die Sonne gerade unterging. Der Himmel schien dunkelpurpur, mit einem schwachen orangen Schein am Horizont. Laternen hingen von den Zweigen der Bäume entlang des Pfades, der zu einem Gitter mit wohlriechendem, blühendem Wein führte. Ein festliches Gefühl lag in der Luft. Weiter vorne erfüllte Musik das Haus, dem ich mich näherte. Als ich ankam, war eine Hochzeitsfeier in vollem Gange. Der Pfad, den ich gegangen war, endete in einem Steinweg. Dieser führte in eine Art Innenhof, der mit noch mehr Gittern bedeckt war, von denen wieder blühender Wein hing, Girlanden und Laternen.

Am Eingang war ein Gefäß mit parfümiertem Wasser zur Fußwaschung vorbereitet. Ein Diener hatte nur die Aufgabe, beim Entfernen der Sandalen behilflich zu sein. Ich blickte durch den Eingang in den Bereich des Innenhofes und sah viele Gäste. Sie waren zu fröhlichem Tanzen und Singen versammelt. In der Mitte der Menge tanzten Braut und Bräutigam einen traditionellen Hochzeitstanz. Sie umfassten ihre rechten Hände hoch in der Luft, als sie paarweise in einem Kreis tanzten. Andere, die auch in einem Kreis tanzten, umgaben sie. Die Braut hatte lockiges braunes Haar, das mit vielen Bändern geschmückt war. Ihr Kleid war ebenfalls mit Bändern geschmückt sowie mit aufwändiger Stickerei. Ich wusste, dass diese Menschen reich waren – nicht nur wegen ihres reich geschmückten Hauses, sondern auch wegen der vielen Bänder an dem Kleid der Braut. Bänder waren in jenen Tagen sehr kostbar, weil es fast gleich viel Zeit brauchte, ein Band zu weben, wie die gleiche Länge von breiten Stoffbahnen.

Ein großes Fest war vorbereitet – ein weiteres Zeichen des Wohlstandes. Ich ging zu dem Tisch und sah eine Schüssel, die mir bekannt erschien. In der Tat, ich begehrte sie: gefüllte Feigen kochten in einer Art Fruchtsauce; sie lagen in einer flachen Tonschüssel. Der Tisch bog sich förmlich unter dem Gewicht der vielen Schüsseln, die auf ihm standen.

Dann blickte ich zu meiner Linken und sah die Heilige Mutter. Sie stand am Rand der tanzenden Gesellschaft und lächelte heiter. Sie war in blau und weiß gekleidet. Jesus näherte sich ihr und sie erzählte ihm ruhig, dass der Wein schon zu Ende sei. Er sagte: „Ja, der Wein ist zu Ende. Was kann man machen?“

Sie neigte den Kopf zur Seite, blickte auf und lächelte ihm zu.

Jesus zeigte einen freudigen Ausdruck, als er innerlich sagte: „Frau, was habe ich mit dir zu tun? Meine Stunde ist noch nicht gekommen!“

Mit diesen Worten meinte er: „Was sollen wir zusammen *tun*? Und was kann ich tun bei der Tatsache, dass Leute heiraten und in die Ehe gehen und nicht den wahren Bräutigam kennen? Obwohl ich hier bin, um selbst die Menschheit zu ehelichen, wozu die Stunde jetzt noch nicht gekommen ist. Wenn ich hier ein Wunder tue, dann mögen sie erkennen, dass der wahre Bräutigam gekommen ist.“ (Sie verstand was er meinte, obwohl er nichts von dem laut aussprach.)

Die Taufe im Jordan hatte nur wenige Tage vorher stattgefunden. Christus war gerade erst in den irdischen Leib von Jesus eingezogen. Die Heilige Mutter wusste, dass mit ihrem Sohn eine große Veränderung vorgegangen war. Sie war unter den ersten, die es zusammen mit Johannes dem Täufer wussten. Es hatte sich schon eine kleine Schar Jünger zu ihm gefunden, deren Herzen für die Gegenwart aufgewacht waren. Einige von ihnen waren auch bei der Hochzeit anwesend.

Die Heilige Mutter stand vor den Gefäßen, die Wein enthalten hatten. Sie bat einen der Diener, zu ihr zu kommen. Jesus beauftragte den Diener, die Krüge mit Wasser zu füllen. Der Diener sagte: „Meister, die Gäste sind wichtige Persönlichkeiten. Sie wollen nicht mit Wasser befriedig werden, sie wollen Wein." Aber Jesus wies ihn erneut an, die Krüge mit Wasser zu füllen und der Diener fügte sich.

Als dies getan war, neigte Jesus seinen Kopf, streckte zwei Finger seiner rechten Hand aus, berührte jedes der Gefäße und sagte: „Sei Wein für die neue Verpflichtung." (Ich bin nicht sicher, ob dies laut gesprochen wurde, aber ich hörte trotzdem deutlich diese Worte.) Als er seinen Kopf hob, glänzten und leuchteten seine Augen und sein Gesicht war glückselig. Er bat die Diener, das Wasser allen Gästen zu servieren. Die Diener blickten verstört, aber einer von ihnen ging voran und tauchte eine Kelle in das erste Gefäß. Ein Ausdruck des Erstaunens lief über sein Gesicht, als er bemerkte, dass es kein Wasser mehr war. Ich wollte lachen, weil sein Gesicht so komisch aussah. Sie prüften die Krüge und fanden, dass jetzt alle Wein enthielten. Der Wein hatte gewisse Kräfte; viele der Gäste erlebten einen wunderbaren Zustand erhöhter Freude und wurden von unterschiedlichen Krankheiten geheilt.

Die Heilige Mutter beobachtete dieses Wunder, und sie behielt es in ihrem Herzen. Tatsächlich wurde dieses Wunder auch in ihrem Herzen *vollendet*, denn *sie* wurde ein Gefäß der Transformation – sie wurde das Gefäß für Alle Möglichkeit. Sie konnte dann das große Potential zur Wandlung in jedem erkennen.

Wann auch immer Maria uns erscheint, so hält sie in ihrem Herzen unser wunderbares Gott-gegebenes Potential. Und wenn Christus Jesus erscheint, hält er das für uns, was unserer Wandlung im Weg steht, das, was uns daran hindert, unser Potential zu erreichen. Er trägt für uns unsere Sünde und Finsternis, bis wir zum Wandel bereit sind.

Hochzeit zu Kana: Wandlung von Wasser in Wein

Als Christus in Fleisch und Blut verkörpert war, wandelte und sprach er mit Menschen. Er trank mit ihnen zusammen Wein. In Wahrheit kam er zu uns, sich uns zu vermählen.

Der Wein repräsentiert sein Blut, das für uns hingegeben würde. Es würde auch „auslaufen" in seinem Opfer als unser geliebter Bräutigam. Sein Blut ist lebendiges Wasser. Er ist Leben und er gibt uns Leben.

Er sagte zu seinen Jüngern, dass eine Zeit kommen würde, wo er nicht länger mit ihnen Wein trinken werde, aber dass er ihn dann trinken werde „in seines Vaters Reich." Und so, während er dabei war, sich mehr und mehr in den Leib Jesu zu inkarnieren, würde er den Wein trinken, was symbolisierte, dass er die Erde in ihrem Gefallensein und auch die Menschheit in ihrem gefallenen Zustand aufnehmen und in Gemeinschaft mit uns sein werde.

Und noch viele weitere Geheimnisse könnten enthüllt werden in Verbindung mit dem Wunder der Wandlung von Wasser in Wein.

*

Kehren wir nun zu Maria Magdalena[26] zurück, so sollte erwähnt werden, dass sie irrtümlicherweise dachte, die Heilige Mutter würde sie verurteilen wegen ihrer Vergangenheit. Tatsächlich blickte sie aber nur auf Magdalenas Potential. Die Wahrheit ist, dass Magdalena sich selbst beurteilte und nicht ihr eigenes Potential sehen konnte.

Ich bemerkte, dass ich in der gleichen Lage war: Während der Vision waren meine Gefühle der Unwürdigkeit wie ein Schmerz in meiner Brust. Ich sagte zur Heiligen Mutter: „Ich bin nur gemeines Wasser im Vergleich zu dir!"

In dem Augenblick aber, als ich dies sagte, hörte ich ihre Antwort: „Nein, meine Tochter, ich weiß nur, dass du der aller kostbarste Wein bist."

---

[26] Dies bezieht sich auf das Gespräch mit Jesus im Kapitel XIII.

Der Kelch der Wunder

Dann wurde ich zu dem Kreuz geführt, wo die Heilige Mutter und Magdalena, mit einigen wenigen anderen über den Tod Jesu trauerten. Zu meiner Linken sah ich den Zenturio, der seine Lanze zu Jesu Seite trug. Jesu Haupt war geneigt. Er hatte gerade die Schwelle des Todes überschritten. Magdalenas Haupt war ebenso geneigt, das Gewicht ihrer Tränen zog es zur Erde hin. Die Heilige Mutter umarmte sie, als sich der Zenturio auf seinem Pferd näherte, sein Gesicht war wie Stein. Er führte die Befehle seiner Vorgesetzten aus, sich zu versichern, dass Jesus wirklich tot sei. Als er das Herz Jesu durchbohrte, traten Blut und Wasser aus der Wunde und ergossen sich über ihn. In dem Augenblick hob Magdalena ihren Kopf. Sie breitete ihren Mantel aus, um die Flüssigkeiten aufzufangen.

Als das reinigende Wasser und die göttliche Liebe von Christi Blut auf den Zenturio fielen, wurde er unmittelbar bekehrt. Dieses war die letzte Gabe des Leibes Jesu Christi – das Wasser der Reinigung und das Blut seiner Liebe, die geheimnisvollerweise das Herz des Zenturios verwandelten.

Magdalena war der Mensch, den Jesus am meisten geliebt hatte. Dies heißt nicht, dass er sie in einer exklusiven Weise liebte oder dass er sie mehr als irgendjemand anderen liebte, sondern dass er in der Lage war, sie auf das Äußerste zu lieben, weil sie seine heilende Liebe zu einem höheren Grad annehmen konnte als irgendjemand anderes. Denn sie war durch seine Liebe gereinigt worden. *Sie war Wasser, das in Wein verwandelt worden ist.* Während das Herz des Zenturio in einem geheimnisvollen Augenblick gewandelt wurde, wurde Magdalenas Herz im Laufe der Zeit verwandelt. Sie arbeitete daran, ihre Seele durch Christi Hilfe zu verwandeln. Für sie nahm das Wunder der Wandlung über mehrere Jahre seinen Lauf. Aber beide Wege können als wunderbar bezeichnet werden. Für einzelne von uns ist auch unser ganzes Leben ein permanentes Wunder, obwohl wir dies vielleicht nicht realisieren bis wir über die Schwelle des Todes gegangen sind und aus einer höheren Perspektive auf das Leben, das wir gelebt haben, zurückblicken können. Bei anderen regnet die Gnade auf sie und sie werden unmittelbar verwandelt.

Der Lanzenstich des Zenturio

Die Heilige Mutter war schon ein reines Gefäß. Ihre Seele erforderte nicht das Wirken, das Magdalenas Seele brauchte. Die Heilige Mutter ist das Gefäß, welches das lebendige Wunder hält. Ihre Anmut ist die *Essenz* des Wunders könnten wir sagen. Sie ist die Liebe, die das fermentierende Agens ist, welches das Wunder der Wandlung herbeiführt. Magdalena war das Wasser, das in einem Gefäß der Liebe gehalten werden musste, um in Wein verwandelt zu werden.

Magdalena verglich sich mit der Heiligen Mutter und wünschte, sie könnte wie sie sein und glaubte immer, sie würde nicht genügen. Sie realisierte nicht, dass es keinen Grund zum Vergleichen gab, denn beide waren sie mit Jesus, als er seinen Auftrag vollführte, sie taten es und dienten so ganz verschiedenen Zwecken. Als Magdalena unter dem Kreuz stand und das Blut und Wasser Jesu in ihrem Mantel auffing, wurde sie selbst ein Gefäß – ein Kelch der Wunder. Erst als sie mit ihrem Herrn unter dem Kreuz gelitten hatte und dann seine glorreiche Auferstehung bezeugte, wurde ihre wunderbare Wandlung vollendet. Erst dann konnte sie in sich die Liebe und Kraft des Wunders, das sie dabei geworden war, voll in sich aufnehmen. Jetzt hält sie den Schlüssel für andere, die durch den Prozess der Seelenwandlung gehen.

So ist die Heilige Mutter ein Kelch der ursprünglichen *göttlichen Liebe* – die Liebe, durch die wir alle geistig in die Welt gesetzt werden. Magdalena, die von der Mutter inspiriert war, wurde der Kelch, der von *menschlicher Liebe* verwandelt wurde. Ihr Kelch ist symbolisch mit dem lebendigen Wasser der Reinigung gefüllt, das von Christus auf sie fiel. Und dies ist auch gemischt mit den Tränen die sie aus reiner Liebe zu ihrem Heiland vergoss. Andererseits ist der Kelch der Heiligen Mutter symbolisch mit dem Blut von Christi Liebe gefüllt, denn sein Blut enthielt sowohl die reine – doch irdische – menschliche Liebe, die ihm von der Mutter gegeben war, als auch die Göttliche Liebe, die er selbst aus der himmlischen Sphäre brachte.

Wir müssen die beiden zusammenbringen – die Göttliche Liebe und die umgewandelte Barmherzigkeit – indem wir beten, dass das Wasser unserer noch nicht verwandelten Seelen verwandelt werden möge in den Wein göttlicher Liebe. Magdalena wird durch die Erdenevolution anwesend sein, den Kelch der Verwandlung halten, der das Sammelgefäß unseres Potentials ist, unsere eigenen Seelen zu verwandeln. Während die Heilige Mutter den Kelch der ursprünglichen Göttlichen Liebe aufrecht hält und uns inspiriert, uns weiter aufwärts zu entwickeln, selbst durch unsere vielen Versuchungen. Magdalena ist der führende Stern, der uns immer weiter vorwärts leitet, unser eigenes Wunder der Verklärung zu vollbringen. Die Heilige Mutter zu kennen, bedeutet ursprüngliche Liebe zu kennen. Magdalena zu kennen, bedeutet umgewandelte menschliche Liebe zu kennen.

Mögen wir alle reine Liebe akzeptieren, so dass unsere Seelen erleuchtet werden, wenn wir unsere Arbeit hier auf der Erde vollbringen!

Du könntest nicht eine Stunde mit mir anschauen

Anhang III

Der Anfangsteil dieser Vision kann in Kapitel XIX gefunden werden.

Die Sünde der Welt

Im nächsten Zeitabschnitt wurde ich zum Todeskampf Christi Jesu im Garten von Gethsemane weitergeführt. Dies war der Augenblick, als die Sünde der Welt anfing, in ihn einzudringen, um von ihm angenommen zu werden.

Er hatte vorausgesagt, dass die zwölf Jünger nicht in der Lage seien, der Gegenwart der Finsternis, die ihren Meister bedrängen würde, zu widerstehen. Und ich sah, dass diese Worte wirklich zutrafen. Petrus, Jakobus und Johannes fielen ins Unbewusste, weil sie die Tiefe und Breite der Sünde der Welt nicht aushalten konnten. Darüber hinaus konnten sie das unvorstellbare Leiden ihres Herrn nicht ertragen, der die Sünde in ihrem vollen Maß aufnahm. Sie hätten kaum ihre eigene Finsternis ausgehalten und dabei überleben können. Wie viel weniger konnten sie dann die gesamte Finsternis der ganzen Menschheit ertragen!

Dies ist ein Grund, warum sie ohnmächtig wurden. Was die anderen Jünger betrifft, so waren sie geflohen, als Jesus von Judas verraten wurde. Alle außer Johannes waren nicht in der Lage, bis zum Ende bei Jesus zu bleiben.

An diesem Punkt fühlte ich Christi Todeskampf, als er die Sünden der Welt kennenlernte. Natürlich hätte ich nicht einmal das Gewicht einer Feder von dem ertragen, was er durchmachte. Ich konnte seinen Todeskampf nur im entferntesten Sinne des Wortes erahnen. Aber selbst so wird diese weitgehend unbekannte Tat Christi meine Seele für immer ätzen.

Während dieser Zeit, als Christus diese schreckliche Finsternis übernahm, dehnte sich des Vaters Liebe aus und reichte weiter und weiter in seinen „Abstieg". Nie zuvor hatte sich des Vaters Liebe zu einem solchen Ausmaß erweitert. Die Liebe des Vaters strömte zu dem Sohn, der in unaussprechlicher Agonie die Sünden der Welt auf sich nahm. Nie zuvor hatte sich die Liebe des Vaters in solche Tiefen erstreckt. Seine Liebe wurde durch das Opfer des Sohnes auf die Menschheit gezogen.

Als Magdalena die Flucht der Jünger von Jesu wahrnahm, wusste sie, dass sich seine Worte erfüllt hatten, denn sie erinnerte sich unauslöschlich an eine Voraussage, dass die Jünger, außer Johannes Zebedäus, nicht in der Lage sein würden, ihm in seiner Passion zu folgen.

Den Jüngern selbst war es nicht bewusst, dass sie die äußerste Finsternis erfuhren, die ihren Meister umgab – sie fühlten nur eine so große Angst, eine so schreckliche Bedrängnis, dass sie nur noch fliehen konnten. Die Heilige Mutter konnte nur wegen ihrer großen Reinheit bei ihrem Sohn bleiben. Sie konnte wach bleiben bei der großen Last, die er trug und durch ihr offenes Herz sein unvorstellbares Mitleid für die Menschheit und ihre Finsternis teilen. Wegen dieses großen Mitgefühls für die Menschheit konnte sie bei ihm bleiben.

Was Magdalena anbelangt (oder nur: betrifft), war sie innerlich auf eine besondere und tiefe Weise gestärkt (wie dies noch im zweiten Band dieser Trilogie beschrieben werden wird), so dass sie auch in der Lage war zu bleiben und in Fülle das Opfer Christi Jesu wahrnehmen konnte.

Nur Johannes und die Heiligen Frauen sind beim Kreuz
(mit dem Zenturio der Christi Seite durchstach.)

Auch Johannes konnte aus einem bestimmten Grund bis zum Ende bei ihm sein. Er wurde derart unterstützt, dass er bleiben konnte.

Auch die Heiligen Frauen konnten ihm zum Kreuz folgen und bei ihm bleiben, obwohl sie einen größeren Abstand wahren mussten, als die, die unter dem Kreuz standen. Durch das Mitgefühl der Heiligen Mutter und ihre tiefe Herzverbindung zu Magdalena, konnten sie durch manches Geschehen der Passion anwesend bleiben. Der Engel von Magdalena stärkte sie. Alle Heiligen Frauen bezeugten das letzte Opfer Christi Jesu. Sie verstanden sehr gut, dass er, indem er die Sünden der Menschheit auf sich nahm, der große Heiler für alle wurde, der Erlösung für alle durch seine göttliche Liebe erwirkte.

Als Magdalena bei Jesus am Kreuz blieb, nahm ein Teil von ihr den Abdruck seines Opfers auf, so dass sie während ihrer verbleibenden Lebensjahre, die der Kreuzigung folgten, wie in ihren späteren Leben, auch die Gabe hatte, die Sünden anderer zu tragen und die Krankheiten der Menschheit aufzunehmen. Dies war und ist ihr Weg, ihrem Herrn zu dienen.

Ihr war die große Heilergabe der göttlichen Liebe eingeprägt. Aus diesem Grund wurde sie heilender Balsam für andere und für die Welt, und sie setzt diese heilende Aufgabe jetzt und in Zukunft fort. Sie kennt das Leiden und die Finsternis und leitet die heilende Liebe des Vaters zu denen, die in Not sind.

Sie war es, die als erste diese Heilung in ihrem vollen Ausmaß erfuhr, denn sie wurde von dem Meister selbst von ihrer Finsternis geheilt. In großem Glauben hatte sie alles übergeben, was sie war und hatte ihrer Finsternis erlaubt, von ihr genommen zu werden, als sie mit Liebe die große Erlösung empfing, die ihr von Christus angeboten wurde. Deshalb dient sie jetzt der Menschheit, indem sie Seelen in ihrer inneren Finsternis erweckt und zu ihrer Sehnsucht nach Heilung und sie auf diese Weise zu Christus bringt.

Ich fühlte die große Liebe, die Magdalena für die Menschheit hegte. Alle, die erwachen und danach streben, ihre Finsternis zu heilen, machen ihr solche Freude, dass sie zu ihren Füßen fallen und sie küssen möchte, wie sie es so oft mit Jesus machte – so groß ist ihre Freude, wenn nur *eine* Seele zu Christus kommt.

Dies ist ihre Aufgabe: Bei der Menschheit zu bleiben und über alle Seelen zu wachen und sie zu Christus zu bringen. Sie hat keine Angst vor der Finsternis der Menschheit, denn sie wollte bei ihrem Meister bleiben und die größte Finsternis von allem erfahren. Sie trägt große Hoffnung für alle Seelen auf der Erde. Und sie ruft der Welt zu: *Sein Wort ist eine Leuchte unter deinen Füßen! Er ist das Wort. Er ist das Licht, das uns aus der Finsternis führen wird!*

Anhang IV

Eine Botschaft von den Heiligen Frauen

Während der heiligen Woche kam eine Gruppe Freunde zusammen, um mit den Heiligen Frauen, die Jesus Christus folgten, in Verbindung zu treten und sie empfingen diese Botschaft: „Die Heiligen Frauen haben sich euch geistig genähert und möchten, dass ihr weiter mit ihnen und ihrer Aufgabe, Christus Jesus zu dienen, in Kontakt bleibt."

Viele der Heiligen Frauen kannten einander bevor sie Jesus kannten. Einige waren ihm familiär verbunden. Einige waren Anhänger von Johannes dem Täufer und waren vorbereitet und durch ihn eingeweiht, so dass sie den Mantel erkennen konnten, der auf Jesus ruhte.

Die erste offizielle Versammlung dieser Frauen fand mit etwa der Hälfte von ihnen im Hause des Lazarus statt. Magdalena war nicht anwesend. Sie war noch nicht von den Dämonen geheilt, die sie plagten. Ihre Beziehung zu Martha war noch nicht gesund. Sie war von ihrer Schwester entfremdet. Magdalena war noch sehr verwurzelt in ihrem luxuriösen Leben und hatte kein Verständnis für Marthas „alltägliche" Art. Sie hielt nichts von Marthas Frömmigkeit.

Bei dieser Gelegenheit waren Martha und einige andere in Lazarus Haus anwesend, unter ihnen ihre Freundinnen Joanna Chusa und Maria, die Mutter des Markus. Diese Frauen hatten beobachtet, wie Jesus Anhänger um sich sammelte und manchmal eine beträchtliche Anzahl Zuhörer anzog. Weil es notwendig wurde, dass er fast ständig unterwegs war, wollten die Frauen einen Unterstützungsplan erstellen, um ihm und den Jüngern auf ihren Reisen Hilfestellung zu leisten.

Einige dieser Frauen waren wohlhabend. Manche besaßen mehr als ein Haus. Mehreren gehörten Gasthäuser, und diese entschieden später, Unterkünfte einzurichten, wo Jesus und seine Jünger einkehren konnten. Sie kannten wiederum andere, die geeignete Plätze besaßen, welche dazu dienen würden, die Wanderer zu beherbergen.

Der Dienst der Heiligen Frauen für Jesus und seine Jünger bestand darin, sie mit Nahrung und Rast zu versorgen. Aber je enger sie mit Jesus zusammen wirkten, umso mehr wuchs ihr Bedürfnis nach innerer, geistiger Heilung. Sie wünschten sich, unbelastet von jeder inneren Finsternis zu sein, so dass ihre Gaben sich zeigen konnten, besonders ihre geistigen Gaben – Gaben, die sich als wertvoll für Jesus und seine Mission herausstellten.

Mit der Zeit kamen andere Frauen in den Kreis, die in einer gewissen Weise mit Jesus in Berührung gekommen waren. Eine solche war Dinah, die „Frau an dem Brunnen“. Dinah besaß ein Gasthaus und nach der Begegnung am Brunnen, als Jesus alles vor ihr ausbreitete, was sie in ihrer unziemlichen Vergangenheit getan hatte, wurde sie eine nahe Anhängerin.

Da gab es auch die Frau, die gewöhnlich Veronica genannt wird, obwohl dies nicht ihr richtiger Name war.[27] Ich hörte, wie sie so etwas

---

[27] Veronicas echter Name war Seraphia. Sie lebte in Jerusalem und war die Tochter eines Bruders von Zacharias aus Hebron, welcher der Vater von Johannes dem Täufer war. So war Seraphia eine Kusine von Johannes dem Täufer. Sie war auch mit dem alten Priester Simeon verwandt und kannte seine Söhne. Veronica war schon erwachsen, als der 12-jährige Jesus im Tempel lehrte. Zu der Zeit war sie noch nicht verheiratet. Später heiratete sie Sirach, der ein Mitglied des Sanhedrins war. Am Anfang war er Christus und seinen Anhängern gegenüber feindlich eingestellt; und oft, wenn er bemerkte, dass Veronica Jesus und den Jüngern half, hielt er sie im Haus eingeschlossen. Sirach empfing Anweisungen von Joseph von Arimathia und Nikodemus – auch beide Mitglieder des Sanhedrins – und daraufhin änderte sich seine Haltung gegenüber Jesus Christus. Dann erlaubte er Seraphia, Jesus zu folgen und

wie „Sarah“ gerufen wurde, aber ich denke, dies könnte auch eine Abkürzung ihres wahren Namens gewesen sein. Sie stammte aus einer Familie, die Weingärten besaß und die Weinlese presste.

Wir kennen natürlich die Geschichte von Magdalena, dass sie durch Jesus von schrecklichen Dämonen geheilt wurde, aber kurz danach wieder in umso tiefere Finsternis fiel, um weitere Heilung durch Christus zu erfahren. Nach ihren Heilungen brachte Magdalena viele Gaben. Sie hatte Ägypten und andere Orte bereist auf der Suche sowohl nach Weisheit, wie auch nach Dingen, die sie dazu benötigte, um besondere Öle herzustellen. Bevor ihre Dämonen endgültig ausgetrieben wurden, hatte sie solche Öle vorwiegend für eigenen Bedarf benutzt. Damals war sie noch nicht zu der geistigen Macht dieser Öle aufgewacht. Erst nachdem die sieben Dämonen aus ihr ausgetrieben waren, lernte sie die wahre Kraft der Salbung mit Ölen

---

der Gemeinschaft der Jünger zu dienen. Sie hatten drei Kinder, von denen zwei später Jünger wurden. Tatsächlich war ihr Sohn Amandor einer der ersten Jünger Jesu. Seraphia war eine schlanke, schöne und mutige Frau. Sie kaufte das heilige Gefäß vom Tempel und stellte es zum letzten Abendmahl zur Verfügung. Dies Gefäß war der Gralskelch, der ursprünglich von Melchisedek an Abraham gegeben wurde, als Melchisedek Abraham Brot und Wein brachte. Er wurde über die Zeiten als ein sehr heiliger und sakraler Gegenstand behandelt und kam gelegentlich durch Veronica (Seraphia) in die Hände Jesu Christi für die Einsetzung der Eucharistie beim Letzten Abendmahl. Nach ihrem Tod erhielt Seraphia den lateinischen Namen Veronica, das heißt vera icon und bedeutet „wahre Ikone“ wegen ihres Schleiers, der an Karfreitag einen Abdruck des Antlitzes Christi erhielt. Es war eigentlich kein Schleier, mehr ein linnenes Halstuch, das ihr um die Schultern hing, als Jesus Christus an diesem Freitag sein Kreuz durch die Straßen von Jerusalem trug. Als sie sein geschundenes und blutiges Antlitz sah, bot sie ihren Schleier an, reichte ihn zu Christi Antlitz als ein Zeichen der Empathie für sein Leiden. Er presste es vor sein Gesicht und der Schleier erhielt wunderbarerweise einen Abdruck hiervon. Der Schleier wurde dann der Jungfrau Maria gegeben. Von ihr kam er in die Hände der Apostel und wurde nach Rom gebracht. Zur Zeit der Christenverfolgung, etwa drei Jahre nach Christi Himmelfahrt, wurde Seraphia gefangengenommen und erlitt dann den Hungertod.

kennen. Die Wesen, die mit ihren heilenden Ölen verbunden waren, konnten dann durch sie wirken und sie wurde eine große Heilerin.

Veronica bietet Jesus ihren Schleier an

Die anderen Heiligen Frauen benutzten auch Öle beim Heilen. Christus verlieh ihnen diese heilende Gabe, die im Wesentlichen *Liebe* ist – die Gabe der Liebe. Jedes Öl zeigt einen besonderen Aspekt der

Liebe, eine Frequenz der Liebe. So wurden diese Öle zu Gefäßen oder Trägern der Liebe und wurden hoch heilig, weil die Frauen in ihrer heilenden Ausübung den Ölen noch ihre Liebe zufügten.

Viele Gaben des Geistes wurden unter den Heiligen Frauen offenbar. Es war eine schicksalsschwere Zeit. Zunächst behielten sie diese Gaben für sich. Aber Jesus, der über dem Empfangen und Öffnen dieser Gaben waltete, gab ihnen Erlaubnis, ihre Gaben im Dienste an anderen zu benutzen. Bis dahin, dass er die Heiligen Frauen zusammenbrachte und sie unterrichtete. Hier sind einige Worte, die er zu den versammelten Frauen sprach:

> „Ich habe eure Gegenwart erbeten, um euch zu lehren. In Wirklichkeit hat euch die Göttliche Mutter zusammengebracht. Aber sie ist noch unfähig, auf der Erde zu wirken, denn sie muss sich erst selbst opfern. Wenn die Zeit reif ist, werde ich sie auf ihren rechtmäßigen Platz bringen. Hierzu ist aber die Welt noch nicht reif. Doch dies wisst ihr schon, denn Frauen haben jetzt noch nicht ihren rechtmäßigen Platz als Gleichberechtigte der Männer.
>
> Und trotz der großen Gaben, die in jedem von euch offenbar wurden, stolziert die Furcht unter euch, denn ihr kennt euren rechten Platz in der Gesellschaft nicht mehr. Aus diesem Grund habt ihr gefragt: „Was sollen wir tun?“
>
> Eure Herzen möchten dienen und die ganze Menschheit und ihr habt die notwendigen Gaben, so zu tun, empfangen. Aber ihr hegt Angst, was die Männer tun mögen, wenn ihr eure Kraft zeigt. Ja, auch einige eurer Ehemänner sind gegen das, was ihr vorwärts gebracht habt, denn das erschreckt sie auch. Sie möchten an den alten Wegen festhalten, denn sie fürchten Priester, Schreiber und Autoritäten. Ihre Liebe zu euch gebietet ihnen, euch zu ermahnen, ruhig zu sein, verschleiert zu bleiben und euch im Schatten aufzuhalten.

Jesus mit den Heiligen Frauen

Wisst, dass ich euch für einen Zweck entschleiert habe, aber dass ihr nur mir und einem anderen gegenüber nicht verschleiert sein müsst. Selbst die zwölf Jünger kennen euch nicht, wie ich euch kenne. Sie können noch nicht die Schönheit, Göttlichkeit und Weisheit verstehen, die ihr in euch tragt. Aber zu einem späteren Zeitpunkt werden sie euch bestimmt akzeptieren. Sie werden von euch lernen und auf eure Stärke zählen.

Ihr werdet durch mich gereinigt. O göttliche Schwestern, ihr habt euch jede ihrem eigenen Wunder unterzogen. Ich habe euch aufgerichtet und ihr seid wunderschön für mich.

Ich setzte meine gesegnete Mutter als Nachbildung der Göttlichen Mutter vor euch. Blickt auf sie, meine lieben Schwestern, denn sie wird euch leiten und euch mit ihrem mitleidvollen Herzen dienen. Sie ist die Frau aller Frauen. Sie ist von königlicher Geburt und ihr seid ihre Hofdamen.

Zu ihrer Rechten setze ich Maria Magdalena, die ich auch vor euch setze.

Ich tue es, weil sie die tiefsten Tiefen kennengelernt hat. Sie stieg tiefer herab als irgendeiner der Jünger und ich richtete sie auf.

Und zu ihrer Linken gebe ich euch Maria Cleophas.

Diese drei sollen vor euch sein und euren Weg bereiten.

Für die verbleibenden zwölf sollt ihr jeweils zu dritt sein und diese drei sollen ein höheres Wesen in ihrer Mitte empfangen, das durch sie wirken wird. Diese höheren Wesen werden zusammenarbeiten, um das Werk zu erleichtern, das ich von euch für meine Aufgabe verwirklicht haben möchte, ein Wirken, das jedoch im Geheimen getan werden muss.

Der äußeren Erscheinung nach werdet ihr nur meinen zeitlichen Nöten genügen. Aber wir werden uns insgeheim treffen und ich werde euch einweihen. Ich werde euch die höheren Mysterien beibringen, denn ihr habt Ohren zu hören und Augen zu sehen. Auch durch die Männer werde ich ein großes Werk vollbringen, aber es wird anders sein.

Durch euch, meine Schwestern, werde ich säen, was in der Zukunft wachsen und blühen wird in der Gemeinschaft der Sophia, wo in ferner Zukunft alle geistigen Gaben anwesend sein werden. Jeder von euch wird eine Gabe gegeben werden, um sie durch euer Leben auf der Erde zu tragen. In jedem Leben wird diese Gabe wachsen und blühen, wenn ihr andere damit berührt. Und diejenigen, die von euch berührt wurden, sollen diese Gabe auch empfangen, bis alle diese Gaben eine Stadt werden – die Heilige Stadt, das Neue Jerusalem, die himmlische Vereinigung von Christus und Sophia.

Und in dem Neuen Jerusalem werden zwölf Gemeinschaften sein, die jede eine bestimmte geistige Gabe fördert. Die zwölf Gemeinschaften werden offen sein, alle zu empfangen, deren Herzen rein sind und die kommen und teilnehmen möchten. Gewisse große Wesen sind Diener von jeder Gabe, und sie werden jede Gemeinschaft regieren. Und jede Gemeinschaft wird auch ihren eigenen kostbaren Stein haben, einen für jede der Heiligen Frauen.

Vor euch setze ich die Trinität der drei Marien. Sie werden in allen Gemeinschaften und mit jedem Wesen und mit jeder der zwölf geistigen Gaben wirken. Sie werden das große Werk des Bildens einer neuen Gemeinschaft der Sophia überblicken, damit ich, Christus, der Sohn Gottes, in Ewigkeit herrschen möge.

Aber vorher müssen große Aufgaben vollbracht werden, sowohl jetzt, wie auch in der Zukunft. Ihr werdet gelehrt werden und eure besondere Gabe kennenlernen."

Derart lehrte Jesus die Heiligen Frauen. Während er dies tat, waren Engel anwesend und hielten seine Worte im Buch des Lebens fest. Einige dieser Worte können jetzt wiedergegeben werden, denn es ist an der Zeit. Aber einige können noch nicht wiedergegeben werden, denn ihre Zeit ist noch nicht gekommen.

Unter den Worten, die jetzt schon gegeben werden können, sind die, welche die Frage der Heiligen Frauen betreffen: „Was können wir tun?"

„Diejenigen von euch, die gegenwärtig an dem Wirken der Heiligen Frauen teilhaben möchten, müssen zunächst ihre eigene innere Finsternis anblicken und daran arbeiten, sie zu heilen. Denn diese Finsternis verdunkelt euren Zugang zu der geistigen Welt. Ihr müsst den Hüter der Schwelle anblicken, dessen Aufgabe es ist, euch eure eigene Finsternis zu enthüllen, bevor ihr in jene Welt eintreten könnt. Nur auf diese Weise könnt ihr eure geistigen Gaben kennenlernen.

Ihr habt verschiedene solcher Gaben, aber es gibt eine besondere Gabe, die jede von euch vor allem zu tragen hat. Diese Gabe wird euch zur Heiligen Stadt bringen, wenn sie bereitet ist. Denn das *ist* eure Heimat. Aber noch einmal: zuvor ist Heilung notwendig.

Zu dieser Aufgabe mögt ihr zusammenkommen, um einander zu helfen und dabei Mut und Stärke erlangen. Ihr werdet beim Fortschreiten auch entdecken, dass es Aufgaben gibt, die ihr zusammen tun könnt. Dies kann Anlass zu großer Freude werden. Aber rennt nicht kopfüber in die Zukunft, selbst wenn ihr manchmal den Gedanken eines großen Werkes habt, das ihr zeitig zusammen vollbringen solltet.

Versucht nicht, dieses Werk zu kennzeichnen und zu definieren, während ihr noch im Zustand der Heilung seid. Nehmt keine Identität für euch in Anspruch, bevor ihr euch selbst *kennt*. Maßt euch nicht an, einem anderen solche Identitäten anzuhängen, bis alle Schleier entfernt worden sind und ihr wahrlich sagen könnt: *Ich kenne dich.*

Lasst fahren alle Unterstellungen und Neigungen. Was ihr zu tun habt, wird euch schon deutlich gemacht, wenn die Zeit kommt. Ihr wisst selbst genau genug, wie ihr euch zu bestimmten geistigen Aktivitäten gezogen fühlt, aber versäumt nicht, auch für neue Erfahrungen offen zu bleiben, denn nur auf diese Weise werdet ihr erfahren, zu was ihr wirklich berufen seid.

Erinnert euch immer, dass ihr von Christus erleuchtet werdet, der mit euch wandelt. Zeitweilig werdet ihr diese Erleuchtung spüren, aber zu anderen Zeiten werdet ihr die Finsternis erleben. Dies ist die Gelegenheit, die finsteren Kräfte in euch zu überwinden. Ihr mögt wählen, die finsteren Kräfte anzublicken und sie zu überwinden, oder ihr mögt wählen zu verschlafen, indem ihr eurer Finsternis den Rücken zuwendet, wie es der größere Teil der Menschheit macht.

Ja, die Welt schläft weiter, während die Bösen ihre Kräfte sammeln. Die bevorstehende Zeit wird große Konfrontationen zwischen Gut und Böse mit sich bringen. Selbst wenn ihr seht, was auf euch zukommt, werdet ihr Wunder erleben. Eure Gaben werden gewiss geöffnet werden.

Es spielt keine Rolle, wie dunkel die Dinge werden, oder wie alleine ihr euch fühlt, wisst, dass dies vorgesehen ist, damit euer höchstes Gut zu euch kommen kann. Wisst, dass ihr selbst es wart, die in dieser Zeit auf die Erde kommen wolltet, um gewisse Gaben zu offenbaren, um sie hervorzubringen, während ihr in der physischen Welt seid. Wisset auch, dass es sogar sein kann, dass manche dieser Gaben nur vor einem Hintergrund der Finsternis geöffnet werden können, damit das Licht sich offenbaren kann. Und wisst auch, dass die Gabe, die ihr in diesem Leben öffnet, für euch in diesem Leben weiter zur Verfügung stehen wird und auch für die kommenden Leben, bis ihr schließlich den Ruhm empfangen werdet. Und dann *werdet* ihr eine Gabe.

Die Heiligen Frauen sind mit euch und werden euch dienen und werden Worte Christi zu euch bringen, die euch weiterleiten werden. Sie bescheren diese Worte schon jetzt euren Herzen im Namen Christi und Sophia. Amen."

Anhang V

Der Heilige Christopherus

Beim ersten Eintreten der Visionen merkte ich, dass es eine Herausforderung war, wieder in die gegenwärtige Zeit zurückzukehren. Manchmal schien es, dass ich in einem ausgedehnten Zustand war und Schwierigkeiten hatte, mich zu meinem normalen Zustand zusammenzuziehen. Dieser Kampf, mich „auf Größe" wieder zusammenzuziehen, dauerte manchmal Stunden, in denen ich in großer Not war, mit Schwindel und Übelkeit. Häufig wurde ich auch auf meinem Rückweg von üblen Wesen angegriffen.

Wegen dieses Kampfes um Rückkehr betete ich um Hilfe und Führung, wie dies in einer für mich sicheren Art geschehen könnte. Eines Nachts hatte ich einen Traum, in dem eine mittelalterliche Frau mir eine Karte überreichte, auf der das Bild eines Heiligen gedruckt war. Zunächst wusste ich nicht, wer dieser Heilige war – aber trotzdem erzählte mir die Frau, ihn um Hilfe zu bitten. Bald bemerkte ich, dass es der Heilige Christopherus war.

In der nächsten Zeit, als ich in der Zeit zurückreiste, hatte ich eine sehr intensive Vision von Christi Kreuzabnahme. Als ich danach versuchte zurückzukehren, konnte ich einfach nicht zurückkommen. Dann erinnerte ich mich an den Traum und fing an, Christopherus um Hilfe zu rufen. Er erschien unmittelbar und zeigte mir, dass es einen schrecklichen „Fluss" gäbe, der zur vollen Rückkehr überschritten werden müsse.

Das Schreckliche an diesem Fluss war, dass er voller aller Art böser Geschöpfe war, die mich daran hindern wollten, dieses Werk mit dem Mysterium von Golgatha zu vollbringen. Sie wollten auf mich springen, an mir ziehen und versuchen, mich abwärts zu ziehen. Aber alles, was der Heilige Christopherus tun musste, war, seinen Stab ins „Wasser zu stecken und die Wesen wurden augenblicklich zurückgewiesen. Er trug mich sicher hinüber und erzählte mir, dass ich mit seiner Hilfe immer sicher die Zeit durchschreiten könne. Seitdem ist er jedes Mal gekommen, um mich zurückzubringen. Ich bin meinem starken und furchtlosen Reisegefährten wahrhaft dankbar.

Karten

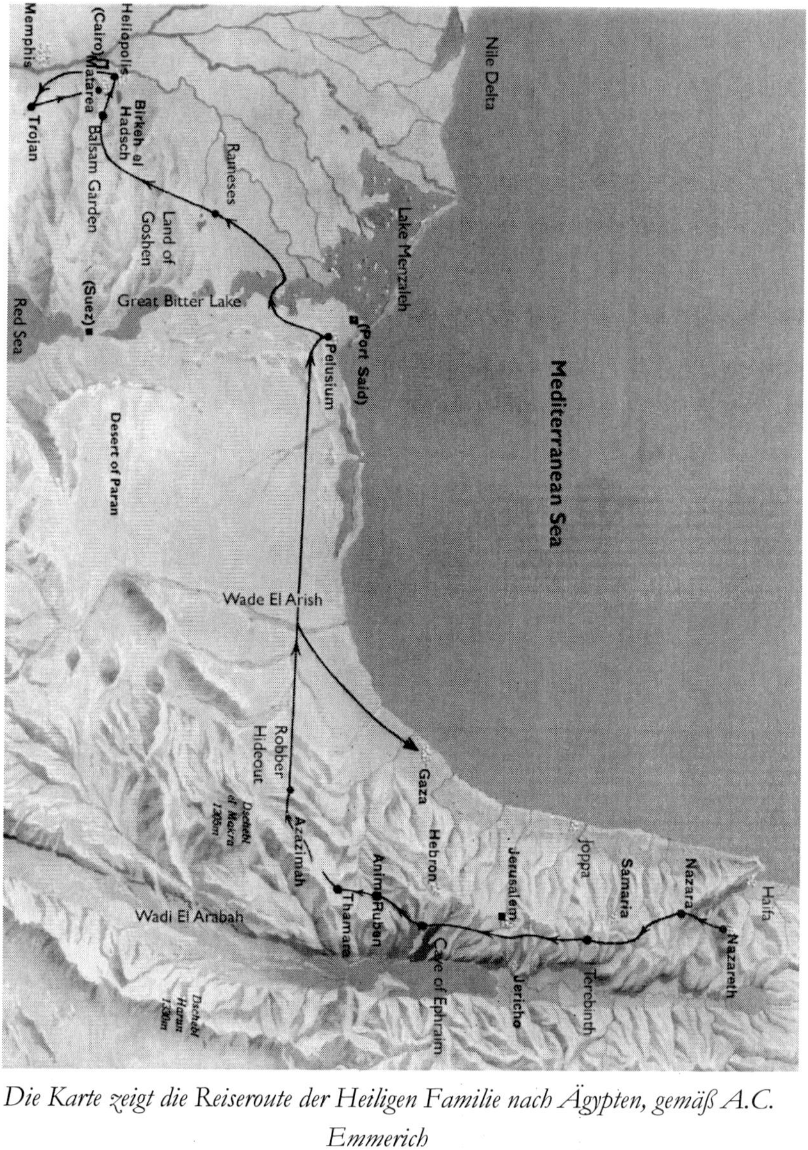

Die Karte zeigt die Reiseroute der Heiligen Familie nach Ägypten, gemäß A.C. Emmerich

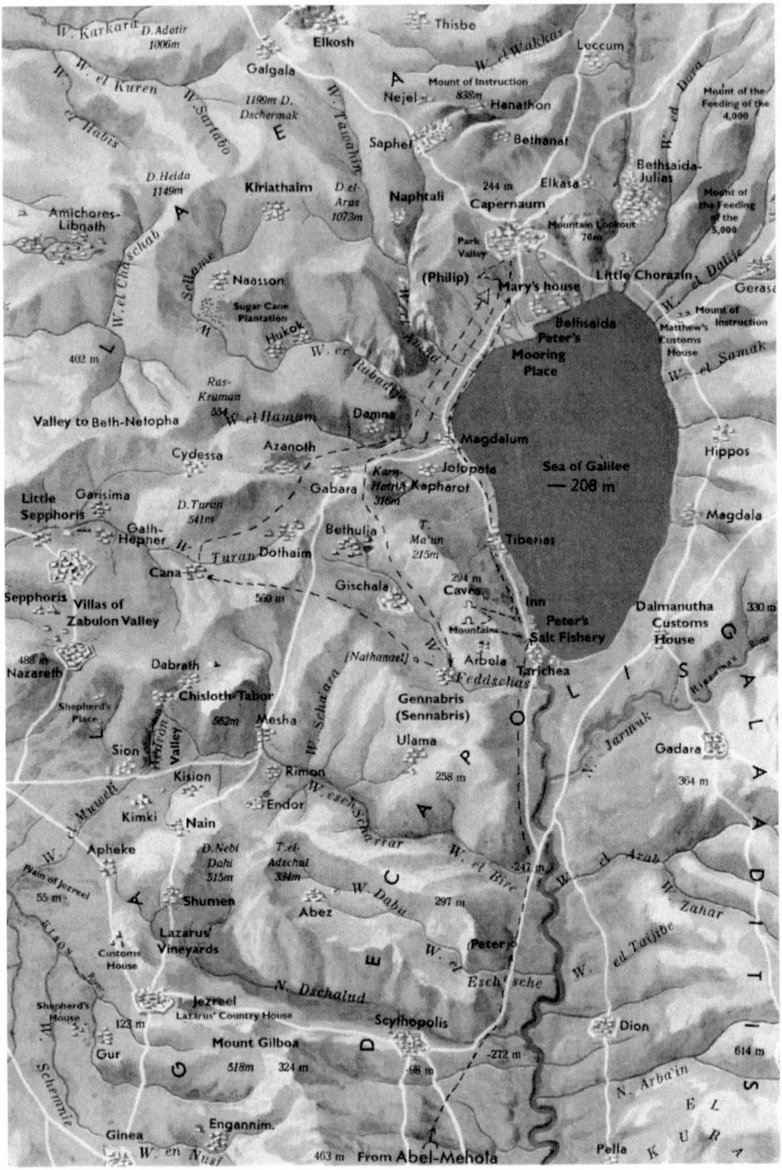

Die Karte zeigt die Reiserouten Jesu bei der Hochzeit zu Kana, nach A.C. Emmerich

Gegend um Kapernaum während der Zeit Christi